Edition Paashaas Verlag

EPV

DANKE!

Heike Glaser
Inge Gülpen
Sonja Hribar
Gabi Kleffner
Sonja Kleffner
Klaus Rogmann
Dörte Smola

Bibliografische Information der Deutschen Nationalbibliothek:
Die Deutsche Nationalbibliothek verzeichnet diese Publikation in der Deutschen Nationalbibliografie; detaillierte bibliografische Daten sind im Internet über www.dnb.de abrufbar.

1. Auflage 2016
2. Auflage 2017

Umschlaggestaltung: Sonja Kleffner, Solingen
Satz: Sonja Hribar, Essen
ISBN: 978-3-96174-001-7

Besuchen Sie auch die Internetseite des Autors:
www.dieterkleffner.de

DIETER KLEFFNER

SCHLAFLOSE KISSEN UND SCHLECHTE GEWISSEN

DREI KRIMINALROMANE

INHALT

ab Seite 7:

Erstes Buch – In die Tiefe

In der Gefängniswerkstatt bekommt der ehemalige Drogenboss Robert Bolski die Nachricht, dass eine Frau gesehen wurde, die er aus Rachsucht seit langem Suchen lässt.
Der 32-jährige Alex Baumann hat sich ein Mountainbike gekauft und trainiert im Urlaub in den Alpen das Radfahren. Er wird von einer attraktiven Bikerin am Berg spielend überholt. In einer bewirtschafteten Berghütte lernt er sie unter dem Namen Sofia Lehmann kennen. Plötzlich wird die Frau grundlos von einem brutalen Mann angegriffen. Sofia und Alex flüchten mit halsbrecherischen Downhill-Fahrten. Nun wird auch noch auf beide geschossen. Wer ist der Verfolger? Was verheimlicht Sofia? Als Alex erfährt, wer sie tatsächlich ist, trifft ihn eine Kugel. Endlich hat der Unbekannte Sofia in seiner Gewalt und ihre Chance zur Flucht ist aussichtslos.

ab Seite 85:

Zweites Buch – Die Forelle

Der 39-jährige Bernd Hafka kommt als erfolgreicher Bankmitarbeiter aus New York in sein Heimatdorf nach Deutschland zurück. Sein Vater ist gestorben. Die Stiefmutter macht sich nun Sorgen, dass der Sohn ihr das Hotelrestaurant der Familie streitig machen will.
Plötzlich wird Hafka bewusstlos aus der Röhre eines reißenden Bachs gezogen. Er liegt im Krankenhaus im Koma. Kommissar Horst Weiher nimmt Ermittlungen auf, die den Ehrenbürgern der Stadt überhaupt nicht gefallen.
Dirk Brunner, der Besitzer des Hotels Waldeule, sein Freund Landrat Harald Weber und Lehrer Olaf Berger hüten ein Geheimnis. Kommissar Weiher findet in dem Dorf immer mehr Menschen, die eventuell ein Tatmotiv hätten. Die Kräuterhexe Ulrike Kern sieht in ihren Tarot-Karten voraus, dass Hafka immer noch in Gefahr ist.

ab Seite 195:

Drittes Buch – Der Unbekannte

Ein Mann wird im Abteil eines Zuges niedergeschlagen und erwacht in einer Klinik. Er hat sein Gedächtnis verloren. Hauptkommissarin Jeanette Koch, alleinerziehende Mutter eines 9-jährigen Jungen, übernimmt den Fall. Nach der Krankenhausentlassung hat der Unbekannte sein Gedächtnis immer noch nicht zurückerlangt. Die Kommissarin verschafft diesem sympathischen Mann vorübergehend eine Unterkunft in ihrem Wohnwagen auf dem Campingplatz am See. Schon bald wird in dem nahen Dorf eine Bank überfallen, Jeanettes Sohn angegriffen und eine Frau vom Campingplatz ermordet. Alle Hinweise richten sich auf den mysteriösen Unbekannten. Als Frau Koch den Mörder entlarvt, gerät sie selbst in Lebensgefahr.

Anmerkung

Personen, Handlungen und Handlungsorte dieser Romane sind frei erfunden. Ähnlichkeiten mit lebenden oder verstorbenen Personen wären rein zufällig.

Über den Autor

Dieter Kleffner wurde 1957 in Essen geboren, wuchs auf der Ruhrhalbinsel auf und lebt seit 29 Jahren in Hattingen-Niederwenigern. Er ist verheiratet und hat zwei erwachsene Kinder. Er wuchs mit einer Sehbehinderung auf und erblindete später. 34 Jahre lang war er in der klinischen Physiotherapie beschäftigt – seine Arbeit musste er jedoch aus erheblichen gesundheitlichen Gründen aufgeben. Seitdem betätigt er sich als Autor.

ERSTES BUCH

IN DIE TIEFE

Post

Im Hinterzimmer des ‚Sexy Lilli' saßen drei Männer um einen hell erleuchteten Tisch herum und machten Pokergesichter.

„Flash, ihr Narren!", lachte Piet Bolski plötzlich und legte seine fünf Karten offen auf den Tisch. „So, her mit der Kohle!"

Einer der Mitspieler, ein kleiner Mann mit Halbglatze, Anzug und Brille, klatschte fluchend mit der Hand auf den Tisch: „Verdammt, Piet, das war mein letztes Geld!"

Peter Bolski war etwa 1,80 m groß. Er trug einen Armani-Anzug und goldene Ringe an den Fingern. Das dunkle Haar des Vierzigjährigen war wellig. Die Augen zeugten von Verschlagenheit. Er ordnete pedantisch den gewonnenen Geldstapel und legte das Bündel in seine Brieftasche.

Der dritte Spieler, ein fünfzigjähriger Geschäftsmann, blickte Bolski ebenfalls verärgert an und trommelte mit seinen Fingern auf die Tischplatte. Er wollte gerade etwas einwenden, da öffnete sich die Tür.

Eine leicht bekleidete Schönheit kam herein und lächelte Bolski an: „Piet, da ist Besuch für dich. Er kennt das Losungswort und faselte etwas davon, dass eine Frau Anderson Post bekommen hätte."

Piet hob erstaunt die Brauen und nickte mit dem Kinn: „Ok, schicke den Typ herein", dann richtete sich sein Blick auf die hintere, dunkle Ecke des Raumes.

Dort saß ein breitschultriger, massiger Mann in einem Sessel und hatte seine Beine lässig ausgestreckt. Als er Bolskis Blick sah, nahm er einen Kopfhörer ab, aus dem Technomusik dröhnte. Seine Haare waren vorne kurz und hinten lang. Der mächtige, kantige Unterkiefer bewegte permanent ein Kaugummi. Beim Grinsen funkelten zwei Goldzähne.

Die Tür zur Bar öffnete sich erneut. Der kleine Mann am Spieltisch erhaschte einen Blick nach draußen. Auf der Bühne tanzte eine junge Frau, die nur mit einem Tanga bekleidet war und ihre auffällig großen Brüste schwingen ließ. Die Zuschauer klatschten zum Rhythmus der begleitenden Bluesmusik. Begeisterte Pfiffe schallten durch die Bar.
Die Tür des Hinterzimmers schloss sich wieder. Ein schmaler Mann mit gescheiteltem Haar, billiger Lederjacke und Jeans ging auf Bolski zu. Er versuchte seine Anspannung mit gespielter Lässigkeit zu verbergen: „Hallo, Piet, ich bringe dir Infos über eure kleine, verschollene Anderson. Aber sage mir erst, was ich dafür bekomme."
Bolski musterte den Mann von oben bis unten und meinte spöttisch: „Die meisten Informationen kosten mich überhaupt nichts. Für unsere Freunde ist die Weitergabe von Infos selbstverständlich, nicht wahr, Hulk?", blickte Piet zu dem Mann im Sessel.
Der antwortete auf seine Weise. Unter den kauenden Goldzähnen bildete sich eine perfekte Kaugummiblase, wurde größer und größer und platzte knallend.
Der neue Gast fragte: „Hulk? Ist das nicht eine Comic-Figur? Da gab es doch mal eine Fernsehserie, wo ein Atomwissenschaftler verstrahlt wurde und bei jeder Aufregung zu einem Koloss anwuchs." Der Informant zeigte lachend auf den Mann im Sessel: „Haha, und das soll der da sein?"
Eine zweite Kaugummiblase platzte, die Armlehnen des Sessels ächzten und der Hulk stand auf. Er ging auf den Informant zu und blickte ihn aus etwa zwei Metern Höhe grinsend an: „Nein, glaubst du nicht, dass es den Hulk gibt?" Er packte den überraschten Mann an den Kragen seiner Lederjacke und hob ihn wie eine Puppe weit über sich. Die Nähte der Jacke rissen ein. Dem Informanten schoss der Schweiß auf die Stirn und er röchelte nach Luft.

Bolski nickte: „Ok, ok, lass den Kleinen wieder runter. Ich will endlich wissen, was er mitgebracht hat."
Der Riese setzte den Mann ab und verstrubbelte ihm spöttisch das gescheitelte Haar: „Schön artig sein zum Onkel Piet", dann schritt er in die dunkle Ecke und warf sich wieder in den Sessel.
Der Informant zog einen Briefumschlag aus seiner Jacke, öffnete ihn und legte Bolski die Kopie eines Fotos vor, auf dem eine Hotelanlage zu sehen war. Auf einem weiteren Blatt konnte Peter Bolski einen Text lesen.
Er grinste seinen Informanten an: „Was verdient ein Postzusteller eigentlich?"

Passstraße

Stolz saß der 32-jährige Mountainbiker auf seinem neu erworbenen ‚Rotwild'. Endlich hatte er sich mal ein hochwertiges Rad gegönnt. Ab Dreißig durfte man schließlich Ansprüche stellen.
Eine Autoschlange ungeduldiger Urlauber quälte sich die Bundesstraße entlang und blies Abgase in die malerische Bergwelt. Da störten die Radfahrer und das demonstrierte man durch unverschämtes Hupen und Abdrängen. Die Landstraße schlängelte sich durch ein kurvenreiches Tal und wurde von einem grünen Flüsschen begleitet. Vereinzelt saßen Angler am Ufer und hofften auf guten Forellenfang. Hinter ihnen standen wiederkäuende Viecher, die sich das saftige Weidegras schmecken ließen. Die Wiesen wurden zu beiden Seiten des Tales von Nadelbäumen begrenzt, die selbst an steilen Berghängen Halt suchten. Oberhalb der Baumgrenze, ab etwa 160 m grüßten schroffe Felsen. Der blaue Himmel stützte sich direkt auf die Spitzen dieser Bergwelt.

Der Mountainbiker radelte durch kleine Dörfer, deren weiße Häuser einen traditionellen Baustil zeigten. Die Holzbalkone wurden von bunten Blumen geziert und die Dächer wölbten sich weit über die Giebelfronten der Häuser. Über ihnen funkelten die Zwiebeltürmchen der Kirchen.
Das Ziel des Mountainbikers war die alte, geschotterte Passstraße, die von den auf Hochglanz polierten Autos der Touristen eher gemieden wurde.
Der Biker bog von der Landstraße ab. Der Schotter knirschte unter den zupackenden Stollenreifen. Der Lärm der Autos wurde mit jedem Meter leiser. Ein kräftiger Wildbach murmelte grüßend und stolperte über rundgeschliffene Steine weiter auf das Flussbett der Talstraße zu.
Der Radler musste kleine Gänge wählen und die Umdrehungszahl der Pedale erhöhen. Die lästigen Drängler war er los, dafür bedrängte ihn nun ganz massiv die Schwerkraft. Über den Wipfeln der schattigen Bäume erhob sich ein mächtiger Bergrücken mit vielen felsigen, grauen Spitzen. Dort führte der Pass bis auf 1700 m.
Das hieß, der Biker hatte noch mindestens 1000 m Höhe zu überwinden. Als Ziel gab es dort eine Hütte für Wanderer, die auch Übernachtungsmöglichkeiten wie in einer Jugendherberge bot. Wenn er diese erreicht hatte, dann war seine Leistung für den heutigen Tag mehr als zufriedenstellend.
Das Fahrrad-Ritzel drehte und drehte. Die Kette surrte mit gleichbleibendem Klang. Der Biker fand einen Rhythmus, der zu seiner Atemfrequenz und dem Herzschlag passte. Nicht zu schnell, nicht zu langsam. Passend zur Kondition. Die gebräunten Oberschenkel pendelten gleichmäßig auf und ab. Die neue Radlerhose saß immer noch bequem. Die Schuhe hatten unter ihren Sohlen Vorrichtungen, die in die Klickpedalen eingehängt waren.
Doch nun verließen ihn die schattigen Bäume. Die Sonne brannte gnadenlos. Der Schweiß rann in kleinen Bächen

aus dem Helm und verteilte sich gleichmäßig über die Stirn in Augen, Ohren und Nackenhaaren. Auch das Rückenteil unter dem Rucksack war nass. Die Hände klebten an den Lenkergriffen.
Bei einem freien Blick zur Bergspitze musste der Mann feststellen, dass der höchste Punkt der Passstraße scheinbar noch genauso weit entfernt war, wie vor einer halben Stunde. Wenn er pro Sekunde eine Ritzelumdrehung gemacht hatte, dann waren das also jetzt 1800 Umdrehungen.
„Egal", machte sich der Radler keuchend Mut, „hier bekomme ich meinen Kopf wieder frei."
Nach kurzer Zeit versank er ganz in Gedanken.
Eigentlich war sein Hobby das Tauchen gewesen. Aufgrund verschiedener Ereignisse zog es ihn aber seit vier Jahren nicht mehr ans Meer, sondern in die Berge.
Schon als Jugendlicher hatte er gerne außergewöhnliche Dinge ausprobiert. Dazu gehörte zum Beispiel das Turmspringen. Einen Kopfsprung vom 3-Meter-Brett bekam ja nun fast jeder hin. Ab 5 m Höhe ließ die Zahl der Mutigen schon deutlich nach.
7,5-Meter-Sprungtürme waren in den öffentlichen Bädern eher die Seltenheit. Im Freibad seiner Heimatstadt gab es ein separates Sprungbecken mit einem Sprungturm von 10 m Höhe. Er war damals der Einzige in seiner Klasse, der es gewagt hatte, dort herunterzuspringen.
Eine blökende Kuh riss den Biker aus seinen Gedanken. Er quälte sich weiter und weiter den steilen Pass hinauf. Die Muskeln der Beine waren steinhart aufgepumpt und schmerzten mittlerweile. Er achtete nicht mehr auf die lustig plätschernden Bäche und die fernen, blinkenden, weißen Gipfel, sondern nur auf das graue Schotterband, auf dem das Profil seiner Reifen Spuren hinterließ.
Nach einiger Zeit bemerkte er in einer Kehre unter ihm eine Bikerin, die ebenfalls den Pass hinauffuhr. Er gab kräf-

temäßig alles, doch der Abstand zwischen ihm und diesem weiblichen Wesen verringerte sich immer mehr. Als sie erstaunlich rasch auf seiner Höhe war, tauschten die beiden einen kurzen Blick. Das Gesicht der etwa 30-jährigen Frau war schweißnass. Ihre blauen Augen funkelten kämpferisch. Ein kurzes Lächeln huschte über ihre vollen Lippen, dann zog ihr Rad langsam an ihm vorbei. Die Haare hatte sie hinter dem Kopf zu einem Knoten gebunden. Die Beinmuskeln waren auf das Äußerste gespannt. Sie trug einen großen Rucksack. Die groben Stollenräder krallten sich in den grauen Schotter und kleine Steinchen spritzten hoch.
Obwohl dem Radler der Schweiß brennend durch die Augen rann, registrierte er die technischen Details ihres teuren Markenrades.
Die Frau fuhr ihm mit Leichtigkeit davon. Die Eitelkeit oder der Ehrgeiz trieb ihn in einen schnelleren Trampelrhythmus. Bereits nach drei Minuten kam seine Pulsfrequenz aus dem Takt und das Atmen wurde nur noch zu einem Japsen. Der Lenker pendelte ungelenk hin und her.
Er blieb frustriert stehen und stieg ab. Es kamen heftige Beschwerden von seiner Beinmuskulatur. Die Prostata protestierte gegen die Satteleinstellung.
Sein Blick suchte die durchtrainierte Frau, die sich immer noch mit gleichen, rhythmischen Pedaldrehungen über ihm die steile Straße hinaufbewegte.
Die Prostata brachte sich in Erinnerung. Der Biker nahm einen Maulschlüssel aus dem Werkzeugtäschchen und stellte seinen Sattel entsprechend nach.
Etwas erholt und zu neuen Kräften gekommen, machte er sich wieder auf den mühsamen Weg.
In einer extrem steilen Rechtskurve trampelte er im Stehen und pendelte stark mit dem Vorderrad. Plötzlich raste ein Porsche Cayenne die Passstraße hinauf und schnitt dem Radler auf übelste Art den Weg ab. Der Fahrer grinste un-

verschämt. Eine heftige Staubwolke folgte dem Geländewagen. Der Staub setzte sich klebrig in das verschwitzte Gesicht des Radfahrers. Auch seine nackten Arme und Beine wurden grau. Er konnte sein Gleichgewicht nicht mehr halten und stürzte hart in den felsigen Wegrand.
Wut stieg in ihm auf. Am liebsten hätte er das Bike hinter dem Porsche hergeschleudert. Doch was konnte sein kostbares Fahrrad dafür?
Der erschöpfte Mann richtete sich auf und klopfte den Schmutz von seinen Ellbogen und Knien. Blut rann den Unterarm entlang. Seine Ohren vernahmen ein Plätschern. Der Radler hob sein Fahrrad auf und schob es um die Kehre. Hundert Schritte weiter gab es einen künstlichen Wasserüberlauf, der von einem Bächlein gespeist wurde. Die Konstruktion war zur Erfrischung müder Wanderer errichtet worden. Er tauchte den Kopf in das Sammelbecken und trank gierig. Seine Arme tauchten unter und erfrischten so seinen gesamten Körper. Er wusch das Blut ab und kramte aus seinem Rucksack ein Verbandspäckchen hervor. Die Sonne stand immer noch brennend am Nachmittagshimmel. Der Biker nahm ein kleines Fernglas aus dem Rucksack, überquerte den Schotterweg und blickte durch die Krüppelkiefern zu dem letzten sichtbaren Teil des Passes.
Plötzlich erschien im Focus die Bikerin. Sie rastete etwas unterhalb der Passstraße im Schatten niedriger Nadelbäume. Ganz in ihrer Nähe stürzte ein Bach schäumend in die Tiefe. Die aufsteigende Gischt hatte etwas Geisterhaftes. Weit über ihr passierte der Porsche Cayenne die Straße. Die endlos lange Staubwolke folgte immer noch dem rasenden Wagen.
„Wenigstens konnte dieses Arschloch das Mädel nicht abdrängen!", murmelte der Mann hinter dem Fernglas.
Die junge Frau stand auf und setzte ihre Fahrt fort.

Der Radler senkte eilig sein Glas. Er hatte keinen Blick mehr für die herrlich heile Welt unter ihm, die in diesem Moment jeden Romantiker gefesselt hätte. Was drängte ihn zum Aufbruch?

Knastladen

Bei dem ohrenbetäubenden Lärm der Kreissäge konnte man kaum das eigene Wort verstehen. Zwei Männer schoben langsam und behutsam eine riesige Holzplatte auf das scharfe Sägeblatt zu. Schon griffen die reißenden Zähne in das Holz und die Phonzahl stieg noch höher.
Die beiden Männer an der Säge trugen dunkle Arbeitskleidung und Sicherheitsschuhwerk.
Eine Oberfräse, Elektrohobel, Schleifmaschinen und Bohrmaschinen füllten den Raum.
An der Ausgangstür der Schreinerei saß ein uniformierter Beamter der JVA und beobachtete zeitweise die Arbeit der Häftlinge. In seiner Hand hielt er ein neues Prospekt mit der Aufschrift ‚Knastladen'. Darunter waren Abbildungen von Garten- und Büromöbeln, die im Rahmen des Resozialisierungsprogramms von den Häftlingen produziert wurden.
Der JVA-Beamte zuckte, als hinter ihm plötzlich die Tür geöffnet wurde und ein Kollege auf seine Schulter tippte.
„Telefon für Robbie!", schrie der Kollege gegen den Lärm der Säge an.
Der Mann hob die Brauen, dann nickte er.
Er hielt sich beide Hände wie einen Trichter um den Mund: „Heh, Robbie, mach das Scheißding mal aus! Telefon für dich!", winkte er zusätzlich noch mit ausgestrecktem Arm.
Der 45-jährige Häftling drehte sich langsam herum und sah dem Beamten in die Augen. Sein Blick war eiskalt. Die fast schwarzen Augen funkelten provokant. Das kantige Gesicht

mit den schmalen Lippen hatte die Miene einer strengen Feldherrenstatue.
Der Mann gab seinem Mithäftling ein Zeichen und der stellte die Säge ab.
„Telefon für dich, Robbie", wiederholte der Beamte nun leiser und wies auf seinen Kollegen.
Robert Bolski nickte stumm und folgte dem zweiten Beamten durch die unzähligen grauen Gänge der JVA.
Sie hielten in dem Raum, wo die Gefangenen auch Besuch empfangen konnten. Ein weiterer Beamter hielt Robert einen Telefonhörer entgegen: „Hier, Bolski, dein Bruder Peter ist am Apparat."
Theatralisch nahm Robert den Hörer an und blickte von einem Beamten zum anderen. Seine Unterlippe schob sich vor: „Ich denke, das hier ist ein Privatgespräch, meine Herren?"
„Nein, Bolski, für dich gibt es keine Privatgespräche, das weißt du doch", grinste ein Beamter.
Der Blick des Häftlings war voller Spott und Hohn. Seine schmalen Lippen zogen sich zu einem geheimnisvollen Lächeln. Dann sah er nur zur kalten Leuchtstoffröhre der Zimmerdecke und sprach in den Hörer: „Hi, Piet, was hast du Gutes für mich?"
„Robbie, schön, deine Stimme zu hören. Ich hoffe, man ist nett zu dir?"
„Das hier ist nicht das Hilton, mein Lieber, aber man verwöhnt mich hier, so gut es geht", und sein spöttischer Blick machte über die Gesichter der Beamten die Runde.
Piet fuhr fort: „Mama Anderson hat endlich Post bekommen. Ich lese dir die Rückseite der Karte vor: ‚Liebe Mama, die herzlichsten Glückwünsche zu deinem 60. Geburtstag. Du weißt, warum ich nicht kommen kann. Aber mir geht es gut. Ich würde dich gerne in meine Arme schließen. Auf der Vorderseite siehst du eine traumhaft schöne Hotelanlage.

Dort arbeite ich als Trainerin im Fitnessbereich. Sorge dich also nicht. Ich melde mich wieder, in Liebe, Vera'
Na, hört sich das nicht klasse an, Robbie?"
Robert Bolskis Gesicht hellte sich auf: „Und auf der Postkarte steht die Anschrift?"
„Nein, unsere Gute ist nicht ganz so bescheuert. Sie hat eine Fotografie geschickt und den Text auf die Rückseite geschrieben."
„Ja, und weiter? Habt ihr das Hotel gefunden?", er blickte die JVA-Beamten einen nach dem anderen an und grinste. „Ich meine, damit ihr endlich meine Blumen und meinen Dank überbringen könnt!"
„Wir haben fleißig Kataloge gewälzt und im Internet gesucht. Ja, Robbie, wir haben uns richtig viel Mühe gemacht. Wir haben nicht nur das Hotel, sondern auch ein strammes Madel gefunden, das deine Herzensdame sein könnte."
Robbies Gesicht wurde wieder ernst: „Was heißt könnte?"
„Sie sieht ihr ziemlich ähnlich. Wir müssen schließlich damit rechnen, dass die Haarfarbe und einiges Andere verändert wurden."
„Was soll sie denn außer dem Haarschnitt noch verändert haben? Meinst du, sie trägt einen Vollbart, oder was?"
Piet atmete hörbar nervös: „Ich habe Harry, den Hulk, geschickt. Der soll ein Foto von ihr machen. Das vergleichen wir am Rechner. Dann haben wir Gewissheit."
Robbies Mine wurde streng: „Ich warne euch! Meine Blumengrüße dürfen nur die richtige Dame erreichen. Sonst wird die Sache..." Beim Anblick der aufmerksamen Gesichter der Beamten wählte Robert eine allgemeine Umschreibung seines Anliegens: „Sonst wäre mir die Sache sehr peinlich!", und er legte den Hörer auf die Gabel.
Ein JVA-Beamter klopfte Bolski auf die Schulter: „Ich hätte mein Monatsgehalt darauf gewettet, dass du das Wort ‚peinlich' gar nicht kennst!"

Vokuhila

Der Mountainbiker steckte sein Fernglas ein und ordnete den Inhalt seines Rucksacks. Bald darauf stand er wieder in den Pedalen. Die unteren Gänge der Schaltung erforderten zwar eine hohe Drehzahl, doch mit den frisch gewonnenen Kräften hatte der Mann nach einigen Metern den richtigen Rhythmus gefunden. Gnadenlos stieg die Passstraße weiter an.

Als er an die Stelle kam, an der die Bikerin Pause gemacht hatte, war der Platz verlassen.

„Die hält mich bestimmt für ein Weichei!", schnaubte der Biker und trat noch fester in die Pedalen.

Zu Beginn der Auffahrt hatte er die Berghütte nur als kleinen Punkt sehen können, seit den letzten Kehren wurde sie immer deutlicher sichtbar und ihre Ausmaße wuchsen.

Der durchgeschwitzte Radler drehte sich kurz vor seinem Ziel noch einmal herum.

Nun erwarteten seine Augen den Lohn für stundenlange Strapazen.

Zurück blickend sah er die Passstraße, die sich wie eine graue Schlange durch das wenig bewachsene, schroffe Gelände in die Tiefe zog, optisch immer schmaler und weit, weit entfernt von dicht bewaldeten Bereichen verschluckt wurde. Am Horizont grüßten majestätische Bergriesen mit blinkenden Schneefeldern. Gewaltige Wasserfälle stürzten sich in der Ferne in zerklüftete Schluchten, um bald rauschend und reißend durch Wald und Wiesen zu stolpern. Auf der Wasserfläche eines Sees leuchteten weiße Punkte, die an Schwäne erinnerten. Tatsächlich mussten es Segelboote sein. Ein Adler zog am blauen Himmel seine Kreise und suchte sein Revier nach Murmeltieren und anderer Beute ab.

Erst jetzt nahm er wahr, dass heute viele Bergfreunde die Hütte erreicht hatten.
Das Haus stand im Schutz einer Felswand, an die sich nur wenige Pflanzen klammerten. Niedrige Latschenkiefern und widerstandsfähige Gräser trotzten hartnäckig dem rauen Klima. Der Pass folgte weiter dem schroffen Gelände. Da die rustikale Berghütte am höchsten Punkt der Straße lag, konnte die Talfahrt zur Rückseite des Berges nicht mehr weit entfernt sein.
In der Nähe parkten drei bepackte Motorräder und ein roter Porsche Cayenne. Vor dem Haus jubelten und grölten vier junge Männer, die mit großem Imponiergehabe den Gästen hinter den Fenstern ihre Mountainbike-Akrobatik demonstrierten. Einer machte Wheelies auf dem Hinterrad, ein anderer balancierte sein Rad auf der Stelle stehend. Der Nächste machte einige Bunny Hops und der Vierte zog freihändig seine Kreise.
Essensgeruch und Stimmengewirr kamen dem neuen Gast beim Öffnen der Tür entgegen. Der Radler überblickte die besetzten Tische der gemütlichen Gaststube. Die blonde Bikerin war nicht zu sehen. War sie längst weitergefahren? Er spürte Enttäuschung in sich aufsteigen.
Am Tisch in der Ecke spielte ein älterer Herr in volkstümlicher Tracht auf einer Zither und eine Dame im Dirndl sang dazu.
Nun fiel der Blick des Neulings auf die Hinweisschilder „Toiletten" und „Waschraum". Der Gedanke, sich frisch machen zu können, ließ seine Mundwinkel hochgehen.
Hinter der Flurtür führte eine Stiege ein Stockwerk tiefer. Mehrere Türen mit weiteren Beschilderungen wie „Schikeller", „Heizungsraum", „Privat" und „WC und Waschraum" reihten sich aneinander. Hinter der Tür zu den Toiletten waren laute Stimmen zu vernehmen.
Er öffnete die Tür und sah am Ende des Gangs vor der Da-

mentoilette die blonde Radlerin. Ihre Augen blitzten wütend. Vor ihr stand ein 35-jähriger Hüne von etwa zwei Metern Größe. Seine Haare waren oben recht kurz geschnitten und im Nacken auffällig lang. Er beachtete den Neuankömmling überhaupt nicht, sondern herrschte die Blonde an: „Schätzchen, kann es nicht sein, dass diese Haare vor drei Jahren noch schwarz waren?", und er griff grob in ihre Locken. An seinen Fingern blinkten im Schein der Deckenlampen auffällig große Fingerringe und ein goldenes Kettchen am Handgelenk.

„Ich kenne Sie nicht. Verschwinden Sie!", herrschte sie den Riesen mutig an.

Er hob mit seiner Pranke ihr Kinn hoch und lachte schallend.

Die junge Frau wich zurück und versetzte dem überraschten Riesen einen Faustschlag auf seinen Bauch.

Der Radler sah, dass das hier kein Spaß mehr war und schritt ein. „Heh, wer vergreift sich denn an Frauen?", fasste er den Riesen an dessen Schulter und zog ihn ein Stück herum.

Der Hüne hob erstaunt die Brauen. Dann grinste er von oben herab, fasste den Radler mit seinen beiden Pranken an dessen Hemdkragen und presste ihn rückwärts vor die Wand.

„Wen haben wir denn hier?", blitzten im spöttisch lachenden Mund des Riesen zwei Goldzähne auf. „Ist das nicht das Babyface, das sich nicht mal auf dem Fahrrad halten kann?" Dabei schmatzte er ekelerregend mit seinem Kaugummi.

Im gleichen Augenblick öffnete sich die Flurtür und die vier fröhlichen, jungen Fahrradakrobaten stürmten herein.

„Heh, was ist denn hier los?", machte der Erste ein ernstes Gesicht und die anderen drei stemmten abenteuerlustig die Fäuste in die Hüften.

Der Riese lächelte die jungen Männer an. Dann sah er wieder zu dem Radler, tätschelte ihm freundschaftlich die Wange und meinte: „Kleiner, du hältst dich da raus, klar?"
Der Radler nickte andeutungsweise und der Hüne ließ von ihm ab. Er ordnete pedantisch sein Hemd und verließ lachend den Raum.
Die vier jungen Männer fragten, ob alles ok sei, und das Pärchen nickte. Dann verschwand die lachende Schar hinter der nächsten Tür.
„Wer war dieser Vokuhila?", erkundigte sich der Biker.
„Der wer?", hob die Blonde fragend die Brauen.
Er zeigte grinsend zu seinen Haaren: „Der Haarschnitt von dem primitiven Silberrücken. Vorne kurz, hinten lang!"
„Ach so", lachte sie und schüttelte den Kopf, „ich weiß es nicht. Ich habe ihn noch nie gesehen."
„Sehen wir uns gleich oben auf einen Kaffee? Ich muss mich zuvor nur noch frisch machen."
Die Radlerin selbst musste sich bereits im Waschraum erfrischt haben und sah längst wieder erholt aus. Sie musterte den zerzausten Mann kritisch und meinte dann: „Gut, ich suche uns einen Tisch", und schon war sie durch die Tür.
Als sie den Gastraum betrat, stand der Riese mit den Goldzähnen an der Ausgangstür der Hütte. Er hielt ein Fotohandy vor sein Auge, blitzte damit in Richtung der blonden Frau und verschwand. Kurz darauf staubte der Cayenne mit schreiendem Motor vom Parkplatz.

MMS

„Hi, Piet", schmatzte die kaugummikauende Stimme am anderen Ende der Telefonleitung, „hast du die MMS mit meiner neuen Freundin gesehen?"
„Klar, Mann, Serkan hat das Bild gerade auf dem Rechner

gecheckt", antwortete der jüngere Bolski. „Er sagt, dass deine Kamera völlige Scheiße ist. Die Lady auf dem Bild könnte jede andere sein."
„Mann", schmatzte er und schob das Kaugummi in die andere Wange, „guckt doch einfach mal besser hin. Hohe Wangenknochen, volle Lippen, lange Haare, schlank. Wer soll denn sonst darunter stecken. Die Haare können schließlich gefärbt sein. Denkt doch einfach mal nach, ihr Trottel!"
„Blas dich nicht auf, Hulk! Wenn diese Angaben maßgeblich wären, dann kannst du gleich jede gefärbte östliche Schönheit über den Haufen schießen. Schau dir Robbies Pferdchen im ‚Sexy Lilli' an. Die sehen doch alle so aus, wie die auf deinem Foto. Wenn du jede Blonde mit hohen Wangenknochen und vollen Lippen wegballerst, haben wir bald keine Einnahmen mehr."
„Auch wenn die das nicht ist. Die kurvt hier mit dem Fahrrad in den Bergen herum. Da fällt man schon mal leicht in eine Schlucht. Weg ist weg."
„Robbie will absolut kein Aufsehen. Verstehst du Pfeife das? Andererseits will er sie lebend. Sie soll schließlich zur Strafe noch ein bisschen anschaffen. In einer Schlucht nutzt sie uns gar nichts. Robbie zahlt dem, der sie festnagelt, 50.000 Euro. Wer sie lebend bringt, bekommt zusätzlich 20.000 Euro. Sagt dir das etwas?"
Der Hulk erklärte: „Übrigens hat sich da so ein anderer Fahrradpenner eingemischt. Wenn nicht so viele Zeugen da gewesen wären, hätte ich ihn längst am Donnerbalken versenkt."
„Wo wolltest du den versenken?"
„Die Schluchtenscheißer verwenden hier Plumpsklos", lachte der Hulk, „Deckel auf und ab in die Jauchegrube!"
„Nur wenn es ganz sicher ist, dass diese Fahrradfahrerin unser Mädchen ist, dann schicke ihn irgendwo unauffällig in die Schlucht. Aber nur dann. Und kein Aufsehen. Wenn

du das vermasselst, gibt es keine Kohle! Das begreifst du ja wohl!", und es klickte in der Leitung.

Hüttenzauber

Der Radler kam erfrischt die Treppe hinauf, schaute sich im Gastraum um und sah die junge Frau an einem Fenstertisch. Sie hielt ein großes Glas Buttermilch in den Händen. Der Mann stellte seinen Rucksack auf die Sitzbank und hielt ihr seine Hand entgegen: „Ich bin Alexander Baumann. Sagen Sie bitte Alex zu mir."
Sie betrachtete interessiert den 1,85 m großen, schlanken Mann, der sich ein frisches Hemd angezogen hatte. Seine braunen Haare waren sehr kurz geschnitten. Er mochte Ende zwanzig, Anfang dreißig sein. Trotz des jungenhaften Gesichts, und einem schüchternen Lächeln war seine Stimme tief und vertrauenserweckend.
Die Bikerin hatte ihre blonden Haare hinter dem Kopf zu einem Pferdeschwanz zusammengebunden. Ihre Brauen waren dunkel und die Augen fast unnatürlich blau. Die hohen Wangenknochen verliehen ihr etwas Aristokratisches. Sie ergriff kraftvoll seine Hand: „Sofia Lehmann, sag einfach Sofi zu mir."
Alex bestellte bei einer jungen Frau im Dirndl ein Weizenbier und hielt Sofia eine geöffnete Packung Zigaretten entgegen.
„Um Gottes willen!", wedelte sie abwehrend mit der Hand. „Übrigens ist hier Rauchverbot!"
Alex verzog den Mund wie ein kleiner Junge und steckte die Packung zurück in die Brusttasche. Dann meinte er gespielt ernst: „Ich dachte das Rauchen wäre in Gaststätten nur in Deutschland verboten. Die Unterdrückung von Minderheiten gibt es also auch hier?"

„Das ist keine Unterdrückung, sondern gesund", erwiderte sie. „Ich bin erstaunt, dass du als Raucher mit dem Rad überhaupt bis hier heraufgekommen bist."
„Ich rauche nicht beim Fahrradfahren. Andererseits sind alle Nichtraucher potenzielle Steuerhinterzieher." Er nahm einen großen Schluck Bier, drehte sich suchend um und fragte: „Wo ist das Riesenbaby eigentlich geblieben?"
Sie machte eine fortscheuchende Handbewegung: „Abgefahren! Hattest du Angst vor dem Bengel?"
„Ja, solche Typen machen mir Angst. Ist das schlimm?"
Sie lehnte sich zurück und ein geheimnisvolles Lächeln umspielte ihren Mund: „Warst du einer von den Jungs, die auf dem Schulhof gerne mal verprügelt wurden?"
Er senkte die Augen verlegen auf die massive Tischplatte: „Auch das ist richtig. Du scheinst eine gute Beobachtungsgabe zu haben." Alex nahm noch einen Schluck Bier und fragte: „Du stehst sicher nur auf harte Typen, nicht wahr?"
Sofia schüttelte den Kopf: „Das habe ich nicht gesagt."
„Du bist sehr fit mit deinem Rad. Wie viele Jahre trainierst du schon?"
„Ich hatte eine Oma hier in den Bergen. Sie wohnte auf einem Berghof, etwa 15 km über dem Dorf. So habe ich als Kind schon das Strampeln lernen müssen. Andere Freundinnen durften auf edlen Pferden reiten, ich ritt den Drahtesel."
Sie griff zur Speisekarte. Alex grinste zustimmend: „Ja, essen, das ist eine klasse Idee. Bleibst du eigentlich über Nacht?"
„Ja, ich will morgen früh Downhill fahren. Da muss man gut sehen können. Die Schatten werden in den Bergen jetzt schon lang. Die Rückseite dieses Bergzugs ist ohne Sonne ziemlich dunkel. Andererseits sehe ich beim Grau in Grau sehr schlecht die Bodenwellen des Geländes. Ich möchte mich dabei nicht langmachen." Ihr Blick fiel auf seinen Ver-

band am Ellenbogen: „Dein Verband ist durch. Das sehe ich mir nach dem Essen mal an."
„Ach das", winkte er heldenhaft ab.
„Keine Widerrede", sagte Sofia und gab der Bedienung ein Zeichen.
Draußen wurde es rasch dunkel. Sofia und Alex hatten sich Windjacken angezogen und traten vor die Haustür. Die Bergluft war klar und kalt.
„Nach so einem deftigen Essen muss man sich unbedingt bewegen", hängte sie sich bei ihm ein.
Nach einem halben Kilometer blieben sie stehen. Das Licht der Hüttenfenster reichte schon längst nicht mehr bis zu ihnen. Der Weg war kaum zu erkennen. Doch die Sterne funkelten und schienen zum Greifen nah zu sein.
Alex wies zum Firmament: „Das ist der große Bär dort oben."
Sofia beschrieb mit ihrem Arm über sich einen Bogen: „Und dieses Band dort ist doch die Milchstraße, nicht wahr?"
„Als Fachfrau für Buttermilch müsstest du das eigentlich wissen", lachte Alex. „Ja, das stimmt. Es ist ein Arm unserer Galaxie. Wir wohnen ja sozusagen ganz am Rand dieses Spiralnebels."
„Oh, haben wir hier einen Hobbyastronomen?"
„Sagen wir mal, ich habe ein bisschen gelesen. Als Kind wollte ich immer mit einem Raumschiff weg von diesem Planeten. So wie bei Star Trek, fremde Welten und Galaxien erkunden", und Alex summte die dazugehörige Filmmelodie.
„Ja", lachte sie, „der kleine Alex, der auf dem Schulhof verhauen wurde, flüchtete mit dem Raumschiff Enterprise in eine heile Welt. Eine heile Welt, wo es keine bösen Jungs und Vokuhilas gibt."
Baumann blickte zu Boden und sagte nichts.
„Heh, war nicht böse gemeint", strich sie ihm gefühlvoll

über die Wange. „Lass uns noch ein paar Schritte laufen." Ihre Schuhe knirschten auf dem Schotter. Sie schwiegen eine Zeit lang.
Alex fragte: „Was machst du beruflich?"
„Ich habe zurzeit einen Vertrag als Trainerin in einem Fitnessstudio. Es ist einer Hotelanlage angeschlossen. Gott sei Dank, habe ich aber nun vier Tage frei. Ich fahre an freien Tagen immer auf die Berge. Hier oben sind weniger Touristen, die einem auf die Nerven gehen." Sie blieb stehen, schaute wieder zu den Sternen und meinte: „Vielleicht hast du sogar Recht und dort oben ist es besser als hier. Wie weit ist der nächste Stern entfernt, du Astronom?"
„Der Proxima Centauri ist nur 4,2 Lichtjahre entfernt."
„Das hört sich nicht weit an. Wie lange braucht zum Beispiel eine heutige Rakete für diese Strecke?"
„Oh, unsere Raketen fliegen mittlerweile 11 km pro Sekunde. Das sind etwa 40.000 km pro Stunde. Ich denke bis zum Proxima Centauri braucht man damit über hunderttausend Jahre. Also nach 5.000 Generationen käme die Menschheit dort an."
Sofia zeigte in die Richtung der Berghütte: „Lass uns zurückgehen. Man sieht ja überhaupt keinen Weg mehr." Nach einigen nachdenklichen Schritten fragte sie: „Gibt es eine Frau Baumann?"
Er antwortete zögernd: „Ja, es gibt eine Frau Baumann."
„Und die lässt den kleinen Alex einfach alleine in die böse, fremde Welt ziehen?"
„Wie man sieht, tut sie das."
„Sieht Frau Baumann gut aus? Beschreibe sie mir", bohrte Sofia weiter.
„Sie hat schwarze Haare, ist schlank und ehemalige Leistungsschwimmerin. Können wir das Verhör damit beenden?" Der Klang seiner Stimme wurde ärgerlicher.
„Sorry, die böse Sofi fragt wieder zu viel", drückte sie

seinen Arm versöhnlich an sich, „nur noch eine Frage. Was machst du beruflich?"

„Ich bin Trucker und fahre meistens Fernstrecken."

Alex blieb stehen und kramte in seiner Hemdbrusttasche. Kurz darauf erhellte eine Feuerzeugflamme die schwarze Nacht. Er sog den Rauch tief und genüsslich ein. Die Glut seiner Zigarette bewegte sich wie ein einsames Glühwürmchen auf und ab. Bis zur Berghütte hörte man nur das Knirschen ihrer Schuhe.

Als sie die Gaststube betraten, spielte ein älterer Herr Akkordeon und eine Wandergruppe sang dazu voller Inbrunst.

Sofia und Alex setzten sich an einen Ecktisch und bestellten zwei Bier.

Am Nachbartisch erzählte einer der vier jungen Radler, die sie vor der Toilette getroffen hatten, einen Witz nach dem anderen. „Kennt ihr den?", setzte er neu an, „ein hungriger Steinadler erbeutet eine Feldmaus. Gierig schluckt er sie herunter. Die Maus hat Glück und rutscht so schnell durch Magen und Darm, dass ihr Kopf am Po des Adlers wieder herausguckt. Die Welt unter ihnen wird immer kleiner. Plötzlich ruft die Maus: ‚Adler, wie hoch sind wir?' Antwortet der Adler: ‚Zweitausend Meter!' Ruft die Maus: ‚Dann mach aber jetzt bloß keinen Scheiß!'"

Die Radler klopften sich vor Lachen auf die Schenkel.

Nach dem dritten Bier standen Sofia und Alex auf. Sie zeigte auf seinen Arm: „Komm mit in den Waschraum. Ich will mir deine Wunde noch ansehen."

Eine halbe Stunde später lagen sie in ihren Schlafsäcken zwischen anderen, schnarchenden Gipfelstürmern.

Beide versanken in einen tiefen Schlaf…

Top Secret

In der Zeugenschutzabteilung nahm der Beamte Walter Dom genervt den Hörer ab und fragte: „Was denn noch?"
„Walter, es gibt ernste Probleme!"
Dom fuhr sich mit der Hand über das graue Haar und sagte mit freundlicherem Ton: „Ach, du bist es, Manni. Meine Jungs hätten gerade fast eine Sache vermasselt. Wenn man nicht an alles denkt... Egal, schieß los."
„Es geht um die Sache Robert Bolski. Du erinnerst dich?"
Dom nahm die Brille ab und rieb sich nachdenklich den Nasenhöcker: „Warte mal. Bolski, Ruhrgebiet, Drogenboss, hatte mehrere Mädels auf dem Strich. Etliche Male angeklagt wegen Körperverletzung, unerlaubtem Waffenbesitz, Erpressung, Raub und, und, und... War auch angeklagt, zwei Polizistenmorde in Auftrag gegeben zu haben. Wurde vor etwa drei Jahren endlich eingebuchtet. Stimmt's?"
„Für dein Alter hast du ein gutes Gedächtnis. Wir hätten den lieben Robbie nie gekriegt, wenn nicht eine unserer Frauen Undercover gearbeitet hätte. Ich habe dir alle Daten auf den Rechner geschickt."
Dom setzte seine Brille wieder auf und schaute auf seinen Monitor: „Es kommt gerade rein: Vera Anderson, geboren 1979 in Bochum". Auf dem Bildschirm erschien das Gesicht einer jungen Frau mit hohen Wangenknochen, vollen Lippen, braunen Augen und fast schwarzen Haaren. Dom las weiter: "LKA NRW, arbeitete als verdeckte Ermittlerin im Rotlichtmilieu gegen die Bolski-Organisation. Sie beschaffte geheim abgehörte und aufgezeichnete, persönliche Befehle Robert Bolskis für Auftragsmorde. Da diese Belege nicht für eine Anklage von Robert Bolski reichten, musste sie als Kronzeugin aussagen. Dadurch stand sie sofort auf der Abschussliste. Sie wurde in das Zeugenschutzprogramm aufgenommen und bekam eine neue Identität. Bolski wurde zu 15 Jahren

Haft verurteilt. Sein kleiner Bruder Peter, der nur Handlanger war, bekam zwei Jahre auf Bewährung. Angeblich leitet Piet heute die krummen Geschäfte weiter. Aber jeder weiß, dass Robbie die Fäden im Knast zusammenhält."
Dom kratzte sich am Kinn: „Ok, was ist passiert?"
„Vera ist aufgeflogen. Sie war so dilettantisch und hat ihrer Mutter eine Geburtstagskarte geschickt, mit dem Bild des Hotels, in dem sie heute arbeitet."
Es platzte aus Dom heraus: „Hat die einen Knall?" Er schlug mit der flachen Hand auf die Tischplatte und fuhr fort: „Du brauchst gar nichts mehr sagen. Meine Fantasie reicht aus! Robbie hat natürlich Wind davon bekommen, nicht wahr?"
„Walter, verdammt, wir sind alle nur Menschen. Veras Mutter wurde sechzig. Es war bestimmt nach drei Jahren der erste Kontakt."
Dom brummte: „Weiber, die leben zuerst ihre Gefühle!"
„Ein Weib, ohne das die Justiz Bolski nie gekriegt hätte! Übrigens, wir haben ein Telefongespräch zwischen Robbie im Knast und seinem Bruder Piet aufgezeichnet. Daraus geht hervor, dass sie Vera dicht auf den Fersen sind."
Dom murmelte: „Vera hat mit dem Stempel der Postkarte auch bestimmt gleich den Ort des Hotels angegeben, richtig?"
Die andere Stimme lächelte: „Ich denke, dass sie etwas schlauer war. Aber damit werden Robbies Leute auch fertig."
Dom fragte: „Also, wie können wir helfen?"
„Ja, ich habe unsere Jungs bereits in ihre Richtung geschickt. Sie haben sie noch nicht gefunden. In der Hotelanlage war sie nicht. Wir wissen, dass Vera sich ein paar Tage freigenommen hat und mit einem Mountainbike unterwegs ist."
„Also ist sie für Robbies Leute Freiwild auf offener Wildbahn."
„Wir haben auch schon eine Handyortung vorgenommen.

Leider schaltet das Mädel nur bei Gesprächen ein. Die Waben der Handysender erstrecken sich in den Bergen oft über viele Kilometer und lassen keine punktgenaue Ortung zu. Wir haben einen Hinweis zu einer entlegenen Passstraße. Einer meiner Männer ist mit einer Crossmaschine auf dem Weg. Schneller geht es nicht."
Dom bestätigte: „Ihr bekommt alles, was ihr braucht. Ruf mich umgehend an, falls die Kollegen im Ausland nicht mitmachen."

Morgenstund hat Gold im Mund

Als Alex unter dem Dach der Berghütte in seinem Schlafsack die Augen öffnete, strömte Kaffeeduft an seiner Nase vorbei. „Guten Morgen, du Schlafmütze", lachte Sofia. „Hast du gut geschlafen oder hast du von dem brutalen Riesen geträumt? Wir haben bereits acht Uhr und die meisten sind schon unterwegs."
Alex richtete sich auf und sah, dass alle Liegeplätze geräumt waren. Sein Kopf brummte. Mit kratziger Stimme meinte er: „Aufgrund des Obstlers habe ich gar nicht geträumt." Mit Muskelkater bewegte er sich mühsam zum Waschraum.
Als Alex die Gaststube betrat, winkte Sofia ihn heran: „Superfrische Brötchen. Sie backen die hier morgens selbst auf. Guck mal, es gibt sogar noch Rührei mit Speck!" Sie biss herzhaft in ihr dick belegtes Brötchen.
Alex bediente sich am Büfett, setzte sich zu ihr und fragte: „Fahren wir zusammen weiter? Ich meine, wenn du auf einen Schlappi wie mich warten kannst."
„Wir können es ja mal versuchen. Einen großen Teil geht es sowieso wieder abwärts. Und den Berg herunterrollen, das schaffst du doch bestimmt." Ihre Augen funkelten verschmitzt.

Die letzten Gäste brachen zu ihrer Wanderung auf. Sie grüßten und winkten zum Abschied, dann war es fast still. Im Lautsprecher des Radios erklang leise die volkstümliche Musik der Alpenwelt.
Sofia und Alex bezahlten ihre Rechnungen.
Die Bikerin ging alleine zum Parkplatz und begann ihr Rad zu packen. Sie bückte sich weit vor und tastete kontrollierend die Bremsanlage ab. Überraschend griff ihr jemand schamlos von hinten in den Schritt. Sofia sprang auf und schlug reflexartig um sich. Vokuhila hatte blitzschnell ihre Handgelenke umfasst und drückte die Frau spielerisch in die Knie. Er presste mit seinen riesigen Pranken die Unterarmknochen zusammen, sodass Sofia vor Schmerzen die Tränen in die Augen schossen. Er bückte sich zu ihr herab und versuchte mit seinen Lippen ihren Mund zu erreichen. Die Frau war so schockiert, dass ihr der Schrei im Hals stecken blieb.
Plötzlich verdrehte der Zweimetermann die Augen, ließ die Frau fallen und schnellte herum. Jemand hatte ihm mächtig auf den Rücken geschlagen.
Vokuhila richtete sich zu seiner riesigen Größe auf, kniff die Augen gegen die Morgensonne zusammen und sagte lachend: „Babyface! Das ist ja eine Überraschung. Hast du gerade bei mir angeklopft? Ich sagte dir gestern, du sollst dich raushalten. So etwas sage ich nicht zweimal", und er holte zu einem mächtigen Schlag aus.
Baumann wich geschickt aus und gab dem Riesen mit der Faust einen Leberhaken.
Der Koloss reagierte kaum.
Alex zuckte mit den Schultern und meinte: „Gut, der Schlag war wohl nix."
Vokuhila wurde wütend. Er reckte seine Fäuste über den Kopf und wirkte dadurch noch riesiger. Wie eine Lok donnerte er auf Baumann zu. Alex wog sich auf dem linken

Bein, streckte das rechte hoch und stieß gezielt mit dem Fuß genau auf den Solarplexus des Riesen. Vokuhila verdrehte die Augen und sackte dann in sich zusammen. Seine mächtigen Unterarme lagen ausgestreckt auf dem Schotter.
„Nichts wie weg!", rief Alex und packte seinen Rucksack auf das Bike.
Auch Sofia zurrte das Gepäck fest und sprang auf ihren Sattel.
Als sie mehrere hundert Meter entfernt waren, sahen sie, wie einige Leute des Hüttenpersonals auf dem Parkplatz neben dem Riesen standen.
Die Radler wählten tiefer liegende Strecken, um in den Sichtschutz der Bäume zu gelangen. Sie fuhren auf Wander- und Feldwegen. Die Passstraße wäre zu unsicher gewesen. Der Porsche-Geländewagen hätte dort nur wenige Minuten benötigt, um sie einzuholen. Über den Angriff sprachen sie kein Wort.
Fröhliche Wanderer grüßten mit Stöcken und nickten ihnen zu. Gerne wären sie hin und wieder stehen geblieben, um die malerische Bergwelt bewundern zu können, doch das unsichere Gefühl, verfolgt zu werden, trieb sie weiter. Je tiefer sie kamen, umso üppiger wurde die Pflanzenwelt. In dem saftigen Grün der Wiesen tauchten bunte Blumen auf. Die lustig plätschernden Bäche wurden reißender. Sie schleppten immer größere Gesteinsbrocken, Wurzeln und Äste mit sich ins weit entfernte Tal. Hin und wieder regte sich auch nun die Tierwelt und reckte die Köpfe vorsichtig aus den Verstecken. Salamander lugten in der Nähe des feuchten Elements aus Felsspalten. Blindschleichen schauten unter schattigen Steinen hervor und in den Sträuchern raschelte es verdächtig. Die frische Luft füllte sich mit unzähligen Düften aus Erde, Wiese und dem Harz der Bäume.
Je länger die Flüchtenden unterwegs waren, umso weniger

fühlten sie sich getrieben. Auf einem breiten Feldweg fuhren sie nebeneinander.
Alex suchte das Gespräch: „Als ich gestern an der Hütte ankam, machten die vier Mountainbiker vor dem Haus ihre Kunststückchen. Das sah beeindruckend aus."
„Ach, was konnten die Jungs denn Besonderes?"
„Zum Beispiel auf der Stelle balancieren, auf dem Hinterrad fahren oder auf der Stelle hüpfen."
Sofia hob spielerisch ihr Vorderrad und fuhr auf dem Hinterrad weiter. Als Alex sie eingeholt hatte, balancierte sie eine Zeit lang auf der Stelle und riss dann ihr Bike hoch. Wie eine Sprungfeder hopste sie herum.
Lachend forderte sie Baumann auf: „So, du bist dran."
Alex hatte beim Stehenbleiben einen Fuß am Boden. Er sah sie stirnrunzelnd an, hängte seinen Schuh wieder in die Klickpedale und versuchte, auf der Stelle zu balancieren. Immer heftiger bewegte er den Lenker im Stand, um das Gleichgewicht zu halten. Das Fahrrad begann nach links zu kippen. Er bekam den Schuh nicht mehr rechtzeitig aus der Klickpedale und fiel seitlich ins Gras. Sofia lachte schallend und balancierte dabei auf der Stelle.
Alex kniff frustriert die Lippen zusammen, stand auf und bestieg sein Rad. „Du hast gewonnen! Sofi ist die Beste! Zufrieden? Aber lass uns weiterfahren, bevor Rübezahl uns einholt."
Nach drei Stunden hielten sie an einem Bach, der unter einer Brücke fröhlich dahin plätscherte. Unterhalb der Brücke hatte sich im Kiesbett hinter angeschwemmten Baumstämmen ein kleiner Teich gebildet.
Sofia zog die Schuhe aus und bewegte ihre Zehen im eiskalten Wasser hin und her. Alex steckte sich eine Zigarette an.
Sie warf ihm einen mahnenden Blick zu und fragte: „Seit wann rauchst du?"

„Seit vier Jahren."
„Und warum hast du vor vier Jahren damit angefangen?"
Sie platschte abwechselnd mit den Füßen in dem erfrischenden Wasserkiesbett.
„Weil ich vor vier Jahren aufgetaucht bin und die Welt seit dem real sehe."
„Möchtest du darüber reden?", sah sie ihn neugierig an.
„Nein!", antwortete er schroff, stand auf und kontrollierte irgendetwas an seinem Rad.
Nur das Plätschern und das Zirpen der Grillen waren zu hören. Die Almwiese roch intensiv und viele bunte Blüten lockten die Insekten an. Mehrere Nadelbäume hatten sich in Gruppen zusammengefunden und reckten ihre Spitzen zum fast wolkenlosen Himmel. Über ihnen erhoben sich die majestätischen Gipfel der Bergwelt.
Alex setzte sich neben Sofia, streckte auch seine Füße ins Wasser und meinte: „Das hier ist ein herrlicher Platz des Friedens."
Sie blickte ernst auf ihre Zehen und sagte leise: „Ich danke dir für heute Morgen."
Baumann sah sie mit zusammengekniffenen Augen an: „Das war keine Heldentat. Ich hatte nur Glück."
Sie lächelte ihn geheimnisvoll an: „Nein, das glaube ich jetzt nicht mehr. Der kleine Alex, der auf dem Schulhof vertrimmt wurde, hat irgendwann gelernt, sich zur Wehr zu setzen, nicht wahr?"
Er nahm einen Kieselstein, betrachtete ihn kurz und warf ihn dann weit über den Bach hinaus in ein dichtes Gebüsch. Hektisch und schimpfend stieg eine kleine Bergdohle auf.
Alex ging nicht auf ihre Frage ein, sondern lachte: „Das war ein Tiroler Arschbackenzeisig! Diese Vögel sind ganz selten zu sehen."
Sofia sah sich suchend um und meinte: „Das Wasser treibt.

Ich muss mal für kleine Mädchen. Aber laufe nicht weg, ok?"
Alex warf kleine flache Kieselsteine so auf die Wasseroberfläche des Teichs, dass sie erst einmal wieder heraushüpften, bevor sie untergingen.
Eine riesige Libelle schwirrte über den Teich. Alex entdeckte einen Frosch, der wie ausgestopft auf einem Stein hockte. Blitzartig schoss die lange Zunge des grünbraunen Geschöpfs hervor und fing eine verträumte Mücke.
Die Zeit verging und verging. Wieso kam Sofia nicht endlich zurück.
Die junge Frau war einem Trampelpfad gefolgt. Als Alex sie nicht mehr sehen konnte, zog sie ihr Handy. Ihr Finger tippte Buchstabe für Buchstabe ‚topsecret' ein. Das Handy wählte im Hintergrund eine Nummer und es kam ein Freizeichen.
„Dom", meldete sich eine sachliche Stimme…

Ruf aus den Bergen

Der Chef der Zeugenschutzabteilung trommelte mit seinen Fingern auf der Schreibtischplatte. Endlich war die Stimme der gesuchten Frau in der Leitung.
„Herr Dom, Sofia Lehmann hier. Ich brauche sehr wahrscheinlich Ihre Hilfe", und sie beschrieb mit hastigen Worten, so gut es ging, ihren Aufenthaltsort. „Ein Mann, Mitte dreißig, etwa zwei Meter groß und beleibt, mit oben kurzen und hinten langen Haaren verfolgt mich. Er hat mich tätlich angegriffen. Ich konnte fliehen", wirkte Sofias Stimme gehetzt. „Auffällig sind in seinem Mund in der oberen Reihe zwei goldene Schneidezähne. Er fährt einen roten Porsche Cayenne."
„Kindchen, wir suchen dich schon seit Stunden. Dein Ver-

folger wird der Hulk sein, den Robbies Leute auf dich angesetzt haben. Also halte durch. Wir haben bereits dein Handy zweimal orten können. Lass es weiterhin an. Umso schneller können wir Hilfe schicken. Einer unserer Männer ist bereits mit einem Crossmotorrad auf dem Weg zu dir. Versuche dich in einer Schutzhütte zu verbergen. Die Hütten lassen sich als Treffpunkt am besten finden."

Sofia ergänzte: „Ach ja, ein Mann ist in meiner Begleitung. Alexander Baumann, Fernfahrer, wohnhaft im Ruhrgebiet. Er ist etwa Anfang dreißig und ca. 1,85 m groß. Braune Augen, braune Haare. Er hat mir heute Morgen bei dem Angriff geholfen. Sonst weiß ich nichts über ihn."

„Ok, mit diesen wenigen Angaben können wir wohl kaum etwas anfangen, aber wir versuchen ihn zu checken. Sei nicht zu vertrauensvoll. Er könnte dir vielleicht eine Falle stellen. Melde dich bitte regelmäßig, bis wir dich gefunden haben, ok?"

Sie bestätigte und drückte die Auflegetaste.

Dom legte sein Diensthandy zur Seite und griff zum Telefonhörer: „Vera hat sich gemeldet", gab er ihren Standort an einen verdeckt arbeitenden Kollegen durch. „Mach dich auf den Weg und sichere dich mit einer Schussweste. Robbie hat Harald Mons, den Hulk, geschickt. Der fackelt nicht lange. Wenn du ihn aus Versehen in die Hölle schickst, lege ich beim Lieben Gott ein gutes Wort für dich ein. Aber bringe vor allem das Mädchen heile zurück. Wenn wir unsere Kronzeugen nicht mehr schützen können, wird künftig niemand mehr eine Aussage vor Gericht machen."

„Walter, ich bin kein Anfänger. Sei unbesorgt. Den Hulk gibt es nur als Comic-Figur! Sofia ist so gut wie zuhause!", lachte die selbstsichere Männerstimme und im Hintergrund hörte man den dumpfen Motor einer Crossmaschine im Leerlauf tuckern.

Dom legte den Hörer auf und murmelte besorgt vor sich hin: „Dein Wort in Gottes Gehörgang."

Downhill

Alex machte sich auf die Suche nach der geheimnisvollen Bikerin. Als er sie erblickte, hatte sie sich gerade aufgerichtet und ihre Radlerhose hochgezogen.
„Das glaube ich doch nicht!", rief sie gespielt entsetzt, „der Herr entpuppt sich als Spanner."
Er lächelte sie an. Im gleichen Moment fiel ein Schuss, dessen Echo mehrfach widerhallte…
Es fiel ein zweiter Schuss und das Bergecho antwortete erneut.
Sofia und Alex rannten den Bachlauf entlang auf die kleine Holzbrücke zu. Der scheinbar leblose Frosch sprang empört von seinem gewohnten Stein ins eiskalte Wasser.
Die Biker stürzten zu ihren Rädern, schulterten ihre Rucksäcke und jagten über die wilde Wiese auf einen steilen Abhang zu. Während der Fahrt setzten sie ihre Helme auf und zogen die Kinnriemen stramm.
Wieder hallte von weitem ein Schuss. Eine donnernde Stimme rief: „Heh, ihr Angsthasen, bleibt stehen. Ich kriege euch doch sowieso!"
„Wir müssen runter, in den Schutz der Bäume", nickte Baumann mit dem Kinn zum Tal.
„Downhill, meine Spezialität", versuchte Sofia ihre Angst humorvoll zu überspielen.
Die Abfahrt wurde halsbrecherisch. Ständig mussten sie auf dem rutschigen Gras herausragenden Felsbrocken ausweichen. Die Nadeln der Bäume kratzten an ihren nackten Unterarmen.
Sofia riss ihren Lenker hoch und sprang über einen umge-

stürzten Baumstamm. Der Hang wurde noch steiler. Sie setzten sich hinter ihre Sättel, um die Vorderräder zu entlasten. In Sofias Gesicht wechselte die Stimmung zwischen Abenteuerlust und drohender Todesgefahr. Sie war erstaunt, dass der Mann auf dem Mountainbike doch nicht so unbeholfen fuhr, wie es zuvor den Anschein hatte.

Alex blieb plötzlich mit der Pedale an einem Stein hängen, schoss über den Lenker und landete mit schmerzverzerrtem Gesicht auf dem Rücken. Sofia kam erst einige Meter unter ihm zum Stehen. Sie nahm ihren Rucksack ab und kletterte zu Alex hinauf.

Er setzte sich auf und fluchte: „Scheiße, verdammt noch mal!"

Sie lachte und darüber ärgerte er sich. Doch dann wies Sofia auf einen Kuhfladen, der direkt neben seinem Kopf lag.

Baumann blickte zu dem stinkenden Haufen und fluchte erneut: „Ich sag doch, Scheiße!"

Er stand auf, klopfte sich ab und besah sich sein Fahrrad. Die vordere Felge war hin, und wo war die Pedale? Erst jetzt bemerkte Alex, dass die fehlende Klickpedale immer noch unter seinem Schuh hing. Wütend schoss er sie weit von sich. Sofia ließ sich lachend ins Gras fallen.

In der Ferne hörte man den hochdrehenden Motor eines Wagens.

Alex stürzte augenblicklich auf Sofias Fahrrad zu, hob es auf und setzte sich auf den Sattel. „Steig auf und halte dich an mir fest!", wies er auf die Querstange.

Sie tippte sich an die Stirn: „Da soll ich mich draufsetzen? Und du fährst? Du hast nicht alle Tassen im Schrank! Außerdem ist das mein Fahrrad!"

Alex hatte plötzlich einen militärischen Tonfall: „Dein wackeliger Gepäckträger hält dich nicht. Aufsitzen und nimm deinen Rucksack mit!"

Völlig verblüfft schulterte Sofia ihren Rucksack und setzte sich vor ihn quer auf die Fahrradstange. Sie versuchte sich mit beiden Händen an seinem Hals und Schultern festzuhalten.
Sofort rollte der Drahtesel über den holperigen, steilen Hang zu Tal. Sofias Gesäß schmerzte bei jedem harten Aufsetzen. Der Strauch- und Baumbewuchs wurde langsam dichter. Endlich folgten sie einem steilen Feldweg, der ins Tal zu führen schien.
„Halte an, Alex", rief sie. „Die Bremsen können uns auf dem Weg hier niemals halten und mir tut alles weh, verdammt!"
Baumann grinste: „Ich habe nicht vor zu bremsen. Im Tal können wir ausrollen."
Nach der dritten Kehre kam unter ihnen eine Hütte in Sicht. Das Fahrrad machte gequälte Geräusche. Endlich brach an einer Wasserquerrinne die Vordergabel.
Alex und Sofia flogen kopfüber ins dichte Weidegras. Sie rollten und rollten. Die Rucksäcke immer treu dabei. Als Alex seine Augen öffnete, lag Sofia genau auf ihm. Über ihr zog gerade eine weiße Wolke vor die Sonne. Kühe muhten und die Leitkuh läutete mit ihrer schweren Glocke.
„Geht es dir gut? Alles noch dran?", fragte er gequält und japste nach Luft.
„Ja, aber du bist ein miserabler Radfahrer", lachte sie, gab ihm einen Kuss auf die Wange und richtete sich ein Stück auf.
Ihr Gesicht wurde ernst und sie strich mit ihrem Finger über Alex' Helm. Beide richteten sich auf und blickten beeindruckt auf die Schaumstoffhalbschale. Oberhalb des Schläfenbeins musste Baumann auf einen spitzen Untergrund geschlagen sein. Das Material des Schutzhelms war um die Hälfte komprimiert, als ob jemand mit einem Hammer dort hineingeschlagen hätte. Feine Risse liefen in alle Richtungen.

Sofia fragte besorgt: „Ist dir übel? Hast du Kopfschmerzen?"
Er schüttelte den Kopf: „Quatsch, du hältst mich immer noch für ein Weichei!"
„Mit einer Gehirnerschütterung ist nicht zu spaßen. Sage mir also, wenn dir schlecht wird, ok?"
Baumann stand auf und klopfte sich die Erde von seiner Hose.
Völlig außer Atem erreichten sie die Hütte, die sie während der Fahrt von oben gesehen hatten. Sie gingen zu einer Viehtränke, die über eine Rohrkonstruktion mit Bachwasser gespeist wurde.
Alex warf sich mit beiden Händen das frische Wasser ins Gesicht.
Auch Sofia wusch ihr Gesicht, tauchte die nackten Arme ins Wasser und fragte: „Denkst du, wir haben den Wagen abgehängt?"
„Den Hang, den wir heruntergefahren sind, kann er uns auf keinen Fall folgen. Aber ich kenne den Straßenverlauf nicht. Aber auch diese Hütte hier ist mit dem Wagen zu erreichen." Er wandte sich zu dem Holzhaus um und fragte: „Hallo? Ist hier jemand? Hallo?"
Niemand antwortete.
„Ich verstehe immer noch nicht, was dieses Schwein von uns will", blickte er Sofia an. „Hast du auf deiner Tour vielleicht irgendwo den goldenen Löffel geklaut?"
„Nein, nicht, dass ich wüsste. Und du? Hast du vielleicht irgendwo gefensterlt und wir haben einen eifersüchtigen Ehemann auf den Fersen?"
Alex blickte sie misstrauisch an und sagte sachlich: „Du verschweigst mir etwas. Der Riese hat dich zweimal angegriffen. Ich habe ihn nur gestört."
„Entschuldige", wich sie seinem Gedanken aus, „Ich gehe noch mal Pipi machen", dann verschwand sie zwischen den nahen Tannen.

Alex besah sich die Schutzhütte. Sie war aus stabilen Holzstämmen und Brettern gebaut. Das Dach hatte Holzschindeln. Die alte Dachrinne war an vielen Stellen löchrig.
Die Tür knarrte. Massive Bänke und ein Tisch warteten auf müde Wanderer oder Jäger. An der gegenüberliegenden Wand pfiff ein sanfter Wind durch scheibenlose Fenster. Es roch nach Harz, wilder Wiese und Erde.
Die erste fette Fliege hatte Alex entdeckt und stürzte sich gierig auf die salzigen Schweißtropfen in seinem Nacken.
„Nicht gerade einladend", murmelte Baumann, „aber bei einem heftigen Gewitter ein hilfreicher Ort."
Er schaute auf seine Armbanduhr und sah erwartungsvoll zur Tür: „So lange kann doch niemand pinkeln."

Währenddessen zog Sofia Lehmann hinter den Bäumen ihr Handy und wählte Doms Nummer.
„Wir sind an einer Schutzhütte", beschrieb sie ihren Aufenthaltsort, so gut es ging. „Wir wurden beschossen. Wo bleibt Ihr Mitarbeiter?"
„Sofi, bleib, wo du bist. Unser Mann kann nicht mehr weit sein", antwortete Dom.
„Haben Sie etwas über Baumann erfahren?"
„Nein, deine Angaben über ihn reichen nicht. Versuche mehr zu erfahren. Sofi, halt durch!"
Es klickte im Handy.

Alte Kontakte

Sofia dachte über das Telefongespräch mit Hauptkommissar Dom nach. Als ehemalige Polizistin wusste sie, dass er mit ihren geringen Angaben über Alexander Baumann nichts anfangen konnte. Plötzlich fiel ihr ein, dass sie mit ihrem

Handy am Vorabend beim Hüttenzauber ein Bild von Alex gemacht hatte.
Sie murmelte: „Das ist eine Chance!"
Die zweite Telefonnummer, die Frau Lehmann nun wählte, gehörte ihrer besten Freundin, Kollegin und Vertrauten aus einer Vergangenheit, einer Identität, die seit drei Jahren nicht mehr zu ihr gehörte.
„Bitte, bitte geh dran", flehte Sofia das Handy an.
Endlich meldete sich eine vertraute Stimme: „Kleve, ja bitte?"
„Meike, Sofi hier. Bitte frage nichts. Ich sitze voll in der Scheiße. Pass auf, Robbies Leute sind mir auf den Fersen. Aber ich bin hier mit einem Typen zusammen, der mir geholfen hat. Ich muss unbedingt wissen, ob ich ihm vertrauen kann. Bitte checke ihn mal durch."
Meike lachte in den Hörer: „Schön, dass du lebst und dich mal meldest. Aber für dich ermitteln? Ich bin eine super korrekte Polizeibeamtin und würde damit gegen die Vorschriften verstoßen. Du weißt das, Schatz, du warst ja selbst lange genug dabei."
„Meike, es ist todernst! Bitte mach hin!"
„Also schieß los."
Sofia fasste zusammen: „Alexander Baumann, irgendwo aus dem Ruhrgebiet. Angeblich Fernfahrer. Aber der kann mehr. Ich glaube, der hat Kampferfahrung. Ich schicke dir sein Bild per MMS. Check das Bild nicht nur im Polizeiarchiv, sondern auch beim Militär. Dein Mann kennt bei der Bundeswehr doch einige einflussreiche Leute".
Meike unterbrach sie: „Schatz, du meinst meinen Ex-Mann. Oliver und ich haben uns vor einem Jahr getrennt. Du warst lange nicht mehr hier!"
Sofia drängte: „Frage ihn bitte trotzdem, ja? Geht das klar?"
„Ok, sende die MMS. Am besten meldest du dich wieder. Mein Anruf könnte in deiner Situation vielleicht unpassend

sein. Viel Glück, mein Schatz!", klickte es in der Leitung. Sofia suchte in ihrem Handy Alex' Foto und sendete dieses an Meike. Dann blickte sie erneut auf sein Gesicht im Display. Dieser Mann war für sie ein großes Risiko eingegangen und ihr Gewissen mahnte: „Jetzt schnüffelst du heimlich hinter ihm her!"
Ihr Herz pochte. Doch nicht vor Angst. Sie sah in Gedanken, wie Alex sich ohne zu zögern dem Riesen entgegengestellt hatte. Sie hatte während des Downhill-Fahrens fest an seinem Hals gehangen, und nun traute sie ihm immer noch nicht?
Ja, das Misstrauen war zu einem leidigen Teil ihres Lebens geworden.
Im fernen Tal hörte man den Motor eines Motorrads brummen. Sie ging auf die Hütte zu und trat ein...

Motocross

Sofia und Alex stellten in der Schutzhütte ihre Rucksäcke neben den Tisch und holten die Brötchen hervor, die sie schon oben am Bach verspeisen wollten.
Sofia hatte keinen Appetit, doch Alex drängte: „Du musst bei Kräften bleiben. Wer weiß, was noch kommt. Iss jetzt!" Widerwillig nahm sie den ersten Bissen.
Plötzlich sprang Alex auf. Ein Motorrad näherte sich. Er stellte sich von innen neben die Eingangstür. Wenn jemand die Tür nach innen öffnen und eintreten würde, konnte Alex nicht gesehen werden. Er nahm einen schweren Holzscheit als Waffe und nickte mit dem Kinn zu Sofia: „Verstecke dich hinter dem Tisch."
Die Tür öffnete sich vorsichtig und eine Pistole schob sich herein.
„Frau Lehmann? Dom schickt mich. Sind Sie hier?"

Ein Schuss hallte durch die Bergwelt. Der Körper des Fremden kippte nach hinten aus der Hütte.
Baumann drückte umgehend die Tür zu und schob einen Sperrriegel vor. Wieder fielen Schüsse und ließen das Holz der Eingangstür zum Teil zersplittern.
Alex schrie: „Nimm deinen Rucksack und dann raus aus dem Fenster!"
Sie folgte ihm und sprang über die Brüstung.
Weitere Kugeln schlugen in die Eingangstür.
Alex ergriff Sofias Hand und riss sie mit sich zu dem Motorrad. Die Maschine stand so günstig, dass der Schütze die Flüchtenden scheinbar noch nicht sehen konnte. Der Schlüssel des Crossrads steckte und Alex betätigte den Starter. Er hängte sich seinen Rucksack vor die Brust, damit Sofia hinter ihm Platz hatte. Dann schwang er sich auf die Maschine und rief: „Steig verdammt noch mal endlich auf!"
Sofia sah in etwa 200 m Entfernung auf dem Feldweg über ihnen den roten Cayenne.
Sie kletterte hinter Alex auf die Sitzbank: „Kannst du das Ding überhaupt fahren?"
„In der Not geht alles!", legte er den Gang ein, ließ die Kupplung schnacken und drehte am Gasgriff. Das Hinterrad der Maschine drehte kurz auf dem Kies durch, dann hob sich das Vorderrad und die beiden schossen voran.
Vokuhila sah wütend aus dem Fenster der Hütte und schoss seine Pistole leer.
Mehrere Kugeln pfiffen den Flüchtenden um die Ohren. Knallend zerbarst das Rücklicht. Ein Geschoss wurde vom hinteren Stoßdämpfer abgelenkt.
Sie kamen an eine Weggabelung und Alex musste blitzschnell entscheiden, wohin die Flucht gehen sollte. Er wählte den Weg ins Tal durch das dichtere Holz. Doch schon bald wurde das Gelände freier und ein gewaltiger Bach donnerte in leichten Kurven zu Tal. Das Ufer war steil

und ausgewaschen. Dort, wo sich umgestürzte Bäume an riesige Steine klammerten, staute sich das grünliche Wasser. Der ausgefahrene Kiesweg folgte nun ständig dem reißenden Bachlauf. Sie passierten die Reste einer verfallenen Holzbrücke, wo der Weg in einen dichten Wald abbog.
Baumann hielt an: „Wohin jetzt?"
Sofia zuckte nur mit den Schultern und hielt seine Taille umklammert. Alex wäre froh gewesen, wenn er sich wenigstens etwas ausgekannt hätte. Andererseits war die Brücke nicht befahrbar, da in ihrer Mitte mindestens drei Meter fehlten. Sie rasten nach links in den Waldweg. Der Forstweg endete auf einem Wendeplatz, der nur von hohen Bäumen und felsigen Rändern umgeben war.
„Und was jetzt?", schallte Sofias Stimme von den Bäumen zurück.
„Wir nehmen die Brücke!", schrie Alex. „Halt dich gut fest!"
Er wendete die Maschine, das Vorderrad hob sich wieder kurz vom Boden und das Hinterrad hinterließ eine riesige Dreckwolke. Erst als Sofia die verfallene Brücke sah, bekam sie Angst.
An der letzten Kurve schoss der Cayenne heran.
„Festhalten!", schrie Alex wieder und beschleunigte noch mehr. Er hielt geradeaus auf den ehemaligen, ansteigenden Brückenkopf zu.
Sofia schrie nur ein lang gezogenes „Nein" und schon flogen sie über den fünf Meter breiten, gurgelnden Bachlauf.
Sie hielt sich krampfhaft an ihrem Vordermann fest. Die Maschine kam hart auf und das Hinterrad drohte wegzurutschen. Alex fing die kippende Maschine im letzten Moment ab. Er blickte sich zu dem Cayenne um und gab sofort wieder Gas. Sein Ziel war der nahe gelegene, dichte Wald.
Der Fahrer des Porsches sprang heraus und schoss mit einem Gewehr auf sein bewegtes Ziel. Mehrere Schüsse hallten durch die bewaldete Berglandschaft.

Hinter der nächsten Biegung waren sie endlich in Sicherheit. Nach etwa zehn Minuten Fahrzeit hörten sie eine nahe Straße. Alex hielt neben einem langen Holzstapel an. „Ich muss unbedingt wissen, wo wir sind", meinte er und sie stiegen ab.

Er holte eine Karte aus seinem Rucksack und entfaltete sie auf dem gestapelten Holz.

Auch Sofia nahm ihren Rucksack vom Rücken, um ihre Trinkflasche herauszuholen.

„Scheiße, das glaube ich doch nicht!", rief sie und ihr Gesicht wurde bleich. „Der hat mich getroffen." Sie zeigte Alex die zerborstene Flasche und steckte demonstrativ einen Finger durch das Einschussloch im Rucksack.

„Also hat er dich doch nicht getroffen", grinste der Biker und zeigte auch auf das zerschossene Rücklicht.

Er verfolgte mit dem Finger eine Linie auf der Karte: „Zuerst fahren wir über diese Landstraßen hier. Ich hoffe nur, dass uns die Gendarmerie nicht anhält. Wir haben keine Helme und keine Papiere für die Maschine."

„Gendarmerie?", lachte sie. „Wann warst du das letzte Mal in den Bergen? Hier heißt das auch Polizei!"

Sein Finger tippte an einer Stelle auf die Karte: „Wir können dort unbemerkt die Grenze passieren. Dahinter kommt ein verschlafenes Tal mit mehreren Höfen. Die Leute leben sehr zurückgezogen und unser Riese würde sofort auffallen. Da werden wir übernachten."

Sie machte ein verwundertes Gesicht: „Ach, und uns misstrauen die Leute dort nicht?"

Er tippte ihr auf die Nasenspitze und lächelte: „Mir misstrauen sie nicht. Bei dir weiß ich das nicht. Du kennst Riesen, die prügeln und du kennst Leute, wie wegen dir angeschossen werden. So jemandem kann man nicht vertrauen!"

Er zündete sich eine Zigarette an.

Sie stellte sich vor ihn und blickte ihm tief in die Augen: „Ich kann dir noch nicht mehr sagen… Noch nicht. Aber bitte vertrau mir, ja?"

„Sofi, oder wie immer du heißt", stieß er Rauch aus, „ich sehe an deinen Brauen, dass du nicht blond bist. In deinen Augen sehe ich nicht die Ehrlichkeit, sondern blau gefärbte Kontaktlinsen. Du bist eine Mogelpackung! Trotzdem sitzen wir nun in einem Boot."

Sie blickte beleidigt zu Boden. Alex nahm sein Handy, stellte die Option ‚unterdrückte Nummer' ein und wählte den Notruf der Polizei.

„Hallo, ich möchte melden, dass auf einen Mann geschossen wurde. Ich weiß nicht, ob er überlebt hat", und er beschrieb die Lage der Schutzhütte.

Als die Polizei nach seinem Namen fragte, drückte er das Gespräch weg.

Sie sah Alex fragend an.

Baumann machte ein ernstes Gesicht: „Vielleicht hat dein Retter Glück gehabt und man kann ihm helfen. Wir können das nicht", und er packte die Karte wieder ein.

Sie trauten sich nicht, irgendwo einzukehren und Zeit zu verlieren. Gegen Abend quälte sich das Motorrad einen steilen und kurvenreichen Feldweg hinauf. Als sie den höchsten Punkt des Bergsattels erreicht hatten, hielt Alex vor einer Art Schranke.

„Hol mal deine Papiere heraus", meinte er und drehte sich zu Sofia um. Die hob fragend die Brauen.

„Das ist die Grenze zwischen Österreich und Deutschland. Mit den Papieren, das war ein Scherz. Hier wird seit Jahren nicht mehr kontrolliert. Nicht mehr weit, dann sind wir an der Stelle, die ich dir auf der Karte beschrieben habe. Aber wundere dich nicht. Hier betreten wir eine andere Welt."

Er rollte langsam auf einen schmalen Durchgang für Radfahrer zu.

Die Maschine passte soeben hindurch.
Hinter der Waldschneise kam ein herrlicher Weidehang in Sicht, der in ein weites Tal hinabführte. In großem Abstand thronten vier Almhütten, die seit Jahrhunderten allen Wettern trotzten. Kuhglocken läuteten mal hier, mal dort. Die Kühe glotzten die Fremden auf dem knatternden Esel verwundert an.
Alex fuhr langsam, um keinen Staub aufzuwirbeln. Plötzlich hallte ein Schuss und er machte eine Vollbremsung. Sofia zog sofort den Kopf ein und krallte sich am Vordermann fest.
„Hier ist keine Durchfahrt!", rief eine kräftige Stimme in bayrischer Mundart. „Los, verschwindet sofort!", und noch ein Schuss staubte vor ihnen auf dem Kiesweg.
„Du triffst doch sowieso nicht, du Wasserratte!", rief Alex. „Du nimmst besser deine alte Harpune!"
Der Mann mit dem wettergegerbten Gesicht kniff die Augen zu Schlitzen und hielt die Hutkrempe gegen das untergehende Sonnenlicht.
„Alex, ja mei, Sakra!", zog nun ein Lachen auf sein Gesicht.
Baumann ließ die Maschine auf das kleine Gehöft zurollen. Sie stellten das Motorrad neben dem Haus ab. Die Almhütte sah aus, als wäre sie aus versteinertem Holz gebaut worden. Das Dach ragte weit und schützend über die Giebelwand. Der Eingang war erhöht und eine Bank stand unter dem Fenster. Eine schwarze Katze mit weißen Pfoten blickte die Fremden arrogant an. Die Läden waren neueren Datums. Hübsche Gardinen zeugten von liebevoller Handarbeit.
Alex und der Einheimische nahmen sich in die Arme und klopften sich grob auf die Schultern. Die Männer sagten nichts, doch ihre Augen strahlten.
„Das hier ist mein alter Freund Sepp Brettschneider", sah

Alex seine Sozia an, „und das hier ist Sofi", stellte er sie vor.
„Endlich hast du mal eine richtig nette Freundin!", lachte Sepp und schob die beiden vor sich ins Haus.
Baumann musste beim Betreten der Hütte seinen Kopf einziehen. Direkt hinter der Eingangstür war die Stube.
Ein alter Küchenherd mit Holzbefeuerung, ein massiver Tisch mit vier Stühlen, eine handgeschnitzte Kommode und ein derber Küchenschrank sorgten für ursprüngliche Gemütlichkeit. Auf dem Herd duftete ein großer Suppentopf, dessen Deckel etwas klapperte.
„Darf ich mal für kleine Mädchen?", fragte Sofia.
Sepp nickte: „Der Donnerbalken ist ganz am Ende des Stalls", wies er auf die Tür hinter der Wohnküche und beschrieb den Weg.
Sofia durchquerte einen Flur und betrat den Stall. Die Boxen der Kühe waren leer, da die Bewohner heute draußen nächtigten. Der Geruch der Tiere lag trotzdem deutlich in der Luft.
Je weiter die junge Frau durch das alte Haus lief, desto leiser wurde das Lachen der Männer.
Sofia öffnete die beschriebene Tür und blickte auf eine geschlossene Holzbank, auf der ein runder Holzdeckel lag. Es roch sehr streng. Sie hob den Deckel an und ein endlos schwarzes Loch tat sich auf. Summende Geräusche näherten sich und Frau Lehmann ließ den Holzdeckel knallend fallen.
„Das war ein Scherz!", stand Sepp lachend hinter ihr. „Wir haben selbstverständlich auch eine moderne Toilette. Kommen Sie mit."
Als Sofia hinter sich in dem gefliesten Bad die Tür verriegelt hatte, wollte sie zuerst Hauptkommissar Dom benachrichtigen. Doch ihr Instinkt riet ihr davon ab.
Wer war Alex? Wer war dieser Sepp?

Sofia wählte Meikes Telefonnummer. Endlich hörte sie ein Freizeichen…

Detektivarbeit

„Kleve?", hörte Sofia Meikes Stimme in ihrem Handy.
„Ich bin es", versuchte sie im Bad der Almhütte nicht so laut zu sprechen, „hast du etwas gefunden? Weißt du etwas über Alex?"
„Das war nicht ganz einfach, meine Liebe", lachte Meike. „Sollten wir uns je wieder sehen, kostet dich das mindestens ein Wellness-Wochenende!" Dann wurde sie ernst. „Spaß beiseite! In unseren Daten hatte ich überhaupt nichts finden können. Als wenn dein Baumann vor vier Jahren nicht existiert hätte. Dann habe ich meinen Ex-Mann kontaktiert. Wie du weißt, hat er Einblick beim Militär. Und nun wirst du staunen, mein Schatz. Da hast du ja einen schnuckeligen Fisch an Land gezogen. Wenn du den mal nicht mehr brauchst, sagst du mir Bescheid, ok?", lachte die Stimme im Handy wieder.
„Verdammt, Meike, bitte! Ich habe keine Zeit. Ich telefoniere vom Klo aus", wurde Sofia ungeduldig.
„Ist ja gut. Hier kommt es. Baumann, Alexander, geboren 1978 in Mülheim/Ruhr, Fachabitur und sofort zur Bundeswehr. Verpflichtete sich für zwölf Jahre. Er wurde Kampftaucher und gehörte einer Spezialeinheit an." Meike machte eine kleine Pause. „Baumanns Familienstand interessiert dich sicher auch, nicht wahr?"
„Ja, ich weiß. Er ist verheiratet", murmelte Sofia. „Danke, das reicht. Du hast mir sehr geholfen."
„Gut", meinte Meike gelassen, „wenn es dich nicht interessiert, dass er seit vier Jahren geschieden ist…"
Sofias Augen weiteten sich: „Er ist was?"

„Für die nächste Info habe ich noch eine Prämie verdient. Die war noch schwieriger zu bekommen. Das war echte Detektivarbeit. Also, dein lieber Alex hatte einen Busenfreund namens Dominic. Er war der Bruder von Barbara Baumann, der Ex-Frau von Alexander. Beide Männer waren in der gleichen Einheit. Bei einem Auslandseinsatz gegen Terroristen oder Piraten vor der afrikanischen Küste kam Dominik ums Leben. Alex war durch einen Bauchschuss verletzt. Barbara Baumann machte Alex für den Tod ihres Bruders verantwortlich und ließ sich scheiden." Meike lachte wieder. „So, das war's!"
„Hatte Alex Schuld an dem Tod von diesem Dominic?", fragte Sofia nach.
„Barbara hatte ihrem Mann vorgeworfen, dass er ihren Bruder Dominic überredet hatte, zum Militär zu gehen, sonst nichts", dann machte das Handy einen seltsamen Ton und der Akku war leer.
„So ein Scheißding!", meckerte Sofia das Handy an…

Landluft

Als Sofia in die Stube zurückkam, wurde sie von einer schlanken Frau um die Fünfzig begrüßt. Waltraud war Josefs Ehefrau. Sie trug sportliche Kleidung und hatte eine kinnlange Frisur.
Während Waltraud sich am Herd zu schaffen machte, stemmten die Männer bereits ihr Weizenbier.
Sepp zog Sofia zu sich an den Tisch: „So, du trinkst erst mal a Schnapserl!", und er schenkte sogleich ein. „Den hat Walli selbst gebrannt. Also keine Widerrede!", klopfte er der Frau auf die Schulter.
Auch die anderen Drei griffen zu den Stamperl und prosteten sich zu.

„Ich habe Sepp von Vokuhila erzählt. Sepp denkt, dass wir hier heute Nacht sicher sind", legte Alex seine Hand auf die ihre. In ihrem Blick kamen Zweifel auf.
„Sepp war vor vielen Jahren mein Ausbilder", lächelte Alex den Älteren an und sah dann wieder zu Sofia, „wir haben viel zusammen erlebt. An keinem Platz der Welt könnten wir sicherer sein als hier bei Walli und Sepp! Also, entspann dich."
Auch Waltraud legte der jungen Frau die Hand auf die Schulter: „Wenn wir nicht wollen, dass jemand unbemerkt auf unseren Berg kommt, dann hat der keine Chance", und auch sie lächelte völlig selbstsicher.
Sie stärkten sich mit duftendem, selbstgebackenem Brot und der kräftigen Frittatensuppe.
Zum Nachtisch gab es Kuchen. Danach folgte selbstverständlich wieder ein Obstler…

Nach dem üppigen Essen hatten Sofia und Alex Bewegungsdrang und sie machten sich zu einem Spaziergang auf.
Die felsige Bergspitze leuchtete in zartem Rot und die hohen Tannen warfen weite Schatten. Hier und dort blökte noch eine Kuh und legte sich dann auf der Weide zur Ruhe.
Sie bogen in eine dichte Waldschneise ab.
Als die Häuser nicht mehr zu sehen waren, stellte sich Sofia vor Alex und meinte: „Lass uns ab jetzt offen und ehrlich zu einander sein", und trotz der hereinbrechenden Dunkelheit funkelten ihre Augen.
„Ich war die gesamte Zeit über ehrlich."
„Gut, dann frage ich noch mal. Gibt es eine Frau Baumann?", und ihr Gesicht kam seinem sehr nahe.
Er senkte seinen Kopf so weit zu ihr, dass sich ihre Lippen fast berührten: „Es gibt im Telefonbuch Tausende. Mit meiner Schwester, meiner Mutter und meiner Frau kommen noch mal drei hinzu."

„Und deine Frau lässt dich einfach so mit anderen Mädels durch die Berge fahren?”
„Was sollte sie dagegen haben?”
Er wollte sie küssen, doch sie drehte ihm blitzschnell den Rücken zu und meinte mit ernstem Ton: „Ich küsse keine verheirateten Männer. Das gibt nur Probleme.”
Er fasste sie vorsichtig an den Schultern und drehte sie wieder zu sich herum: „Ok, du hast gewonnen! Du weißt längst, dass ich geschieden bin, nicht wahr? Eine innere Stimme sagt mir, dass du irgendetwas mit der Polizei zu tun und dich über mich informiert hast. Denke daran, du wolltest, dass wir ehrlich zu einander sind.”
Sie legte beide Arme um seinen Hals: „Was du nicht sagst!”, und sie küsste ihn leidenschaftlich.
Die Dunkelheit umarmte die Berggipfel. Alex und Sofia fassten sich an die Hände und liefen weiter.
„Nun zu dir”, brummte seine sonore Stimme. „Bist du in festen Händen? Und wer bist du wirklich?”
„Ach so”, lachte sie, „du küsst fremde Frauen und fragst erst danach, ob sie in festen Händen sind?”
Sie schritten schweigend weiter.
„Was ich dir jetzt sage, ist für mich lebensgefährlich”, begann Sofia, „aber egal, ich bin ja sowieso enttarnt worden. Was soll es dann noch”, und sie berichtete Alex über ihre Kronzeugenaussage, Bolskis Verhaftung, ihr Zeugenschutzprogramm und dass Vokuhila nun von der Bolski-Organisation auf sie angesetzt wurde.
Alex blieb stehen und nahm sie in seine Arme: „So wie du bist und wie du aussiehst, muss es einen anderen Mann in deinem Leben geben.”
Sie suchte seinen Blick, doch durch die Dunkelheit sah sie nur noch wenige Kontraste. „Seit dem Prozess gab es nur wenige, kurze Affären. Ich traue niemandem mehr”, und sie schritten weiter.

„Und mir traust du?", fragte er leise.
Mit einem lauten Blöken und Krachen schoss ein großes Tier aus dem Holz, kreuzte ihren Weg, um auf der anderen Seite wieder krachend zwischen den Bäumen zu verschwinden.
Beide Menschen hatten sich vor Schreck aneinandergeklammert und spürten den Herzschlag des anderen.
„Mein Gott, was war das?", zitterte ihre Stimme.
Alex räusperte sich: „Hm, ich bin mir sicher, dass das ein Hirsch war. Wir drehen jetzt besser um. Das hier ist sein Revier", und er küsste sie kurz.
„Lieber a Obstler im Stamperl, als a Sodbrand im Wamperl!", rief Sepp und schenkte seinen Gästen erneut ein.
Die Abendluft war sehr kalt geworden und Waltraud zündete den Ofen an. Das Holz knisterte, roch nach Harz und verbreitete eine gemütliche Atmosphäre.
„Wie lange wollt ihr bleiben?", erkundigte sich Sepp.
„Ich muss morgen mit ein paar Leuten telefonieren und alte Kontakte aufnehmen", nippte Alex an seinem Weizenbier, „aber ich denke, wir bestellen uns telefonisch einen Mietwagen. Mit dem Motorrad, ohne Helme und ohne Papiere kommen wir sonst nicht weit. Am besten fahren wir morgen weiter."
Sofia dachte an Hauptkommissar Dom und sagte:
„Ja, auch ich muss telefonieren, sobald mein Akku wieder geladen ist."
Waltraud und Sepp warfen sich einen geheimnisvollen Blick zu.
Gegen 22 Uhr beschlossen alle, zu Bett zu gehen.
„Ich habe nur eine winzige Kammer für Gäste", erklärte Waltraud, „dort steht eine breite Klappcouch. Ist das ok für euch?"
Sofia sah Alex an und nickte: „Wenn du nichts dagegen hast?"

Er hob nur die Brauen: „Ok, wer geht zuerst ins Bad?"
Als Antwort stand Sofia auf und Waltraud gab ihr frische Handtücher.
Als die Männer alleine in der Stube saßen, legte Sepp seinem alten Kameraden väterlich die Hand auf die Schulter: „Sie ist mir etwas suspekt. Sei auf der Hut. Sie hat nach eurer Ankunft heimlich telefoniert und scheinbar Erkundigungen über dich eingeholt."
„Seppel, du belauschst fremde Frauen auf dem Klo?", stieß Alex mit seinem Bierglas an das des alten Freundes.
„Wie lange kennst du sie?"
„Seit gestern", grinste Alex und ergänzte, „eigentlich erst seit heute."
Sepp nickte zur Stubendecke: „Dann war das mit dem Zimmer für euch vielleicht gar keine gute Idee von uns?"
„Wieso, was kann man Besseres von guten Freunden erhoffen?"
Die Tür ging auf und Sofia blickte herein: „Das Bad ist frei. Der Nächste bitte." Sie ging auf Sepp zu und gab ihm einen Kuss auf die Wange. „Ich danke dir und Walli, dass ich heute Nacht ruhig schlafen kann."
„Is scho guat!", lachte der Veteran und klapste ihr freundschaftlich auf die Radlerhose.
Sofia verließ den Raum und auch Alex stand auf.
Seppel kniff Alex ein Äuglein und sagte leise: „Sie freut sich auf eine ruhige Nacht. Denke dran."
Der kleine Raum im Dachboden konnte nur über eine Leiter erreicht werden. Er hatte Platz für die Klappcouch, einen winzigen, eingebauten Kleiderschrank im Bauernstil, einen Beistelltisch und einen Sessel. Niedliche, selbst genähte Gardinen versperrten am Giebelfenster den Blick in die Nacht. Sofia hatte sich auf der Couch an der Wand unter eine Decke gekuschelt. Zwei Kopfkissen drängten sich eng aneinander.

Alex machte das Licht aus und meinte: „Ok, ich nehme dann den Sessel", und man hörte das alte Möbel unter seinem Gewicht ächzen.
Nach einer Schweigeminute meinte Sofia: „Meinst du nicht, dass du nach dem Schlafen im Sessel morgen Kreuzschmerzen hast?"
„Ich denke, du hast Recht. Aber wenn eben nur ein Bett da ist…?"
„Und was wäre, wenn du Dich brav neben mich legst?"
Der Sessel ächzte wieder und Alex legte sich zu ihr auf die Couch.
Sie kuschelte sich in seinen Arm und legte ihr Bein über die seinen. Leise Kussgeräusche huschten durch die Dunkelheit. Kleidungsstück für Kleidungsstück fielen achtlos neben der Couch zu Boden.

Kein Kontakt mehr

„Dom", meldete sich der Hauptkommissar des Zeugenschutzprogramms am Telefon und hörte dem Anrufer zu. Dann sprang er von seinem Stuhl auf. „Verdammte Scheiße, wie konnte das passieren?", und er schlug mit der Faust auf den Tisch.
Sein Gesprächspartner berichtete, dass der Kontaktmann, der die bedrohte Frau Sofia Lehmann an einer Berghütte aufsuchen sollte, angeschossen wurde. Jemand hatte anonym per Handy die österreichische Polizei verständigt. Der Angreifer hatte entsprechend dem Fund vieler Patronen mehrere Schüsse abgegeben. Das Motorrad, mit dem Doms Mitarbeiter die Hütte aufgesucht hatte, war verschwunden. Eventuell hatte Frau Lehmann oder noch eine weitere Person das Fahrzeug an sich genommen. Doch auch von der Husqvarna gab es bis jetzt keine Spur.

„Ist es denkbar, dass Frau Lehmann und ihr Begleiter bereits die deutsche Grenze passiert haben?", fragte Dom.
„Wir lassen auf jeden Fall die Grenzübergänge kontrollieren."
Doms Stimme wirkte besorgt: „Dass das Mädchen sich nicht meldet, verdammt! Ich habe nicht genug Leute, um eine Stecknadel im Heuhaufen zu suchen!"

Die Staumauer

Ein schriller Pfiff hallte unterhalb des Giebelfensters der Almhütte. Sofia schreckte auf. Alex öffnete seine Augen und sah ihr Gesicht über sich. Er küsste sie auf die Wange. Sie richtete sich noch weiter auf und lauschte. Alex grinste und umschloss mit seinen Lippen eine ihrer Brustwarzen. Sie drückte seinen Kopf in das Kissen zurück und setzte sich noch weiter auf. Er ergriff zärtlich ihre schönen Brüste. Sie nahm seine Hände von ihrer Brust, beugte sich vor und gab ihm einen Kuss auf den Mund: „Hast du immer noch nicht genug? Ich hatte ja schon einiges erwartet", lachte sie. „Aber das nicht", und sie stieg von der Couch.
Alex schmunzelte: „Ich habe schließlich vier Jahre gespart."
„Blödmann", lachte sie und zog die Vorhänge des Giebelfensters auf.
Die Kühe grasten genüsslich auf der Almwiese. Sepp stand mit einem anderen Senner vor dessen Hütte und gestikulierte. Weit unterhalb zogen Nebelwolken wie eine Karawane durch ein langes Tal. Der Himmel war schon wieder hellblau und die Sonne leuchtete in die grauen, fernen Gipfel. Einige hatten über Nacht ein weißes Mützchen bekommen.
„Baumann bitte, nicht Blödmann", beugte auch er sich zum Fenster und strich über ihren nackten, strammen Po.

Sie klatschte ihm auf die Finger: „War der Pfiff von Sepp ein Warnzeichen?"
„Nein, von Waltraud", sagte Alex und zog seine Hose an, „sie wird das Frühstück fertig haben. Wenn Gefahr drohen würde, pfeift Sepp ganz anders", und er öffnete die Tür der Kammer.
Die Leiter knarrte unter seinen Schritten.

In der kleinen Wohnküche duftete frischer Kaffee. Im Hintergrund rauschte ein CB-Funkgerät und ab und zu hörte man bruchstückhaft die lockeren Sprüche der Trucker.
Sofia lobte Waltrauds Marmelade und fragte dann Alex: „Was ich noch wissen wollte. Der Sprung mit dem Motorrad gestern, hast du den zum ersten Mal gemacht?"
Sepp klatschte lachend auf die Tischplatte und zeigte auf seinen Freund: „Der? Der spinnt doch. Der ist in den letzten Jahren von einer Veranstaltung von Robbie Maddison zur nächsten gefahren oder geflogen. Und seit der Zeit verpestet er unsere schöne Bergluft mit seinem Crossrad. Husqvarna oder wie das Stinkdingen heißt. Irgendwann bricht er sich mal den Hals damit!"
„Ja, Papa!", sah Baumann seinen Ex-Ausbilder brummig an.
Sofia schaute Alex fragend an: „Maddison?"
Baumann runzelte die Stirn: „Du kennst Maddison nicht? Mein Gott! Maddison ist einer der bekanntesten Freestyle-Crossfahrer und Stuntman. Er hat in Las Vegas den Weltrekord im Motorradweitsprung aufgestellt. 320 m, unglaublich!" Der junge Mann begeisterte sich immer mehr. „Maddison ist über den Kanal von Korinth gesprungen. Fast hundert Meter hoch und achtzig Meter weit!" Alex schäumte fast vor Begeisterung. „Oder, oder, zum Beispiel sprang er des Nachts über die geöffnete Tower-Bridge in London und machte dabei einen Backflip! Oder, warte mal..." Da wurde er unterbrochen.

„Und wie weit bist du gestern gesprungen?", lachte Sepp. Sofia antwortete begeistert für Baumann: „Oh, ich denke, dass es vier oder fünf Meter waren. Alex wählte eine Brücke über einen Bach, die zusammengestürzt war."
Sepp winkte ab: „So ein Risiko geht man mit einer Sozia auf der Rückbank nicht ein. Alex wagte sich früher schon oft zu weit vor", und er setzte seine Ausbildermine auf.
„Auch nicht, wenn man beschossen wird?", fragte Baumann etwas betreten.
Sepp stand vom Tisch auf und winkte ab. Er schrieb eine Telefonnummer auf und gab sie Sofia: „Wenn es brennt und der Kleine nicht klar kommt, dann rufst du mich an, ok?"
Sie blickte auf die Handynummer und nickte dankend: „Ich programmiere sie gleich ein", und ihre Finger tippten blitzschnell über die Tasten des Mobilphones.
Dann half sie Waltraud beim Abwasch und Alex telefonierte draußen in der Morgensonne…

Alex und Sofia hatten ihr weniges Gepäck umgehängt und zum Teil auf dem Gepäckträger der Husqvarna befestigt. Die jungen Leute saßen auf, winkten lachend und der Motor sprang an. Der Kies knirschte unter den rollenden Rädern. Sepp blies zum Abschied auf seinem riesigen Alphorn und Walli winkte mit einem weißen Handtuch. Ab der zweiten Kehre war das Motorrad nicht mehr zu sehen. Nur der Klang des Alphorns begleitete sie noch kurze Zeit.
Das Motorgeräusch der Geländemaschine hallte von den vorbeiziehenden Felsen zurück.
Sepp hatte Alex eine alte Passstraße empfohlen, die lange außerhalb der belebten Wege in die Richtung der Stadt führte, in der sie telefonisch einen Mietwagen bestellt hatten.
Der Ort sollte weit unterhalb eines kleinen Wasserkraftwerks liegen.

Die Passstrasse bot lange Zeit einen herrlichen Panoramablick. Die gegenüber stehende Bergkette lag in der Sonne, die die kalten, schroffen Felsen aufwärmte. Das Sonnenlicht sorgte im Grün der Bäume für wunderbare Schattierungen. Im Tal schlängelte sich die Bundesstraße neben einem Bach entlang. Die Reisebusse, die Lastwagen und Autos wirkten aus der Höhe wie Spielzeuge. Die gelben Felder und grünen Wiesen wurden von kleinen Nadelwäldern begrenzt.
Die klare Bergluft zerrte im Fahrtwind an Sofias Haaren. Sie krabbelte Alex neckend am Bauch. Er preschte mit der Maschine über den Schotterweg, sodass eine Staubfahne hinter ihnen aufstieg. Sie legten sich so weit in die Kurven, dass die Fußrasten kurz aufsetzten und Sofia jauchzte.
Dann folgten sie einem reißenden Bach, der sich gurgelnd in einen See stürzte. Der See schlängelte sich zwischen Bäumen entlang und wurde immer breiter. An seinem Ende ruhte der Wasserspiegel vor einer gigantischen Staumauer.
Alex hielt an und machte den Motor aus. Sie stiegen ab und liefen Hand in Hand über das Bauwerk zur Mitte der Mauer. Der See breitete sich still vor ihnen aus. Kein Mensch war zu sehen. Sie umschlungen und küssten sich.
Dann schaute Alex in die andere Richtung über das tiefe Tal und meinte: „So müssen sich Fürsten auf ihrer Burg fühlen."
Sofia hielt sich eine Hand über die Augen, blickte ebenfalls weit zum Horizont, wo der Himmel die weißen Bergspitzen berührte.
„Und wäre ich dann deine Prinzessin?"
„Du bist meine Prinzessin, weil ich super Luftschlösser bauen kann." Bei dem nächsten Gedanken wurde sein Gesicht sehr ernst und er suchte nach passenden Worten: „Ich möchte, dass wir… Ich möchte, dass du… Ich meine, dass

du und ich…" Er winkte ab und blickte verlegen in die Ferne.
„Was möchtest du?", lächelte sie ihn neckisch an.
„Ich möchte, dass du… Ich meine, dass du und ich… Mensch, mach es mir doch nicht so schwer."
„Ist es doch gar nicht. Ihr Männer macht es euch selbst so schwer."
Sofia gab ihm belustigt einen Kuss, lehnte sich über die Brüstungsmauer und schaute hinab: „Mein Gott, das sind bestimmt fünfzehn bis zwanzig Meter da runter. Ist ja schwindelerregend!"
Unter ihnen strömte aus einem Ablass das Wasser des Sees in ein großes Auffangbecken. Das überfließende Wasser dieses Beckens stürzte danach wieder in ein kleines Flussbett und schäumte weiß zu Tal.
Die wenigen Häuser mit ihren hübschen Holzbalkonen waren von hohen Tannen umringt und säumten die Straße zur Stadt. Dort konnte man ein graues Dächermeer erahnen.
Als Sofia zu Alex sah, wurde sie bleich. Er hatte sich lässig auf die Brüstung der Staumauer gesetzt und schaute in den Abgrund.
„Alex, bist du wahnsinnig? Komm sofort da runter!"
Das Echo eines Gewehrschusses hallte mehrfach durch das Tal. Sofia duckte sich reflexartig. Als sie zur Brüstung schaute, war Alex weg. Blitzschnell beugte sie sich zum Abgrund und sah dort, wie neben dem Wassereinlauf ein Körper versank.
Wieder hallte ein Schuss und kleine Gesteinsbrocken zerbarsten neben ihr in der Mauer.
Mit dem Mut der Verzweiflung zog sie ihr Handy und wählte Sepps Telefonnummer. Wieder traf eine Gewehrkugel neben ihr das Mauerwerk. Sofia war sich sicher, dass sie nur in Schach gehalten und nicht erschossen werden sollte…

Hilferuf

Die Sonne strahlte fröhlich auf die Alm und ließ das Grün der Pflanzen noch kräftiger leuchten. Die Glocke der Leitkuh schallte weit. Einige ihrer Artgenossen waren jedoch sehr unruhig. Etwas Außergewöhnliches würde bald geschehen. Eine Kuh lag auf der Wiese und wirkte ganz nervös. Klagende Muhrufe tönten immer öfter aus ihrem weit geöffneten Maul. Hastig schlug sie mit dem Schwanz nach den lästigen Fliegen.

Am blauen Himmel kreiste ein Steinadler. Die schwarze Katze Minka saß auf der Bank vor Wallis Almhütte und beobachtete den riesigen Greifvogel, der ihr frech die Mäuse stahl.

Sepp Brettschneider öffnete die Tür der Almhütte und rief: „Walli, unsere Lisa kalbt gleich! Ich hole den Hinterseer dazu, falls es Komplikationen gibt", und in der Ferne blökte das sich quälende Tier.

Er wollte gerade wieder hinausgehen, da klingelte sein Handy auf dem Esstisch.

„Walli, gehe mal ran. Ich bin schon weg", hatte er die Klinke in der Hand.

"Na, ich habe nasse Hände", hob sie die triefenden Finger aus dem Spülbecken.

Sepp verzog das Gesicht, ging zum Tisch und hielt das Handy an sein Ohr.

Eine Frauenstimme schrie: „Sepp, ich bin auf der Staumauer. Man schießt auf uns. Alex wurde getroffen und ist von der Mauer in das Auffangbecken gestürzt. Er ist auch seit bestimmt drei Minuten nicht mehr aufgetaucht. Sepp, er ist tot!"

Dann hörte Sepp im Handy eine näher kommende Stimme die befahl: „Wirf sofort das Handy über die Mauer! Sofort!", und es folgte wieder ein Warnschuss. „Habe ich dich

Schlampe endlich…", dann rauschte es seltsam im Mobilphone. Es klatschte und die Verbindung riss.
Josef Brettschneider stand schlagartig der Schweiß auf der Stirn und er sagte: „Waltraud, es gibt massive Probleme. Auf Alex und Sofia wurde geschossen. Alex ist vielleicht dabei drauf gegangen. Ich muss etwas unternehmen!", und er öffnete das Register seines Handys.
Walli sah ihn mit erhobenen Brauen an und trocknete sich die Hände am Geschirrtuch ab: „Gut, ich laufe zum Hinterseer und hole mit ihm das Kälbchen", und sie eilte durch die Eingangstür.

Kidnapping

Sofias Gedanken überschlugen sich. Gerade hatte ihr Alex seine aufrichtige Liebe gestanden und sie erwiderte mit jeder Faser dieses Gefühl. Nun war dieser Mann tot und es stand ein brutaler Drecksack mit einem Gewehr im Anschlag vor ihr. Ihre Hände zitterten. Sie hätte dieses Schwein so gerne umgebracht, aber wie? Wenn sie jetzt erschossen würde, könnte sie Alex auch nicht mehr rächen. Sie musste sich zusammenreißen und abwarten. Irgendwann würde die Gelegenheit kommen. Sie wollte nicht mehr weglaufen. Sie wollte sich nie wieder verstecken müssen. Lieber war sie auch tot. Aber dann würde sie dieses Schwein mit in den Tod nehmen. Sie war ausgebildete Polizistin und wusste sich zu wehren. Aber eine echte Chance musste wenigstens gegeben sein.
Ob Sepp im Handy überhaupt etwas verstanden hatte?
Vokuhila warf Sofia Handschellen vor ihre Füße.
„Mach die um deine Handgelenke. Wie das geht, das hast du ja gelernt", lachte der Riese.
Dann stieß er sie mit dem Gewehrlauf vor sich zum an-

deren Ende der Staumauer. Nicht weit, hinter hohen Fichten versteckt, stand sein Porsche Cayenne. Sofia musste sich im Fond auf die umgeklappte Rückbank legen. Dort waren weitere Handschellen, mit denen er ihre Füße zusammenband. Die Schellen der Hände und Füße befestigte er zusätzlich an Haltevorrichtungen, sodass sie sich kaum bewegen konnte.

Vokuhila lachte zufrieden, stellte das Gewehr vor den Beifahrersitz und setzte sich ans Lenkrad.

Er nahm sein Handy heraus und brummte: „Kaum Empfang, so eine Scheiße! Alles Hinterwäldler hier." Also schaltete er seinen CB-Funk ein und nahm das Mikrofon: „Hallo, hallo? Hier spricht Hulk! Piet, kannst du mich hören?"

Es rauschte im Funk. Der Riese funkte noch dreimal, dann meldete sich eine Stimme: „Hulk, hast du Robbies Mädchen gefunden?"

„Endlich", knurrte Vokuhila ins Mikro, „Piet, du kannst Robbie ausrichten, dass der Auftrag erledigt ist. Ich werde gleich noch gemütlich essen und dann rollen Robbies Prinzessin und ich in die Heimat."

„Du wartest gefälligst. Wir treffen uns bei Rosenheim. Du weißt schon wo."

„Das hättest du wohl gerne", donnerte Vokuhila ins Mikro, „ich alleine habe sie gefunden. Klar Mann? Ich lasse mich nicht von dir um die Prämie bescheißen! Mir alleine gehört die Kohle. Keinem anderen!", und er klopfte nachdrücklich auf das Lenkrad.

„Hulk, du weißt, dass ich zurzeit das Sagen habe. Du bringst das Mädchen zu mir! Und keine weiteren Angaben über Funk, du Trottel!", dann rauschte es im Funkgerät nur noch.

Der Porsche fuhr eine ganze Zeit lang und der Riese ließ laute Musik laufen. Da die Kurven abnahmen und die Straßendecke weniger holprig wurden, befanden sie sich

wohl mittlerweile auf einer Hauptstraße. Dann bog der Wagen in einen Parkplatz ein.
Sofia lag im Dunkeln auf der umgeklappten Rückbank des Cayennes. Vokuhila hatte eine Decke über sie geworfen und war verschwunden. Die ehemalige Polizistin zerrte an den Handschellen, doch außer Schmerzen brachte das gar nichts. Die Minuten wuchsen scheinbar zu Stunden.
Das Funkgerät rauschte hin und wieder. Trucker grüßten oder gaben sich Tipps wegen der Radarfallen auf der Autobahn.
„Hier ist die Harpune…", rauschte es, „…Diver ist wieder ok und wird später den M.A.N. übernehmen", es rauschte unangenehm, „Objektpeilung positiv. Roger!", und wieder rauschte es.
„Wenn ich doch nur an das Funkgerät herankäme", murmelte Sofia vor sich hin.
Dann klackerten die Türschlösser der Zentralverrieglung und jemand hob kurz ihre Decke an. Grelles Sonnenlicht traf stechend ihre Augen und sie kniff sie zusammen.
„Du hast mich bestimmt vermisst!", lachte Vokuhila, schmatzte mit seinem Kaugummi und ließ die Decke wieder über sie sinken.
Er fuhr mit ihr etwa fünf Minuten, dann wurde der Weg holprig und sie hielten an.
Er löste ihre Fußfesseln und zog sie grob aus dem Wagen. Ringsherum standen hohe, dunkle Tannen. Es roch nach Erde, Pilzen und Harz.
„Pipipause! Setz dich da vor die Bäume!", lachte Vokuhila. „Wir haben eine lange Reise vor uns. Wenn du die Hose nicht alleine runterziehen kannst, helfe ich gerne!"
„Drehst du dich bitte um?"
„Mit Sicherheit nicht!", grölte er spöttisch. „Du bist mir zu raffiniert. Also mach jetzt!"
Bald darauf lag sie wieder unter der Decke im Dunkeln.

Nach einiger Zeit fuhren sie wohl auf der Autobahn. Der Motor des Wagens brummte gleichmäßig und parallel dazu hörte Sofia andere Fahrzeuge.
Vokuhila hatte das Radio angestellt und trommelte im Takt der Bässe auf dem Lenkrad herum. Auch das Funkgerät rauschte hin und wieder: „…Diver, bist du schon auf das rote Korallenriff gestoßen?", und wieder rauschte es.
„Koralle gesichtet, zwei Pottwale voraus…"
Vokuhila schüttelte den Kopf: „Die Trucker haben nicht mehr alle Tassen im Schrank." Und er sprach seine Geisel lachend an: „Hast du gehört, mein Schatz? Im Funk scheint ein Tauchclub unterwegs zu sein."
Sofia sagte nichts. Aber ein Gedanke schoss ihr durch den Kopf: „Taucher, Diver, Harpune, rote Koralle? Steckte Sepp dahinter? Konnte es Hoffnung geben?"
Sie musste Vokuhila irgendwie zum Anhalten bewegen. Vielleicht waren irgendwelche Helfer auf ihrer Spur.
„Hallo, Hulk!", rief sie.
Der Riese hob die Brauen und guckte überrascht in den inneren Rückspiegel.
„Was gibt es?", knurrte er, da sie seinen Funk-Namen kannte.
„Ich muss mal für kleine Mädchen!", rief sie.
„Ich habe dich extra vor der Autobahn noch raus gelassen. Da musst du jetzt warten", und er sprach zu sich selbst: „Verdammte Weiber. Ständig müssen die mal!"
Am Irschenberg Richtung München baute sich wie gewohnt ein Stau auf.
Vokuhila benutzte nur die Überholspur, drängelte, blinkte und zeigte den Blockern den Stinkefinger.
Vor dem Porsche überholte gerade ein Sattelschlepper mit einem leeren Aufleger für Autotransporte. Rechts neben ihm fuhr ein riesiger Möbelwagen.
Vokuhila blieb auf der Überholspur. Rechts neben ihm knatterte ein Betonmischer und stank nach Diesel. Hinter dem

Porsche fuhr ein M.A.N.-Lastzug sehr nah auf. Die Fahrzeuge rollten nur noch mit etwa 20 km/h. Plötzlich machten beide vorausfahrenden Lkws eine Vollbremsung. Der Hulk reagierte blitzschnell und das Bremssystem des Porsches funktionierte perfekt. Doch dann gab es einen riesigen Knall und der M.A.N. schob den Porsche auf den Autotransporter.

Im Cayenne öffneten sich blitzartig die Airbags und Sofia schrie auf. Sie war durch den Aufprall hart gegen die Vordersitze geschleudert worden.

Vokuhila sprang aus dem Wagen und zog seine Pistole aus der Jacke.

Sofia reckte den Hals und konnte trotz ihrer Fesseln etwas aus dem linken Fenster sehen. Von hinten kam eine Person in schwarzer, langer Sportkleidung herangestürmt. Er trug eine schwarze Mütze, die nur seine Augen frei ließ. Vor sich hielt er eine Art Metallplatte, an der gerade zwei Pistolenkugeln pfeifend abprallten.

Der Schwarze rammte den Riesen und der verlor die Pistole. Umgehend hatte Vokuhila den Mann an der Gurgel. Der rang nach Luft und seine Augen trafen kurz den Blick der Geisel.

Sofia durchfuhr ein Schauer. Diese Augen kannte sie doch? Aber nein, das konnte nicht sein!

Der Schwarze sank zu Boden und Vokuhilas Lache donnerte.

Plötzlich sauste ein Wagenheber durch die Luft und traf den Riesen an der Stirn. Im Herumdrehen sackte er zusammen.

Sofia schrie auf. Ihre rechte Tür wurde aufgerissen und jemand hielt ihr ein übel riechendes Tuch vor die Nase. Sie bewegte ihren Kopf abwehrend noch einige Male hin und her, dann verlor sie die Besinnung…

Polizeibericht

Hinter dem Irschenberg hielt an einer Autobahnraststätte ein Autotransporter mit belgischem Kennzeichen. Auf der Ladefläche stand nur ein Unfallfahrzeug. Zwei Männer sprangen aus dem Führerhaus. Der eine ließ eine Rampe zu Boden. Der andere startete den Motor des Unfallwagens und fuhr ihn rückwärts herab auf den Parkplatz. In unmittelbarer Nähe hielten ein riesiger M.A.N.-Lastzug und ein Betonmischer. Die Fahrer blieben in ihren Führerhäusern und schauten dem Treiben hinter dem Autotransporter zu.
Die ersten neugierigen Urlauber kamen mit Kindern und Hunden heran und gaben ihre Kommentare ab: „Sieh mal an, Porsche Cayenne! Diese Idioten mit den Geländewagen rasen viel zu schnell… Die scheinen ja Geld genug zu haben! Das geschieht denen doch Recht…!"
Sonderbarerweise schoben die Männer des Sattelschleppers die Rampe ein und stiegen wieder in ihr Führerhaus. Der Dieselmotor sprang dunkel qualmend an und sie fuhren direkt auf die Autobahn.
Die Neugierigen näherten sich weiter dem Cayenne. Einer der Männer schaute durch das Seitenfenster hinein: „Heh, was ist das denn? Da sitzt noch einer auf dem Beifahrersitz und pennt!", und er wollte gerade anklopfen.
Unter Blaulicht und Martinshorn kamen vier Polizeiwagen herangejagt. Zwei von ihnen waren Mannschaftswagen. Ein Rettungswagen der Feuerwehr hielt sich in gebührendem Abstand.
Aus einem Lautsprecher wurden die Neugierigen neben dem Cayenne aufgefordert, sich sofort mindestens hundert Schritte weit zu entfernen. Polizisten mit Helmen, Pistolen und Gewehren gingen im Schutz ihrer Wagen in Stellung. Einige näherten sich mit der Waffe im Anschlag dem Porsche Cayenne. Einer der Polizisten öffnete die Beifahrertür

und gab seinen Kollegen ein Zeichen. Der Rettungswagen rollte auf den Porsche zu und zwei Sanitäter legten eine Trage ab. Vier Polizisten zogen einen bewusstlosen Riesen aus dem Cayenne und legten ihn auf die Trage. Die Sanitäter hoben den Verletzten, von seinem Gewicht gequält, an und schoben ihn in ihren Wagen. Zwei bewaffnete Polizisten stiegen ebenfalls in den hinteren Teil des Krankenwagens. Drei Polizeiwagen eskortierten den Krankentransport zur Autobahn. Die Beamten des vierten Wagens bewachten den Cayenne. Nach einer Viertelstunde nahm ein Abschleppwagen den Porsche auf und auch er wurde von dem letzten Polizeiwagen eskortiert.

Nun winkten sich die Fahrer des Betonmischers und des M.A.N. zu und rollten auf den Zubringer der Autobahn.

Die neugierigen Zuschauer zuckten mit den Schultern, schüttelten die Köpfe und setzten langsam wieder ihre Reise fort.

Erst jetzt rauschte ein Wagen der Presse heran. Mit bereiten Kameras schauten die Reporter sich suchend um, dann stürmten sie in die Tankstelle und das Restaurant.

Die Journalisten recherchierten als Nächstes bei der zuständigen Polizei und erhielten einen vorverfassten Bericht:

Auf der A8 gab es am heutigen Tag einen Verkehrsunfall. Ein Porsche Cayenne fuhr im Stau in Höhe Irschenberg Richtung München auf einen Sattelschlepper auf. Als die Polizei eintraf, war der Fahrer des Wagens bewusstlos. Er wies eine größere Kopfverletzung auf, die er sich infolge des Auffahrunfalls zugezogen hatte.

Im Fond des Wagens wurde unter einer Decke liegend die Leiche einer jungen Frau gefunden. Nach dem Befund der Gerichtsmedizin war die Todesursache der Frau ein Genickbruch. Zurzeit wird ermittelt, ob die Frau, die gefesselt im Fond des Wagens lag und nicht angeschnallt war, an den Unfallfolgen starb oder ob sie ermordet wurde.

Diver

Sofia schlug die Augen auf. Es war immer noch dunkel. Sie hatte einen üblen Geschmack im Mund. Ihre Fußgelenke taten weh und sie fingerte nach ihren Knöcheln.
Sie richtete sich verwundert auf. Die Handschellen waren fort. Sie tastete vorsichtig um sich. Sie lag auf einem Doppelbett. Wieso? Wo war sie hingebracht worden?
Ihre Blase meldete sich. Verdammt, was sollte sie tun? Vor der Tür stand bestimmt einer von Robbies Leuten.
Sie stand leise auf und tastete sich vor. Sie analysierte im Dunkeln eine Kommode, dann einen Stuhl, dann…? Dann klirrte es!
Eine Vase war knallend zu Boden gestürzt.
„Klasse, du Trottel!", meckerte ihr Verstand.
Die Tür ging auf und das Deckenlicht stach in Sofias Augen.
„Oh, du bist endlich wach", sagte eine bekannte Stimme freundlich. „Ich habe mit den Jungs schon geschimpft, dass sie dir viel zu viel von dem Betäubungsmittel auf die Nase gegeben haben."
Sofia rieb sich verwundert die Augen und Waltraud nahm sie in die Arme.
„Walli, sie haben Alex erschossen", schluckte sie und ihr rollten die Tränen über die Wangen. Waltraud gab ihr ein Taschentuch und führte sie aus dem Schlafzimmer. Sie schritten durch den kleinen Flur und Sofia verschwand im Bad. Als sie wieder herauskam, stand Waltraud im Flur vor einem Bild und meinte: „Schau dir mal dieses Foto an."
Sofia sah, wie Alex und Sepp Schulter an Schulter standen und sich seitlich umarmten. Sie trugen Taucheranzüge und lachten verschmitzt in die Kamera. Sepp hielt eine Harpune in der Hand.
„Alex hat mir kaum etwas über sich erzählen können",

starrte Sofia auf das Bild. „Kann ich von euch ein Foto von Alex bekommen?"
Sepp kam hinzu und umarmte Sofia: „Du hast mich gerufen, meine Liebe? Und du siehst, die alte Harpune war zur richtigen Zeit zur Stelle."
Sofia gab ihm einen Kuss auf die Wange und sah wieder zu dem Bild: „Ich möchte ein Bild von Alex haben. Geht das?"
Sepp hob die Brauen und tippte auf den Alex im Taucheranzug: „Der Diver ist ein verdammter Draufgänger. Nur Ärger hatte ich mit ihm. Er kann sich nicht an Befehle halten."
Sofia kniff die Brauen zusammen und sah Sepp fragend an: „Diver, ist das der Funk-Name von Alex? Ich meine, ich habe das im CB-Funk gehört."
Sepp grinste verschmitzt und wies zur Tür der Wohnküche. Von dort duftete es herrlich nach Essen: „Komm, du wirst Hunger haben", und er zog Sofia mit sich.
Sie zögerte: „Entschuldige, aber mir ist der Appetit vergangen!"
„DER kommt beim Essen", lachte Waltraud. „Außerdem haben wir heute noch einen weiteren Gast."
In der Stube war der Tisch bereits für vier Personen gedeckt. Walli trat an ihren Herd und schaute nach dem duftenden Topf.
Sepp meinte zu Sofia: „Ich hole schon mal die Getränke. Bittest du unseren Besuch inzwischen herein? Er wollte vor der Tür noch rauchen", und Sepp ging in den Flur zurück.
Sofia trat vor die Hütte. Die Sterne funkelten bereits am klaren Abendhimmel. Zwischen ihren Füßen strich Katze Minka miauend hindurch.
Sofias Nase vernahm Zigarettenrauch, der von der Hausecke herüber zog. Sie nahm dort im Dunkeln die Konturen einer Person wahr und schritt langsam auf diese zu. Ein Bewegungsmelder schaltete das Licht der Veranda ein und

beleuchtete einen Mann, der mit dem Rücken zu ihr unter der Lampe stand. Er war schwarz gekleidet und schnippte seine Zigarette fort. Wie ein Glühwürmchen flog sie im hohen Bogen zu Boden. Er drehte sich langsam herum…
„Alex!" rief Sofia und beide stürmten auf einander zu.
Ihre Augen füllten sich mit Freudentränen und einer spürte den Herzschlag des anderen.
Als sie Alex beherzt an den Oberarm fasste, zuckte er zusammen: „Au, Vorsicht bitte. Da fehlt etwas! Das kam von dem Streifschuss!"
Sie strich ihm liebevoll über das jungenhafte Gesicht: „Entschuldige, ich wusste nicht… Aber wenn woanders nichts fehlt?", und sie kniff ihm zärtlich in die Wange. „Du musst mir gleich alles erzählen."

Pressemeldung

Als Sofia und Alex am nächsten Morgen die nach Kaffee duftende Stube betraten, las Sepp in der Tageszeitung und murmelte: „Unglaubliche Dinge geschehen heutzutage. Man ist nirgendwo mehr sicher", und er reichte Alex den Artikel über den Tisch.
Alex setzte sich und las laut vor: „Rätselhafte Morde in Bayern. Auf der A8 in Richtung München gab es gestern im Bereich des Irschenberg einen Auffahrunfall. Als die Polizei eintraf, fand sie in einem Geländewagen den Fahrer des Wagens verletzt vor. Im Fond des Porsches entdeckte die Polizei die Leiche einer etwa 30-jährigen Frau, deren Identität noch geklärt werden muss. Der verletzte Fahrer wurde verhaftet und wird unter Sicherheitsverwahrung medizinisch versorgt. Gleichzeitig ermittelt die Polizei in einem weiteren Mordfall. Ein Mitarbeiter eines Stauseekraftwerks fand im Überlaufbecken die Leiche einer männlichen

Person, die eine Schussverletzung aufwies. Im Bereich der Brüstungsmauer wurden mehrere Einschussspuren gefunden und Patronenhülsen sichergestellt. Es gibt Verdachtsmomente, dass die beiden Morde in einem Zusammenhang stehen. Die Polizei gibt dazu keine weiteren Informationen. Auch die Staatsanwaltschaft hüllt sich in Schweigen. Handelt es sich hier um ein organisiertes Verbrechen? Wir berichten in Kürze weiter."
Walli drückte Sofia auf einen Stuhl: „Ich denke, als Tote hast du sicher mächtig Hunger", und sie holte frisches Rührei vom Herd. „Der zweite Tote muss noch einen Moment auf sein Rührei warten", lächelte sie Alex zu.
Sepp trank von seinem Kaffee und grinste: „Also, nun könnt ihr beiden ganz von vorne anfangen. Als erstes braucht ihr eine neue Identität. Deswegen bekommen wir heute Mittag Besuch", er sah Sofia an, „du kennst ihn. Er kommt persönlich. Vorläufig gibt es auch keine Telefonate mehr. Ihr seid beide tot, klar?"
Sofia fragte erstaunt: „Du meinst Dom kommt?"
Sepp nickte stumm.
„Aber wie kam es zu einem Kontakt?"
„Du hattest doch Kontakt zu Dom aufgebaut und seine Leute haben versucht, dich zu finden."
„Ja, aber der, der uns helfen wollte, wurde doch erschossen. Danach hatte ich zu Dom keinen Kontakt mehr."
Seppel erklärte: „Sein Mitarbeiter wurde lebend gefunden. Eine Schussweste hatte das Schlimmste verhindert. Die offizielle Fahndung nach dem Täter läuft. Irgendjemand hatte einen Notruf für den Angeschossenen abgesetzt. Diese Person konnte nicht ermittelt werden", und grinste Alex an.

Gegen Mittag störte das Kreischen eines Hubschraubers die Ruhe der Alm und die Kühe wurden nervös. Walli trat vor die Tür der Hütte und winkte mit einem weißen Laken.

Das Fluggerät schwenkte ein und landete hundert Meter weit entfernt. Ein Mann mit Seehundbart stieg heraus und kam auf Waltraud, Sepp, Sofia und Alex zu. Der Pilot blieb in der Maschine.

„Ich bin Walter Dom”, drückte er Walli und Sepp die Hände, „ich danke Ihnen, dass sie uns so tatkräftig unterstützt haben.” Dann blickte er Sofia tief in die Augen und sagte kopfschüttelnd: „Kindchen, Kindchen, du hältst uns ganz schön auf Trab. Keine Postkarten mehr, keine Telefonate mehr in eine Vergangenheit, die dir nicht mehr gehört.” Dom hielt eine Mappe hoch und erklärte: „Sofia, hier drin ist deine neue Vergangenheit. Jetzt also die Dritte!”

Dom trat vor Alex Baumann und musterte ihn von oben bis unten: „Sie scheinen auch mehrere Leben zu besitzen. Was an der Staumauer geschehen ist, will ich später genauer wissen.”

Sie traten in die Wohnküche. Walli bot zu trinken an.

Alex hob den Zeitungsartikel hoch und fragte: „Stammt die Darstellung von ihnen? Ich meine, ich weiß schließlich, was tatsächlich abging!”

Dom lächelte: „Alle Polizisten können bezeugen, dass es so war, wie die Presse es dort berichtet hat. Auch bei der Gerichtsverhandlung gegen Harald Mons, der Hulk oder wie euer Riese sich sonst noch schimpft, wird es keine anderen Aussagen geben. Das gehört zum Zeugenschutzprogramm”, dann fragte er: „Habt ihr gepackt?”

Sofia nickte: „Ja, Sepp hatte uns schon angetrieben. Von uns aus kann es losgehen.”

„Außer mit mir wird mit niemandem hierüber gesprochen. Auch nicht gleich beim Flug. Der Pilot weiß, dass ich euch von einem Geheimauftrag abhole. Mehr braucht er nicht zu wissen.” Dom blickte Baumann fragend an: „Aber ich möchte noch eben erfahren, wie das an der Staumauer

wirklich war. Sie sind doch nicht tatsächlich da runter gesprungen oder gefallen?"
Alex sah Dom an, dann blickte er zu Sofia.
Sie zuckte mit den Schultern: „Herr Dom, ich war dabei. Nach dem Schuss stürzte Alex von der Mauer. Er hat einen Streifschuss am Oberarm."
„Sie hat Recht", lachte Sepp, „ich habe ihn selbst verbunden und meine Frau hat den Verband gewechselt. Aber ich zeige Ihnen jetzt etwas", verschwand er im Flur.
Bald darauf kam er zurück und klappte ein Fotoalbum auf. Es enthielt Bilder von verschiedenen Klippen. Springer stürzten sich davon mit Salti oder Schrauben in die Tiefe. In der Nähe der Eintauchstelle warteten Schwimmer, um im Notfall herbei eilen zu können.
„Die Springen bei den Meisterschaften aus Höhen zwischen 13 m und 22 m."
Dom schaute Alex an. Auch Sofia guckte ungläubig.
Sepp klopfte Alex auf die Schulter: „Dieser Spinner hier ist sogar schon aus 25 m Höhe gesprungen. Er wollte sich während seiner Zeit beim Bund für die Europameisterschaften im Cliff-Diving qualifizieren. Aber das war nix. Dort darf man beim Eintauchen nicht spritzen und er hier löst mit seinen Arschbomben jedes Mal einen Tsunami aus", und Sepp lachte schallend.
Sofia sah Alex fragend an: „Aber du warst auch mehrere Minuten unter Wasser. Ich habe doch mehrmals geschaut. Auch Vokuhila war von deinem Tod überzeugt."
„Geübte Taucher können ohne Pressluftflaschen mehr als drei Minuten unter Wasser bleiben. Der Weltrekord liegt noch wesentlich höher", erklärte der ehemalige Leiter der Taucherstaffel.

Walli und Sofia küssten und umarmten sich zum Abschied.
„Nun gibt es keine Sofi mehr", sagte Sofia leise.

„Wieso nicht?", lachte Walli und zog die junge Frau hinter sich her.
Sie erreichten den Stall und dort blickte ein schüchternes, neugeborenes Kälbchen auf.
„Ist das süß", begeisterte sich Sofia und hielt dem braunhaarigen Wesen ihren Finger hin.
Umgehend begann das Kalb an der Fingerspitze zu saugen.
„Das ist jetzt unsere Sofi", lachte Waltraud.
Alex und Sepp griffen sich an die Schultern und sahen sich schweigend in die Augen.
Die ‚Verstorbenen' schulterten ihre Rucksäcke und folgten Dom in den Hubschrauber. Unter lautem Getöse hob er ab, flog eine Schleife und verschwand bald hinter den sonnigen Felsgipfeln.
Sepp nahm Walli in die Arme: „Na, Madel, endlich war mal wieder etwas Spannendes los!"
Sie blickte über die romantische Almwiese, die kauenden Kühe, die fernen Nadelwälder und die weißen Spitzen am Horizont und meinte: „Nein, danke, ich liebe diese Ruhe!"

Knastladen

Bei dem ohrenbetäubenden Lärm der Kreissäge konnte man kaum das eigene Wort verstehen. Zwei Männer schoben langsam und behutsam eine riesige Holzplatte auf das scharfe Sägeblatt zu. Schon griffen die reißenden Zähne in das Holz und die Phonzahl stieg noch höher.
Die beiden Männer an der Säge trugen dunkle Arbeitskleidung und Sicherheitsschuhwerk. Einer von ihnen war ein wahrer Koloss, der ständig Kaugummi kaute und ab und zu Blasen damit bildete.
Eine Oberfräse, Elektrohobel, Schleifmaschinen und Bohrmaschinen füllten den Raum.

An der Ausgangstür der Schreinerei stand ein uniformierter Beamter der JVA und beobachtete genau die Arbeit der Häftlinge.

Bolski machte ein verbittertes Gesicht und stellte die Säge ab.

Er nickte mit dem Kinn zu dem JVA-Beamten: „Zigarettenpause, ok?"

Der Uniformierte nickte zustimmend und nahm die Türklinke in die Hand: „Ihr habt fünf Minuten zum Rauchen. Seid schön brav. Ich bin gleich wieder da", und er verschloss hinter sich mit klappernden Schlüsseln die Tür.

Harald Mons, genannt Hulk, sah Bolski ehrerbietig an: „Robbie, die haben da ein linkes Ding mit mir gedreht. Was mit dem Mountainbiker an der Staumauer war, habe ich schließlich gesehen. Ich habe ihn getroffen und er ist abgestürzt. Ich habe auch noch gewartet, bis er abgesoffen war. Der ist nicht mehr aufgetaucht. Der ist ganz klar verreckt." Der Riese putzte seine Nase am Ärmel ab. „Aber mit der Kleinen stimmt was nicht. Da haben die Bullen was gedreht. Ich habe die auf keinen Fall gekillt. Verdammt", schlug er hart auf die Arbeitsplatte, „Robbie, du hast das Kopfgeld auf siebzigtausend Euro für denjenigen erhöht, der die Schlampe lebend bringt. Ich bin doch nicht bekloppt und lege dann das Mädchen um. Die wollen mir einen Mord in die Schuhe schieben."

Bolski schnauzte den Riesen an: „Die Sache am Stausee hätten sie dir nicht nachweisen können, wenn du Arschloch die Waffe danach nicht im Wagen gehabt hättest. Wegen der Kleinen wirst du vielleicht wegen Geiselnahme drankommen. Scheißegal, ich kann dich auf jeden Fall nicht mehr gebrauchen. Sollte die kleine Schlampe noch leben, dann wird ein anderer sie für mich finden. Dann wird sie ihrem Mauerspringer folgen. Aber es soll ein viel größerer Sprung werden. Sie soll auf ihrem Flug noch Zeit haben, sich viele Gedanken über mich zu machen und sich über den Aufprall zu freuen. Sie soll auf ihren Latschen kauen", nickte Robbie mit einer fratzenhaften Lache und blies den Zigarettenrauch wie ein zorniger Drache durch die Nasenlöcher aus…

In die Tiefe

Im Monitor erschien das Gesicht einer Frau mit braunen Haaren und braunen Augen. Die Angst stand ihr ins Gesicht geschrieben. Die Backen unter den hohen Wangenknochen vibrierten. Sie schaute in den über zweihundert Meter tiefen Abgrund. Ihre Gesichtsfarbe wurde kalkweiß. Sie wusste, dass es kein Zurück mehr gab.
Nun tauchten auf dem Monitor links und rechts neben der jungen Frau zwei entschlossene Männergesichter auf. Sie grinsten. Die Frau wollte sich herumdrehen, doch sie wurde plötzlich über die Kante gestoßen. Ihr Schrei hallte hinab, bis sich ihre Lungen völlig geleert hatten.

Im Nebenraum hörte man eine Dusche rauschen. Auf dem Bett des Hotelzimmers lag ein braungebrannter Mann auf dem Rücken, der nur mit einer Shorts bekleidet war. Seine blonden Haare waren wellig und ein feiner, gepflegter Bart umrahmte Mund und Kinn. Seine Augen waren geschlossen und die Hände hielt er hinter dem Kopf.
Die Sonne war bereits untergegangen und die Lichter des kleinen Ortes leuchteten immer deutlicher. Die Balkontür stand halb auf und die tropische Luft war mild. Mit ihr drang aus der Ferne südafrikanische Musik herein.
Plötzlich öffnete sich die Badezimmertür und die braunhaarige Frau kam nackt herausgehüpft. Ihr Duft eroberte die Luft.

„Ich kann es immer noch nicht glauben!", zitterte sie vor Freude und legte sich auf den jungen Mann. Sie kniff ihm in die Nase: „Tu nicht so, als ob du schläfst, Alex! Ich habe es wirklich geschafft! Haha, hihi! Ich kann es nicht fassen. Ich, Sofi, ich bin da runter gesprungen!", und sie küsste ihn auf die Stirn.
„Kirsten, wir sollen unsere alten Namen nicht mehr benutzen", brummte er und strich ihr über den knackigen Po. „Je eher wir uns daran gewöhnen, um so besser."
Sie ging gar nicht darauf ein, sondern setzte sich rittlings auf ihn: „Bist du nicht stolz auf mich? Über zweihundert Meter in die Tiefe, ich fasse es immer noch nicht! Die Bloukrans-Brücke ist zurzeit die höchste Bungee-Jump-Anlage der Welt." Sie kitzelte ihn neckisch am Bauch. „Als ich von der Absprungkante hinabgesehen habe, wurde mir fast schlecht. Aber wenn man hinter der „No Return Linie" ist, helfen die Jungs einem sprichwörtlich auf die Sprünge. Heh, du, lach' doch mal. Habe ich eigentlich eine gute Figur gemacht?"
Er umfasste ihre schlanke Taille: „Ich weiß es nicht. Als ich im Base-Camp im Monitor dein Gesicht gesehen habe, hat es mir gereicht. Während deines Sprungs habe ich meine Augen geschlossen." Er schüttelte den Kopf und murmelte: „zweihundert Meter an einem Gummiband? Ihr seid doch alle verrückt!"
„Alex, du springst morgen, ok? Der Manager der Anlage sagt: ‚Wer sich getraut hat, dort hinab zu springen, wird nie wieder Angst in seinem Leben haben.'
Das erhoffe ich mir für uns beide", und sie fuhr mit ihrem Zeigefinger über seinen nackten Bauch.
Er sprach sie wieder mit ihrem neuen Namen an: „Kirsten, du kannst erzählen, was du willst. Ich werde nicht da runter springen!" Er hielt ihre Hände fest und fuhr fort: „Ja, du warst mutig, klasse, und bestimmt die hübscheste Sprin-

gerin von allen. Aber ich springe nicht an einem Gummiband zweihundert Meter in die Tiefe!"
„Ach, das sind die Aussagen eines Cliff-Divers? Ich habe die Fotos von deinen Sprüngen in Sepps Album gesehen!"
Der Bärtige rollte mit den Augen: „Die höchsten Klippen sind bei Wettbewerben 22 m hoch. Die Bloukrans-Bridge ist zehnmal höher!"
„Ja, aber da ist ein Gummiband dran", strich sie wieder über seinen kitzeligen Bauch.
An einer längeren Narbe hielt sie an und meinte leise: „Die hast du von deinem letzten Militäreinsatz, nicht wahr?"
„Nein, von einem Fahrradunfall."
Sie legte sich auf ihn und ihre Lippen kamen seinem Mund sehr nahe: „Ich habe auch gute Kontakte und weiß, dass du damals deinen besten Freund Dominic verloren hast. Seine Schwester, deine Ex-Frau Barbara, hat dich dafür verantwortlich gemacht und sich dann von dir getrennt."
Der Mann rollte sich auf die Seite, sodass sie neben ihm lag und setzte sich auf: „Was weißt du schon", er ging zur Balkontür, „Barbara, meine Ex, hatte recht. Ich habe ihren Bruder überredet, mit mir zum Bund zu gehen. Wir wollten die Welt verbessern. Wir wollten gegen den Terror und alles Böse kämpfen." Der Bärtige winkte ab: „Alles Scheiße! Man kann das Böse nicht bekämpfen. Es steckt im Menschen selbst und wächst immer wieder nach. Ohne mich wäre Dominic heute vielleicht Steuerberater, verheiratet und hätte fünf Kinder."
Sie zog ihn auf das Bett zurück, stieß ihn nach hinten und legte sich auf ihn: „Du hattest keine Schuld. Er war volljährig und konnte alleine entscheiden, ob er zum Militär geht oder nicht!"
Er schloss genervt die Augen und drehte den Kopf zur Seite. Sie drehte sein Gesicht wieder zu sich: „Gut, dann ändern wir das Thema. Wie war das mit den fünf Kindern?"

„Eltern, die sich von Klippen und Brücken stürzen, die keine Vergangenheit mehr haben. Was für Kinder sollen denn dabei herauskommen?"

Post

Frau Kleve öffnete ihren Briefkasten und fand zwischen der Werbung und ihrem Steuerbescheid eine Postkarte, die in Südafrika drei Monate zuvor abgestempelt worden war. Sie betrachtete verwundert das Bild, drehte die Karte herum und las:

„Liebe Meike,

die Brücke, die du auf der Rückseite siehst, ist die Bloukrans-Bridge vor dem malerischen Ort Plettenberg Bay, einer der Hotspots auf der Garden-Route. Sie ist über 400 m lang und die höchste Bungee-Anlage der Welt. Wenn man den Bridge-Walk betritt, wird man gesichert und von zwei Leuten zur Absprungkante geleitet. Dann geht es 216 m in die Tiefe.

Du hast jetzt eine Freundin, die so etwas gewagt hat. Der älteste Springer, der hier herunter hüpfte, war sogar 96 Jahre alt und steht im Guinnessbuch der Rekorde.

Mein Bungee-Sprung war der größte Moment meines Lebens; mein Schatz traut sich nicht. Dafür hat er sich getraut, mich zu heiraten. Und in den nächsten neun Monaten darf ich keine größeren Sprünge mehr machen.

Wenn dich diese Karte erreicht, haben wir Afrika schon längst verlassen.

Richte Frau Anderson bitte herzliche Grüße aus. Ich denke oft an sie und ihre verstorbene Tochter Vera.

LG, Deine Kirsten."

ZWEITES BUCH

DIE FORELLE

Der Angler

Der Hellenbach floss kurvenreich durch die hügelige Landschaft. Stellenweise plätscherte er ausgedehnt und flach vor sich hin, in schmaleren Schluchten quälte er sich durch hartes Gestein und erhöhte dabei rauschend seine Fließgeschwindigkeit. Mal verbarg er sich hinter dornigen Büschen und unzugänglichen Herkulesstauden, dann bot er wieder einen romantischen Anblick und bewässerte die blumenreichen Auen der Gemeinde Markstein. Grüne Hügel erhoben sich bis zu 550 m um das Dorf herum und schmückten sich mit Nadelholz und Mischwald. Dort, wo der Sturm Kyrill im Jahr 2007 den Wald zerstört hatte, wuchsen nun Heidekraut und wilde Orchideen.

Markstein lag zwar am Ende der Welt, zog aber aufgrund seiner geringen Unterkunftspreise viele Wanderer, Mountainbiker, Nordic Walker und Planwagentouristen an.

An der alten Ruine der Hellenbachmühle war die Welt still und friedlich. Der Bach hatte an dieser Stelle eine künstliche Abzweigung. Das abgeleitete Wasser floss nach einigen Metern in eine große Röhre. Nach weiteren zehn Metern trat es wieder aus und stürzte dort als Wasserfall in ein tiefer gelegenes Becken. Dahinter folgte ein Überlauf, der das abgeleitete Wasser dem Hauptstrom des Hellenbachs wieder zuführte.

Der künstliche Wasserfall am Röhrenaustritt trieb in alten Zeiten ein riesiges Mühlrad an. Von der Mühle zeugten nur noch gebissartige Grundmauern. Die Dorfbewohner hatten die alten Steine abgetragen und an anderer Stelle weiter verbaut. Das Mühlrad hatte man ebenfalls fortgeschafft und lehnte nun zur Zierde an der Außenwand des Dorfmuseums mitten im Ort.

Die Hellenbachröhre diente vor mehr als dreißig Jahren auch den Jugendlichen als Abenteuerspielplatz. Obwohl die

Eltern es damals verboten hatten, ließen sich einige sehr mutige Jungen von dem reißenden Wasserstrom tauchend durch die zehn Meter lange Röhre ziehen, um hinter ihrem Ausfluss einen Hechtsprung in das Mühlradbecken zu wagen.

Heute war das nicht mehr möglich, da gegen diesen Missbrauch ein Gitter vor der Röhre befestigt wurde.

Das Bachbett und die Wasserröhre waren zurzeit nicht komplett gefüllt, da die Sommersonne seit Wochen gnadenlos alles austrocknete.

Im Schatten einer Linde saß ein einsamer Angler, genoss die himmlische Ruhe und hoffte auf guten Forellenfang. Der 49-jährige hatte schütteres Haar und schützte sich mit einer weißen Mütze vor der brennenden Sonne. Die blauen Augen des Anglers strahlten Zufriedenheit aus und seine Gedanken gingen zurück in eine Zeit, als er hier als Junge seine erste große Liebe geküsst hatte.

Plötzlich spannte sich seine Angelschnur. Er wurde hellwach. Die Rute bog sich und er zog sie gefühlvoll zurück. Wieder wurde mächtig an der Angelschnur gezogen. Der Mann stand auf und konzentrierte sich. Der Kampf dauerte fast drei Minuten, dann zählte der Bach einen Fisch weniger. Die Kiemen bewegten sich hektisch. Das Maul ging rhythmisch auf und zu. Der Angler löste mit geübtem Griff den Haken und betrachtete seine Beute.

„Ich denke, die hat 40 cm und fast 1 kg", murmelte er vor sich hin.

Sein Finger strich über die kleinen Schuppen. Ein Jungfisch konnte es nicht sein, die hatten nämlich noch seitliche Querstreifen und einen silbernen Bauch. Diese Forelle hier zierte sich mit roten, hell umrandeten Flecken und die Fettflosse besaß kleine, rote Tupfen.

Laute Musik und fröhliches Stimmengewirr näherten sich auf dem Feldweg zur Hellenbachmühle. Der Angler schaute sich um, erlöste den Fisch und gab ihn in seinen großen Angeleimer.

Zwei schnaufende Pferde zogen einen Planwagen heran, der ganz in der Nähe des Anglers stehen blieb.

„Petri Heil!", rief die ausgelassene Touristengruppe, die sich auf der Kutsche an einem langen Tisch gegenüber saß. Der Tisch hatte kreisrunde Aussparungen, in denen Bierflaschen und Schnapsgläser Halt fanden.

„Grüß dich, Bernd", rief der Kutscher dem Angler zu und hob seine von harter Arbeit geprägte Hand, „hast du guten Fang?"

Der Mann mit der Angel nickte: „Hi, Frank, ich bin noch nicht lange hier, aber eine Forelle habe ich schon herausgezogen", zeigte er stolz auf den Eimer.

Der Kutscher stellte die Musik ab und drehte sich zu seinen zwölf Passagieren herum: „Hier haben Sie einen Experten für Forellen. Wenn Sie also eine Frage haben, dann heraus damit!"

Die Gäste waren zwischen fünfzig und sechzig Jahre alt und machten einen gelösten, angeheiterten Eindruck. Frank war mit ihnen scheinbar seit vier Bierflaschenrunden unterwegs.

„Wie groß und wie schwer werden die Bachforellen?", fragte ein Graumelierter.

„Ich würde sagen, in diesen Gewässern hier werden sie zwischen 30 bis 60 cm und wiegen 1 bis 4 Pfund. In ganz großen Gewässern werden sie sogar bis 1 m lang und 9 kg schwer."

Ein langes „Boh" schallte vom Wagen und Bierflaschen hoben sich.

„Stimmt es, dass die Angler bei der Angabe der Länge ihrer gefangenen Fische immer Handschellen tragen müssen?", lachte ein Jüngerer und alle klopften schnaubend auf den Tisch.

Der Angler hielt zur Demonstration seine Handgelenke aneinander, als würde er Handschellen tragen, deutete mit den Händen einen Kreis an und meinte: „In dem Falle würde ich behaupten, mein Fisch hätte tellergroße Augen."
Die Gruppe klatschte zustimmend.
„Springen die Forellen tatsächlich kleine Wasserstufen hoch?", fragte eine Frau.
„Ja, die Forelle ist ein sehr schneller Schwimmer. Sie erreicht eine Geschwindigkeit von 35 km/h und springt bis zu 80 cm hoch aus dem Wasser."
„Trinkst du einen Schnaps mit?", hielt der Nächste eine Flasche Korn hoch.
Der Angler lehnte dankend ab.
„Gib Gas, Kutscher!", drängte nun ein Weiterer.
Frank nahm die Zügel in die Hand und setzte seine Landschaftsbeschreibungen fort: „So, meine Herrschaften, hier sehen sie die Ruine der Hellenbachmühle. Sie wurde vor mehr als 300 Jahren...", wurde seine Stimme mit der Entfernung immer leiser. Dann setzten die Musik und schräger Gesang ein.
Eine Viertelstunde später richtete der Angler in himmlischer Ruhe seine Rute erneut zum murmelnden Bach aus. Es dauerte nicht lange und seine Gedanken reisten wieder durch die Zeit.
Die Geräusche von leisen Schritten ließen ihn aufhorchen. Statt sich danach herumzudrehen, zog ein breites Lächeln auf seinen Mund und er meinte voller Vertrauen: „Hallo, Sven, schön dass du mich besuchst. Ich habe..." Sein Satz brach unter schmerzverzerrtem Gesicht ab.
Die Angel fiel zu Boden. Er griff instinktiv an sein Herz. Der Oberkörper schien innerlich zu brennen und der linke Arm zuckte.
„Das muss ein Reinfarkt sein", war sein letzter Gedanke, dann stürzte er vornüber in den Hellenbach.

Seine weiße Mütze schwamm ihm voraus, wurde von der Strömung erfasst und machte sich auf den Weg zur Mühlenröhre. Ein Unbefugter hatte das Sicherheitsgitter vor der Öffnung der großen Röhre entfernt und schon verschwand die Mütze in dem schwarzen Schlund…

Zum Strolch

‚Zum Strolch' stand über der Eingangstür der Gaststätte. Im Giebel des Fachwerkhauses war die Jahreszahl 1723 zu lesen. Wenn sich der Besucher den romantischen Ortskern betrachtete, so fühlte er sich in diese gute alte Zeit zurückversetzt. Auf der anderen Seite des Kirchplatzes ragte ein gotisches Gotteshaus über die Dächer hinaus. Die Turmuhr schlug gerade halb sieben. Hinter den Fensterscheiben der Gaststube nickten sich lachende Gesichter zu und Musik drang bis auf den Kirchplatz hinaus.

Im Innern schafften die rustikale Einrichtung, das zum Teil freigelegte Fachwerk und die schummerige Beleuchtung heimelige Gemütlichkeit.

Am Stammtisch saßen der 65-jährige Pastor Oheim, der 80-jährige pensionierte Dorflehrer Otto Hempel, der 31 Jahre jüngere Landrat Harald Weber, Realschullehrer Olaf Berger und der Planwagenkutscher Frank Ritter. Die beiden letzten Herren standen ebenfalls vor der Fünfzig. Es hatte sich zwischen den Männern eine ausschweifende Diskussion über die damalige brave Jugend und die unmögliche Jugend von heute entfacht.

„Als unsere Dorfschule hier 1978 noch existierte, hatte ich 45 Schüler in einem Klassenraum. Ich musste gleichzeitig vier Jahrgangsstufen unterrichten", erklärte der alte Lehrer mit dem welken Gesicht und den verschmitzten Augen, zog an seiner qualmenden Zigarre und nickte zu seinem jungen

Kollegen Berger, „und aus euch Bengeln ist doch etwas geworden." Hempel nahm einen Schluck Bier und fuhr fort: „Den heutigen Lehrern geht es viel besser. Ihr habt heute nur 25 Schüler vor euch und redet vom Burnout-Syndrom."
Landrat Weber, ein Herr mit Halbglatze, strenger Brille und autoritärem Gesichtsausdruck mischte sich ein: „Otto, damals hatten die Schüler noch Respekt und brachten von Hause aus Erziehung mit. Otto, du hast uns früher ein paar hinter die Löffel gehauen, wenn wir nicht pariert haben. Heute würden dich die Eltern für eine solche Maßnahme gleich anzeigen! Wir haben einen völligen Werteverfall in unserer Gesellschaft. Wo ist die Erziehung geblieben? Auch wie die Jugend sich heute präsentiert, ist skandalös. Gut, unsere jungen Mädchen haben früher auch schon kurze Röcke getragen. Aber heute? Heute lassen die ihre Hosen halb herunterhängen, damit man auch das Arschgeweih sieht." Er schaute Pastor Oheim an: „Wenn das nicht Sodom und Gomorrha ist, dann weiß ich es nicht!", und Weber war in seinem Element, als würde er im Kreistag eine Rede halten. „Das haben uns alles die Sozis eingebrockt. Meine Politik war das nie! Meine Wähler wissen, dass ich aufgerufen habe, zu den alten Werten zurückzukehren. Kampf der Gleichgültigkeit, der Verantwortungslosigkeit und dem Sittenverfall."
Pastor Oheim lächelte verschmitzt: „Die Jugend ist heute nicht schlechter als zu eurer Zeit, Weber, sie ist nur wesentlich verunsicherter. Bei dieser Flut an Medieninformationen, der doppelten Belastung der Mütter durch Haushalt und Beruf, dem Verfall der Familien durch hohe Scheidungsraten usw., da ist die Orientierung schwieriger geworden. Früher gaben die Traditionen eine Orientierung. Besonders die Kirche gab der Gesellschaft Orientierung, aber mehr, als die Tür meines Gotteshauses weit aufsperren und die Menschen einladen, kann ich auch nicht."

Lehrer Berger kam auf das Thema Schule zurück und blickte den alten Schulmeister Hempel an: „Otto, wenn du damals gedroht hast beim Ungehorsam eines Schülers, dass du mit dessen Vater reden wirst, dann wirkte diese Drohung. Wenn ich heute einen Schüler ermahne, dann droht er mir im Gegenzug, dass er seine Mutter holt", er nickte dem alten Lehrer zu, „die militanten Muttis musst du dir heute mal anhören. Ihre Blagen kennen statt Vokabeln alle Fernsehsendungen, aber Mutti ist ganz stolz auf den Nachwuchs!" Der etwas schüchtern wirkende Pädagoge stärkte sich mit einem Schluck Bier und fuhr fort: „Ich sage nur ADHS!", und er blickte in das fragende Gesicht des Kutschers Ritter. „Frank, das heißt Aufmerksamkeitsdefizit-Hyperaktivitätsstörung. Früher hieß das Zappelphilipp oder Wibbelfott! Heute können diese Kinder angeblich nicht konzentriert auf ihrem Hintern sitzen bleiben und zuhören, weil Mutti behauptet, dass der Nachwuchs hyperintelligent ist. Rechnen und Schreiben können diese klugen Köpfe nicht, aber bei den Ballerspielen am Computer erzielen sie die höchste Punktzahl", winkte Berger ab und hob erneut sein Glas an die Lippen.

Kutscher Ritter wollte sich gerade äußern, da stürzte Elisabeth Funke, eine ältere Dame mit einer grauen Pudeldauerwelle, durch die Tür der Gaststätte und rief in den Schankraum: „Am Hellenbach ist ein Unfall oder sogar ein Mord passiert! Ein Mann steckte in der Röhre der Hellenbachmühle", und nachdem sie wieder Luft bekam, ergänzte sie: „Wie damals der Thomas!"

Die Gäste im Schankraum verstummten und sahen Frau Funke verwundert an.

„Vor der Röhre ist doch ein Gitter", ergriff der Mann vom Stammtisch mit der Halbglatze als erster das Wort, „da kann niemand hinein gekommen sein. Ich habe doch damals persönlich dafür gesorgt."

„Harry, hör doch auf!", wurde er unterbrochen. „Die verdammten Blagen hatten vor einiger Zeit das Gitter wieder herausgezogen, um ihre scheiß Mutproben dort zu machen!", meinte Frank Ritter, der Besitzer des Planwagens. „Ich bin heute noch mit meiner Kutsche da vorbeigefahren und das Gitter lag auf der Wiese."
Der alte Lehrer Hempel mischte sich ein: „Was heißt, verdammte Blagen, Ritter? Ihr Strolche seid doch selbst damals oft genug dadurch getaucht.
Das waren eure waghalsigen Mutproben. Wie die Väter, so die Söhne", und er stieß wieder eine riesige Zigarrenrauchwolke zur Zimmerdecke.
„Also, ich bin nie dort hindurchgeschwommen", verbesserte der jüngere Realschullehrer Berger, „Dazu war ich damals schon zu vernünftig."
„Olaf Berger", lachte der derbe Kutscher Ritter, „es war nicht deine Vernunft, die dich damals davon abhielt, sondern du warst eine riesige Schissbuchse!"
„Habt ihr nicht verstanden?", blitzten die Augen von Frau Funke und die 70-jährige stemmte die Hände in die molligen Hüften, „da ist vielleicht sogar ein Mord passiert! Ein Mord in unserem Dorf. Hier in Markstein. Nun tut doch etwas!"
Der Ortsvorsteher Harald Weber schob seine Brille höher: „Elli, woher weißt du überhaupt davon?"
„Unser Dorf-Sheriff Beck hat die Kripo und die Feuerwehr verständigt. Ganze Touristenströme laufen jetzt zur Hellenbachmühle", nickte Frau Funke, wie immer allwissend, energisch mit dem Kopf. Ihre Kittelschürze zeugte davon, dass sie aus ihrer Küchenarbeit herausgerissen worden war.
„So ein Mist!", knurrte Landrat Weber und erhob sich vom Stammtisch. „Solche Anti-Werbung brauchen wir für unser Dorf nicht. Die Touristenzahlen gehen auch so schon genug zurück."

Lehrer Olaf Berger und der Kutscher Frank Ritter erhoben sich ebenfalls.

„Hubsi, wir kommen gleich wieder", rief einer von ihnen zum Wirt Hubert Strass.

Der polierte stumm einige Gläser und nickte.

Die schwere Eichentür der Gastwirtschaft fiel hinter den drei Männern und Frau Funke automatisch zu.

Langsam wurden an der Theke und den Tischen die Gespräche wieder lauter. Zur Aufhellung der gedrückten Stimmung legte der Wirt die Ballermann-Hits in den CD-Player und bald dröhnten die Bässe der Lautsprecher.

„Hubsi, mach mal ein neues Bier!", hob ein korpulenter Mann sein leeres Glas und drückte seine Zigarette im vollen Aschenbecher aus.

Der Wirt sah den dicken 52-jährigen misstrauisch an: „Burghard, dann zeige mir mal, ob du überhaupt genug Geld bei dir hast."

„Das ist doch wohl eine Frechheit!", regte der Dicke sich auf, „andere hier brauchen auch nicht vorher ihr Geld auf den Tisch zu legen!"

„Burghard Herbst, andere schulden mir auch nicht noch 100 Euro, so wie du", gab der Wirt zurück.

Hektisch steckte der Dicke sich eine neue Zigarette an.

„Mann, Mann, Mann, meinst du nicht, dass du zu viel qualmst? Du hast doch gerade erst die letzte ausgedrückt!", mahnte der Wirt und zapfte gleichzeitig neue Biere an.

„Betreibst du hier eine Kneipe oder eine Beratungsstelle für Gesundheitsapostel?", stieß der Gast seine Rauchwolke in die Luft.

„Wenn alle nicht so maßlos übertrieben hätten, dann würden die da oben jetzt nicht an den Nichtrauchergesetzen herumbasteln", sah Hubsi den Dicken an.

„Wenn du in deiner Kneipe hier das Rauchen verbietest, dann garantiere ich dir, kannst du deinen Scheißladen aber schließen", stieß er eine neue Rauchwolke genau zum Wirt. Der hustete leicht und seine Augen funkelten verärgert: „Genau das meine ich. Genau dein rücksichtsloses Verhalten hat die Nichtraucher jetzt aktiv werden lassen", und er setzte nach: „Wenn du nicht mehr kommen solltest, ist das für mich absolut kein finanzieller Verlust. Wie gesagt, ich kriege noch gut 100 Euro von dir."

Der Dicke verzog sein leicht aufgequollenes Gesicht: „Jetzt fängst du schon wieder mit der Scheiße an. Ich sage nur Brunner. Dirk Brunner", und er nickte zum Stammtisch.

Hubsi blickte auch kurz dort hin und sah Burghard wieder an: „Was ist denn mit Brunner? Er ist doch gar nicht da?"

Burghard Herbst lachte höhnisch: „Ja, blind bin ich nicht. Aber er gehört zum Stammtisch. Und der hat Schulden ohne Ende. Und dem gibst du auch sein Bier, ohne vorher nach Geld zu fragen. Der Brunner ist nämlich pleite."

Der Wirt Hubert Strass wurde neugierig und zuckte unwissend mit den Schultern: „Weiß ich nicht. Erzähle mal."

Der Raucher schmunzelte: „Nur, wenn du mir ein Bier und einen Schnaps ausgibst."

Hubsi stellte eines von den frischen Bieren auf den Deckel des Dicken.

Der nahm einen tiefen Schluck, wischte sich den Schaum mit dem Hemdsärmel ab und begann: „Dirk Brunner baggert in seinem Hotel ‚Waldeule' ständig die weiblichen Gäste an."

Der Wirt schüttelte missmutig den Kopf: „Verdammt, das ist doch nichts Neues!"

„Hast du denn auch gehört, dass vor einiger Zeit ein Gast im Solarium alles zerlegt hat?"

Hubsi atmete genervt: „Mann, das weiß hier jeder."

„Aber niemand weiß, dass der Richter entschieden hat, dass dieser Schaden von 6000 Euro von Dirk selbst bezahlt werden muss."

„Das kann nicht sein. Der Kerl wurde auf frischer Tat erwischt. Es hat Zeugen gegeben.”
Burghard lachte: „Trotzdem! Der liebe Dirk hat nämlich die Frau von dem Kerl im Solarium gebumst und der Ehemann hat die beiden in flagranti erwischt. Dann ist er durchgedreht. Der Richter gab dem Ehemann für seine Affekthandlung volles Recht.”
Der Wirt grinste: „Das werde ich Dirk bei passender Gelegenheit auf die Nase binden. Aber für den sind 6000 Euro kein Problem. Dirk hat sich gerade noch einen neuen Porsche gekauft.”
Burghard drückte seine Zigarette aus: „Von wegen. Bernd Hafka vom ‚Forellenhof', mein neu aufgetauchter Stiefbruder, soll Brunners Schuldscheine aufgekauft haben. Es müssen so hohe Summen sein, dass der geile Dirk gezwungen ist, seine ‚Waldeule' zu verkaufen.”
Hubert Strass riss die Augen weit auf: „Das gibt es nicht! Burghard, du spinnst. Du säufst zu viel!”

Einsatzort

Auf der Wiese neben der Hellenbachröhre drängte Dorfpolizist Beck die Neugierigen energisch zurück. Die sonore Stimme des etwa 50-jährigen Mannes in Uniform wurde lauter und ärgerlicher. Mit seinen 120 kg purer Lust und einer Größe von 185 cm wirkte er überzeugend.
Die Blaulichter eines Löschzuges und eines Notarztwagens rotierten auf dem Zufahrtsweg zur Ruine der verfallenen Hellenbachmühle. Zwei Taucher der Berufsfeuerwehr hatten einen Körper aus der großen Zuflussröhre geborgen und auf die Wiese gelegt. Im Moment befassten sich der Notarzt und die Rettungssanitäter mit dem scheinbar leblosen Körper.
„Kommissar Weiher”, stellte sich ein 58-jähriger Mann mit

Oberlippenbart und vollem grauen Haar einer Nordic-Walkerin vor, die den grausigen Fund per Handy gemeldet hatte, „haben Sie, als Sie hier vorbeigelaufen sind, noch andere Personen beobachtet?"
Die Mittdreißigerin schüttelte den Kopf: „Nein, nicht, dass ich wüsste. Ich dachte, dass ich an dem Austritt der Röhre in dem angeschwemmten Geäst vielleicht eine Wasserratte gesehen hätte. Ich ging nah an den Ausfluss und erschrak. Ein Arm guckte aus der Röhre und schien zu winken. So, als lebte der Mensch in der Röhre noch."
Der Kripobeamte verbesserte: „Der Mann lebt noch. Sie haben uns rechtzeitig gerufen. Vielleicht haben Sie ihm das Leben gerettet!"
Dorfpolizist Beck erblickte den 24-jährigen Sven in der Reihe der Schaulustigen und winkte ihn heran. Er sagte zu Kommissar Weiher: „Da kommt der junge Wirts. Er ist mit Herrn Bernd Hafka, ich meine den Verletzten, öfter hier gesehen worden."
Weiher begrüßte den jungen Mann freundlich und betrachtete ihn. Der 24-jährige hatte blaue Augen, schmale Lippen und hellblonde Haare. Er war etwa 185 cm groß und sportlich.
„Was ist passiert?", fragte der junge Mann und sah immer wieder zwischen dem Kommissar, Polizist Beck und dem Verletzten hin und her.
Weiher forderte Sven auf: „Sehen Sie sich bitte mal den Verletzten an", denn ihn interessierte die Reaktion des jungen Mannes.
Der blonde Junge erblickte neben dem Mediziner das Gesicht des Bewusstlosen und fuhr erschreckt zusammen: „Bernd? Mein Gott, ja, das ist Bernd!"
Kommissar Weiher blickte in das bleiche Gesicht des jungen Mannes: „Du kennst Herrn Hafka gut?"
„Er ist vor einigen Monaten hierher gezogen. Er wohnt im

‚Forellenhof' bei seiner Mutter. Bernd, ich meine Herr Hafka, hat mir hier das Angeln beigebracht. Wir haben uns zwei- bis dreimal die Woche am Bach getroffen. Bernd liebte das Angeln. Er war total ausgeglichen. Nicht so nervös, nicht so gereizt wie die meisten Menschen. Er war so herzlich."

„Wann hast du Herrn Hafka zuletzt gesehen?"

„Gestern, Freitagabend. Bernd hat so einen großen Fisch herausgezogen", zeigte er mit den Händen die Länge an.

Kommissar Weiher drehte sich zu einer hektischen Person um, die gleich Fotos von ihm und dem Verletzten machte.

„Ziegler, Lokalpresse", stellte sich der Journalist mit überschlagender Stimme vor, „haben Sie schon einen Verdacht, wer als Täter oder Mörder infrage kommt?" Er hielt Weiher ein Mikro unter die Nase.

Der Kommissar berichtigte: „Bis jetzt ist der Verunglückte noch lebendig und die Ärzte tun alles, was sie können, damit das so bleibt. Und mehr können wir Ihnen zurzeit nicht sagen."

Der Reporter ließ nicht locker: „Aber es ist doch ein Verbrechen gewesen. Haben Sie schon jemanden in Verdacht?"

„Wie gesagt, wir ermitteln noch."

Reporter Ziegler hielt Sven das Mikro vor den Mund: „Du warst mit Bernd doch häufig zusammen. Hattest du den Eindruck, dass da etwas nicht stimmte? Hatte er Feinde? Hat er etwas erzählt?"

Der junge Mann sah zwischen Weiher und Ziegler hin und her und schüttelte den Kopf.

Der Kommissar legte Sven die Hand auf die Schulter und lächelte: „Ok, wir sprechen uns später noch. Wo erreiche ich dich?"

„Heute ist Samstag. Da kellnere ich immer im Gasthaus ‚Zum Strolch'."

Weiher machte sich Notizen: „Und du wohnst auch hier im Ort?"
„Ja, bei meiner Mutter, Manuela Wirts", und er diktierte Anschrift und seine Telefonverbindungen.
Der Kommissar sah zu der Stelle, wo der Bach in die Röhre eintrat. Er fixierte ein großes, rostiges Gitter, das nicht weit entfernt auf der Wiese lag, und bat Wachtmeister Beck: „Finden Sie doch bitte heraus, wer für das Schutzgitter für die Hellenbachröhre zuständig ist."
Die Rettungskräfte bemühten sich mit einem Defibrilator um das Leben des Verunglückten. Von Ferne hörte man einen Hubschrauber nahen, der am sonnigen Himmel Gestalt annahm. Das Geräusch wurde ohrenbetäubend. Zwei Feuerwehrleute mit Funkgeräten dirigierten den Piloten zum Landeplatz. Beck und ein anderer Polizist in Uniform scheuchten die Neugierigen weiter zurück, damit der Hubschrauber landen konnte.
Die Kinder sprangen begeistert herum. Einige Frauen hielten sich die Ohren zu. Andere versuchten die Haare zu bändigen, die vom Wind der Rotoren zerzaust wurden.
Das Rettungsteam des Hubschraubers sprach sich mit den Sanitätern und dem Notarzt ab. Dann wurde der Patient mit einer Trage in das Fluggerät geschoben. Die Rotoren kreischten wieder und die Maschine hob senkrecht ab. Über den Köpfen der Neugierigen stellte es sich in die entsprechende Richtung und flog davon.
Wachtmeister Beck sah den Kommissar an: „Soll ich die Familie des Verunglückten telefonisch informieren?"
Weiher schüttelte den Kopf: „Ich denke, wir warten erst mal ab, ob unser Mann überlebt. Ich möchte nicht, dass wir die Angehörigen losjagen und die treffen unvorbereitet dort im Krankenhaus einen Toten an."
Beck entgegnete: „Aber wir müssen schneller sein als die Gerüchte, die durchs Dorf jagen."

„Sie haben Recht. Wir sind hier nicht in der Stadt. Wen sprechen wir von der Familie am besten an?"
„Es gibt nur seine Stiefmutter, Frau Hafka, und den Stiefbruder. Aber den können wir total vergessen."
Beck nahm sein Handy und ließ sich von der Auskunft verbinden. Dann reichte er Weiher das Telefon.
„Frau Hafka", meldete sich der Kommissar, „mein Name ist Horst Weiher. Ich bin von der Kriminalpolizei. Ihr Stiefsohn Bernd hatte einen Unfall und wird zurzeit medizinisch versorgt."
Frau Hafka zeigte sich im ersten Moment entsetzt: „Oh, mein Gott, der arme Junge." Es folgte eine nachdenkliche Pause bis sie fragte: „muss ich nun irgendetwas tun?"
Weiher sah Beck an und hob verwundert die Brauen. Dann sprach er freundlich ins Telefon: „Nein, nein, Frau Hafka, ich denke, es ist sogar besser, die Mediziner in Ruhe ihre Arbeit tun zu lassen. Wir melden uns bei Ihnen, wenn es Neuigkeiten gibt. Ist das für Sie in Ordnung?"
Frau Hafkas Stimme hörte sich erleichtert an: „Ich danke Ihnen für den Anruf, Herr Inspektor", und sie legte auf.
Der Kripobeamte gab Polizist Beck das Handy zurück: „Die gute Dame hat nicht mal gefragt, zu welchem Krankenhaus wir den geliebten Stiefsohn geflogen haben. Ich habe den Eindruck, dass sie froh war, dass sie sich um nichts kümmern muss."
Nachdenklich sagte Beck: „Vielleicht hofft sie sogar, dass Bernd gar nicht überlebt."
„Das müssen Sie mir näher erklären. Ich schlage vor, wir fangen gleich mit den Recherchen an. Wir müssen von einer Gewalttat ausgehen. Ich denke, wir versuchen in den Hotels und Gaststätten Zeugen zu finden, die am Unglücksort vorbeigekommen sind. Wenn es Ihnen Recht ist, dann fahren Sie bitte in meinem Wagen mit. Sie kennen sich, im Gegensatz zu mir, in diesem Ort aus."

Beck informierte einen anderen Uniformierten, der neben einem silberblauen Polizeiwagen wartete und machte sich dann mit Weiher auf den Weg. Als sie die Hellenbachmühle verließen, kam ihnen der Wagen mit dem Landrat, seinen Stammtischkollegen und einer Dame mit Pudeldauerwelle entgegen.
Beck murmelte: „Wir hatten Glück, dass wir Elli verpasst haben. Aber die werden Sie auch noch kennenlernen!"

Zeugensuche

Kommissar Weiher und Polizist Beck fuhren an dem Ortseingangsschild „Gemeinde Markstein" vorbei. Die ersten Fachwerkhäuser des historischen Ortes grüßten. Gepflegte Gärten reihten sich mit ihren ordentlich geschnittenen Hecken und Büschen aneinander. Plötzlich huschte ein schwarzer Kater von links nach rechts über die Straße und Weiher trat voll auf die Bremse. Die Reifen quietschten und die Sicherheitsgurte strafften sich. Dem sonst so gelassenen Mann stand schlagartig der Schweiß auf der Stirn.
„Vor sechs Wochen haben Sie auf der Hauptstraße meine Minka überfahren. Das Mädchen war schon elf Jahre alt", erklärte er Beck.
Der Wachtmeister sah Weiher fragend an: „Minka? Mädchen?"
Der Kripobeamte zeigte ein gequältes Lächeln: „Unsere Katze. Besser gesagt, die Katze meiner verstorbenen Frau."
Beck setzte eine betretene Mine auf: „Ihre Frau ist…?"
Weiher legte den Gang ein und fuhr wieder an: „Ja, Krebs. Aber lassen wir das. Ich brauche hier einen klaren Kopf."
Dann ragte an einem bewaldeten Hang eine Hotelanlage auf. Weiher setzte den Blinker und parkte ein. Sie wurden von einem schlanken Endvierziger in weißer Jeans und kur-

zärmligem Boss-Hemd beobachtet. Gespielt lässig setzte der braun gebrannte Mann eine Sonnenbrille auf, strich über sein welliges Haar und bestieg einen Porsche Boxster mit offenem Verdeck. Der Motor heulte auf und der Wagen bewegte sich zur Straße. Mit einem Kavalierstart raste er davon.

„Das war Dirk Brunner, der Hotelbesitzer", knurrte Beck und winkte ab. „Ein Großkotz. Aber die Weiber scheinen auf ihn zu fliegen."

Weiher sagte nichts, musterte das moderne, dreistöckige Gebäude und betrat mit Beck das Foyer im Hotel ‚Waldeule'. Hinter der Rezeption sprach eine etwas rundliche Frau mit einem älteren Gast, der vornehm aussah. Ein junges Pärchen stand wartend daneben und tuschelte verliebt.

„Mr. Fox, ich hoffe Sie besuchen Markstein wieder einmal", strahlte die freundliche Frau hinter der Rezeption den abreisenden Gast an und reichte ihm die Hand.

„Well, I think, ich kommen wieder zu Germany, in Markstein", und er betonte das ‚r' mit amerikanischem Akzent.

Die Hoteltür ging auf und ein Mann sah sich suchend um: „Taxi zum Bahnhof für Herrn Fuchs, ist der hier?"

Mr. Fox winkte und zeigte auf seinen Koffer. Dann verließen die beiden Männer das Hotel.

Kommissar Weiher wollte gerade etwas sagen, da fiel ihm der ungeduldig wartende junge Mann ins Wort: „Moment, wir waren zuerst dran, ja?", und er wandte sich an die Dame an der Rezeption. „Bitte ein Doppelzimmer für eine Übernachtung", und er schaute seiner Begleiterin verschmitzt in die Augen.

Beck wollte sich wegen der Missachtung der Polizei empören, doch Weiher winkte ab.

Die etwa 50-jährige Frau an der Rezeption lächelte dem Polizisten zu: „Beck, das geht hier ganz schnell."

Die jungen Leute checkten ein und verschwanden schon

bald mit dem Zimmerschlüssel im Aufzug.
„Weiher, Kriminalpolizei", stellte der Kommissar sich vor.
„Ich bin Sabine Brunner, die Inhaberin dieses Hotels. Seien Sie mir willkommen, Herr Kommissar", reichte sie Weiher ihre Hand. „Was kann ich für Sie tun?"
Der Kriminalbeamte musterte die elegante Dame unauffällig und meinte: „Ich bin von der Mordkommission. Ich suche Wanderer, Jogger, Mountainbiker, oder so. Leute, die im Laufe des Tages an der Hellenbachmühle vorbei gekommen sind. Ich würde gerne Ihre Gäste kurz darauf ansprechen."
Frau Brunner machte ein fragendes Gesicht: „Mordkommission? Ein Mord? Hier bei uns? Wer ist es denn?"
Beck meinte mit tiefer Stimme: „Noch ist es kein Mord. Vielleicht war es ein Unfall. Noch lebt der Mann. Aber sein Leben hängt an einem seidenen Faden. Es ist Bernd Hafka vom ‚Forellenhof'. Ich hörte, dein Mann Dirk hatte vor kurzem mit ihm zu tun, nicht wahr?"
„Huch, der Bernd!", entsetzte sich Frau Brunner gespielt. „Oh, mein Gott, ist das schlimm!"
Weiher strich mit dem Finger über seinen Schnurrbart und fragte: „Inwieweit hatten Sie denn mit Herrn Hafka zu tun?"
Die füllige Dame winkte hastig ab: „Mein Mann hatte geschäftlich, nur geschäftlich mit Herrn Hafka zu tun. Sie wissen schon. Der ‚Forellenhof' hat Pensionsgäste. Wir haben Gäste. Die gleichen Sorgen und Aufgaben."
Aus dem Untergeschoss dröhnten Musikbässe und Weiher blickte zu der Tür mit der Aufschrift „Kellerbar".
Sabine Brunner erklärte: „Ab 20 Uhr ist Tanz."
Der Kommissar und Beck stiegen zur Bar hinab und baten den Barkeeper, die Musik einen Moment leise zu stellen. Kaum war das geschehen, da schrillten die ersten Pfiffe und Protest wurde laut.
Beck warf sich in die Brust, pfiff laut auf seinen Fingern

und rief: „Ruhe, der Kommissar ist von der Mordkommission und hat einige Fragen an Sie!"
Neugierig hörten die Gäste Weiher zu und tuschelten mit ihren Nachbarn. Doch angeblich war heute niemand von ihnen an der Ruine der Hellenbachmühle vorbeigekommen. Weiher und Beck verließen das Hotel und standen auf dem Parkplatz neben ihrem Wagen.
Der Kommissar fragte: „Sie meinten vorhin, dass die Weiber auf Brunner fliegen. Wie steht seine Frau denn dazu?"
„Brunner ist vor einiger Zeit in flagranti mit einer Dame im Solarium von deren Ehemann erwischt worden. Das Solarium ging zu Bruch und ich denke, die Ehe von Brunner ging dabei auch zu Bruch. Nur das Geld hält sie noch zusammen. Seinem Vater Anton, dem alten Brunner, war die Sache äußerst peinlich. Anton genießt im Ort und beim Pastor einen ehrenhaften Ruf. Er hätte seinem Sohn Dirk am liebsten den Hals herumgedreht."
Beck und Weiher fuhren als nächstes zur Gaststätte ‚Zum Strolch'.
„Ein seltsamer Name für eine Kneipe", bemerkte Weiher, „ist der Wirt denn ein Strolch?"
Beck grinste über sein rundes, treues Gesicht: „Hubsi? Haha, nein, das ist ein lieber Kerl. Ich möchte nicht wissen, wie viele hier im Dorf bei ihm noch einen offenen Deckel haben. Er hat zwar eine raue Schale, aber auch ein großes Herz." Beck drehte seine Polizeimütze in den Händen und erklärte: „Es gab doch Ende der 60er Jahre eine Fernsehserie ‚Die kleinen Strolche'. So nannte man auch eine Jugendgruppe hier im Dorf. Übrigens fällt mir ein, der Verletzte, Bernd Hafka, gehörte auch zu ihnen." Er wies mit der Hand in eine Richtung: „Fahren Sie hier rein. Da… dahinten ist die Schenke schon. Wenn wir Glück haben, treffen Sie dort noch andere Strolche. Der Landrat Weber, der Lehrer Berger, Kutscher Ritter und Hotelier Brunner ge-

hören dazu. Ja, sie haben sogar einen Strolche-Stammtisch."
Weiher parkte den Wagen auf dem Kirchplatz ein und sah sich um. Die Turmuhr schlug gerade Viertel vor neun. Ein Brunnen plätscherte romantisch. Die Reklametafeln der Apotheke und der Sparkasse leuchteten. Die Sommerluft war um diese Zeit immer noch mild. Weiher blickte auf ein Schild mit dem Schriftzug ‚Zum Strolch' und schmunzelte. Beck riss die Kneipentür auf. Aus den Lautsprechern der Musikanlage klangen Oldies der 70er Jahre. Die Theke und die Tische waren gut besetzt.

Der junge Sven Wirts lief gerade mit einem vollen Tablett Gläser durch die Gaststube und nickte den Polizeibeamten zu.

Am Stammtisch erhob sich ein sehr dominanter Mann mit Halbglatze und ging den neuen Gästen entgegen: „Weber mein Name", hielt er Weiher die Hand hin, „ich bin der Landrat. Wir wollten Sie vorhin an der Hellenbachmühle aufsuchen. Doch als wir eintrafen, fuhren Sie gerade ab." Er bemühte sich eine mitfühlende Miene aufzusetzen: „Ja, der Hafka Bernd. Schrecklich, das Ganze!"

Der Kommissar drückte fest die Hand des Mannes und fragte knapp: „So, wer wollte mich denn alles am Hellenbach aufsuchen?"

Weber zeigte zum Stammtisch: „Die Herren dort und ich."

„Gut, dann stellen Sie mir die Herrschaften doch mal vor."

Der Kriminalbeamte las an der Wand des Stammtisches das Schild „Strolche". Auf einem Bild waren sieben Jungen zu sehen, die sich stolz in die Brust warfen.

„Das waren Bengel, die es faustdick hinter den Ohren hatten", lachte ein alter Mann den Kommissar an.

Landrat Weber stellte die Männer am Stammtisch vor: „Hier ist Otto Hempel, unser alter Lehrer. Dann der Lehrer Olaf Berger und der Kutscher Frank Ritter."

Weiher nickte zum Gruß und schaute wieder auf das Bild

an der Wand: „Ich sehe dort sieben junge Burschen. Da Herr Hempel vom Alter her nicht dazugehören kann, zähle ich mit Ihnen, Herr Landrat, und dem Wirt nur vier Strolche. Herr Hafka, der Verunglückte vom Hellenbach, gehört auch zu ihnen. Den Hotelier Brunner habe ich gerade schon von weitem gesehen. Also fehlt mir nur noch der Name des Siebten."

Die Männer am Tisch tauschten Blicke und machten eine ernste Miene. Der Kriminalbeamte sah erwartungsvoll von einem zum anderen.

Polizist Beck wies auf das Bild und erklärte: „Thomas Kern ist der Siebte. Ganz links auf dem Bild, der mit den krausen, schwarzen Haaren. Thomas ist kurz nach dem Entstehen dieses Bildes tödlich verunglückt. Genauso wie…", verschluckte er die letzten Worte.

Weiher hob die Brauen: „Ja, Beck, was ist Ihnen gerade noch eingefallen?"

Landrat Weber kam dem Beamten zuvor: „Thomas ist auf die gleiche Art umgekommen wie heute Herr Hafka."

„Das ist ja interessant. Und im Übrigen lebt Hafka noch!"

Kommissar Weiher ging weiter zur Theke und blickte den Gastwirt an.

Unaufgefordert stellte Hubsi sich mit sehr tiefer Stimme vor: „Hubert Strass mein Name, willkommen beim ‚Strolch'. Kann ich Ihnen etwas anbieten?"

Der Kripomann schaute den Wirt von oben bis unten an. Hubert hatte nur noch einen Haarkranz, fleischige Wangen und ein grauer Bart umrahmte Mund und Kinn. Der weit vorgewölbte Bauch stand in keinem Verhältnis zu den dünnen Beinen des Wirts. Wenn auch die Mimik etwas misstrauisch wirkte, so strahlten Hubsis sehr wache Augen Aufrichtigkeit und Güte aus.

Weiher winkte dankend ab: „Nein, ich möchte nur eine Auskunft. Die unglückliche Sache mit Herrn Hafka hat sich

ja mit Sicherheit herumgesprochen", wies er mit dem Daumen hinter sich zum Stammtisch. „Ist Ihnen etwas zu Ohren gekommen, was im Zusammenhang mit dem heutigen Ereignis an der Hellenbachmühle stehen könnte?"
Hubsi schüttelte den Kopf und meinte: „Sollte ich etwas hören, dann gebe ich es an unseren Sheriff Beck weiter."
Der Kommissar bat in der Gaststube die restlichen Gäste kurz um Gehör und fragte nach Zeugen, die eventuell an der Hellenbachmühle etwas beobachtet hätten.
Nur der Kutscher mit seinen Planwagengästen war dort vorbeigeschaukelt und alle konnten bezeugen, dass der nette Angler mit dem weißen Hütchen am Nachmittag noch munter Erklärungen zu den Forellen abgegeben hatte.

Tratsch

Beck und Weiher bestiegen ihren Wagen.
Der Kripobeamte massierte nachdenklich sein Kinn und meinte: „Diese Frau Brunner vom Hotel ‚Waldeule' kommt mir seltsam vor. Ihr Entsetzen über den Unfall von Hafka war nicht echt. Ich könnte fast schwören, die war sogar erleichtert. Ich möchte wissen, welche geschäftlichen Verbindungen es zwischen den Eheleuten Brunner und dem Verunglückten gab. Auch die anderen Strolche hier in der Kneipe machten nicht gerade eine Trauermiene, obwohl doch eines ihrer alten Mitglieder fast umgekommen wäre. Auch sie stellten nicht einmal die Frage, in welche Klinik ihr Kamerad Bernd gebracht wurde. Ich meine, wenn sie zusammengehören, dann würden die anderen sich doch Sorgen machen."
Beck drehte beim Erzählen unbewusst seine Uniformmütze in den riesigen Händen: „Ja, dieser Hafka gehörte zwar zu den Strolchen, aber er verschwand kurz nachdem das Foto gemacht wurde."

„Wie, der verschwand direkt nach dem Tod von diesem kleinen Thomas? Wieso das?"
Beck zuckte mit den Schultern: „Das weiß ich nicht. Das ist ja über 30 Jahre her. Ich kam erst vor 14 Jahren nach Markstein. Von dem Unfall habe ich nur gehört. So wie eben im Dorf getratscht wird. Dieser Hafka tauchte hier erst am Anfang dieses Jahres wieder auf. Er soll lange im Ausland gewesen sein und trat nun nach dem Tod seines Vaters Willi das Erbe des ‚Forellenhofs' an. In die Kneipe ging Hafka nie."
Weiher meinte nachdenklich: „Allzu viele Feinde kann er sich in dieser Zeit im Dorf wohl kaum gemacht haben. Laut der Aussage des jungen Sven war Hafka ein liebenswerter Mensch. Ausgeglichen und ruhig. Aber sein plötzliches Verschwinden nach dem Tod von diesem Thomas macht mich stutzig. Wer weiß darüber genau Bescheid?"
„Thomas Mutter, Frau Kern, die Kräuterhexe."
Weiher schaute auf die Uhr: „Zwanzig nach neun, da können wir wohl jetzt nicht mehr auftauchen. Gut, an der Stelle machen wir morgen weiter. Fahren wir zum ‚Forellenhof'. Vielleicht nehme ich mir dort sogar ein Zimmer", und er startete den Motor.
Der Wagen holperte über das alte Kopfsteinpflaster. Bevor sie die Hauptstraße erreichten, winkte ihnen eine ältere Dame mit Pudeldauerwelle energisch zu, dass sie anhalten sollten. Sie hielt einen Besenstiel vor sich.
„Oh, nicht die", stöhnte Beck. „Das ist unsere zweibeinige Dorfzeitung Elli Funke. Gott sieht alles. Elli sieht mehr!"
Der Kommissar hielt den Wagen an und die Männer stiegen aus.
Frau Funkes Stimme überschlug sich: „Sie sind doch der Inspektor, oder nicht?", zeigte sie mit dem Finger auf Weiher.
„Kommissar Weiher."
Elli Funke holte tief Luft: „Ja, wissen Sie, ich war ja vorhin

an der Hellenbachmühle. Und wo waren Sie? Sie waren schon wieder weg. Wie wollen Sie da etwas erfahren?"
Weiher wollte sich erklären, kam aber nicht weiter zu Wort, da Frau Funke nun wie ein Wasserfall erzählte: „Thomas Kern ist 1976 an der Mühle ertrunken. Die Strolche haben dort eine Mutprobe gemacht. Die Jungen waren so 14 oder 15 Jahre alt. Angeblich ist der Hafka-Junge durch die Röhre getaucht und da, wo früher das Mühlrad war, in den tiefen Teil gesprungen. Thomas Kern hat das einen Tag später ausprobiert. Aber er kam aus der Röhre nicht mehr heraus. Eine angeschwemmte Wurzel hatte sich in der Röhre verfangen und der Junge ertrank in der Strömung", sie hob den Besen und tippte Weiher auf die Brust. „Wussten Sie das?"
Der Beamte meinte: „Zum Teil, ich habe..."
Wieder wurde er von Funke unterbrochen: „Dann wissen Sie auch nicht, dass die Mutter von Thomas nach dem Unfall depressiv oder wahnsinnig wurde. Dann wissen Sie auch nicht, dass der Vater von Thomas den Wahnsinn seiner Frau nicht mehr aushielt und sich erschossen hat."
Beck wollte etwas sagen: „Elli, das wissen..."
Frau Funke redete einfach weiter und hob den Zeigefinger: „Wenn Sie mich fragen, dann hat die alte Kern genügend Gründe, Bernd Hafka zu hassen. Der verschwand nämlich nach dem Unfall mit seinen Großeltern in die USA. Das soll irgendwo in New York liegen, meine ich. Und jetzt ist Bernd wiedergekommen. Also hatte die Kern erst jetzt Gelegenheit, sich zu rächen. So, Herr Inspektor, und jetzt sind Sie dran, nicht wahr?"
Weiher holte tief Luft und sagte ganz ruhig: „Frau Funke, ich danke Ihnen. Sie haben der Polizei wirklich sehr geholfen. Wenn ich darf, dann wende ich mich noch einmal an Sie. Ich bleibe heute über Nacht im Ort."
„Ach, wohnen Sie beim arroganten Brunner?"
„Nein, ich bin wohl im ‚Forellenhof' erreichbar."

Elli stampfte mit dem Besen auf: „Das ist gut. Die Frau Hafka können Sie auch gleich verhören. Das ist nämlich die Stiefmutter vom Verunglückten. Die konnte den Jungen nie leiden. Die war stinkesauer, dass der alte Willi Hafka dem Bernd statt ihr den ‚Forellenhof' vererbt hat. Wenn Bernd jetzt diesen Unfall nicht überlebt, könnte sie zum Schluss vielleicht doch erben, oder nicht? Ihr eigener Sohn Burghard ist ein Taugenichts und Verbrecher", sie tippte mit dem Besenstiel auf die Uniform des Polizisten. „Fragen Sie mal Beck, was dieser Burghard alles ausgefressen hat. Der braucht auch eine Menge Geld, um seine Schulden zu bezahlen. Da wäre ein Erbe zur rechten Zeit... Ich meine ja nur." Beck griff seinen Kollegen sanft an den Ärmel: „Wir haben noch einen Termin", und er sah Weiher erwartungsvoll an.
„Genau!", nickte der Kommissar. "Wir müssen dringend weiter. Frau Funke, nochmals vielen Dank für Ihre Mühe."
Elli lief hinter den beiden her: „Kein Problem. Ich helfe immer gerne. Wo haben Sie denn jetzt den nächsten Termin?"
Weiher flüchtete sich in den Wagen und schloss die Tür. Auch der stabile Beck setzte sich rasch, der Motor sprang an und das Fahrzeug eilte davon.
Die Räder holperten über das Kopfsteinpflaster des historischen Örtchens. Plötzlich klingelte Weihers Handy.
Die Kripobeamtin Barbara Klein lieferte die ersten Ermittlungsergebnisse: „Horst, euer Bernd Hafka leidet seit Jahren an einer Herzschwäche. Die Ärzte konnten bis jetzt keine Spuren von Gewalt feststellen. Ob das Herzversagen durch falsche Einnahme seiner Medikamente zu dem Unfall führte, kann ich noch nicht sagen. Mir fehlen noch einige Daten. Er liegt im Koma. Versuche mal zu erfahren, welche Medikamente er genommen hat. Vielleicht stoßen wir auf eine Überdosis von Herzglykosiden."

Der Kripomann runzelte die Stirn und meinte zu seiner jungen Kollegin: „Babs, warst du gerade wieder zu einem Lehrgang? Hilf einem alten Mann mal auf die Sprünge!"
Inspektorin Klein lachte: „Also gut, Chef. Sehr wahrscheinlich hat Hafka Digitalis eingenommen. Vielleicht nahm er die Tropfen mit Milch ein. Milch neutralisiert den Geschmack. Eine Überdosierung würde er nicht sofort merken. Der Pulsschlag senkt sich und kann je nach Herzleiden auch zu einem Stillstand führen. Vielleicht hat da jemand nachgeholfen. Digitalis wird aus dem Fingerhut gewonnen. Der wächst im Sommer überall in halbschattigen Hügellandschaften. Wenn er sich so eine Pflanze in den Mund gesteckt hat, dann gute Nacht!", machte die Kollegin eine längere Gedankenpause.
Weiher fragte nach: „Babs, da kreist noch mehr in deinem Kopf."
„Wie gesagt, wir suchen noch. Da sind zwischen seinen Schulterblättern zwei seltsame Stellen. Vielleicht hat er auf irgendetwas allergisch reagiert. Wenn er eine Frau wäre, hätte ich gesagt, die Stellen sind eine Reaktion auf den Verschluss eines BHs."
„Wenn Hafka Damenunterwäsche getragen hätte, dann wäre es euch bereits aufgefallen. Die Forensiker sollen sich was einfallen lassen. Ich danke dir, Babs."
Weiher drückte die Auflegetaste und berichtete Beck in groben Zügen von Hafkas Befinden…

Forellenhof

Beck drehte seine Dienstmütze wieder unbewusst in den Händen und murmelte: „Elli Funke kann einem vielleicht auf den Draht gehen", und wies Weiher den Weg zum ‚Forellenhof'.

„Diese Elli mag nervig sein, aber sie sprudelt vor Informationen. Auf jeden Fall besuche ich morgen die Mutter von dem damals verunglückten Thomas Kern. Über den ‚Waldeulen'-Besitzer Brunner und seine ominösen Geschäfte mit Herrn Hafka will ich auch mehr erfahren. Und nun interessieren wir uns mal für die liebe Stiefmutter von Bernd. Ein Erbstreit kann auch ein Tatmotiv sein." Weiher setzte den Blinker zur Einfahrt des ‚Forellenhofs' und erklärte weiter: „Wenn unser Opfer, falls es überhaupt eins ist, wie aus dem Nichts hier aufgetaucht ist und nun den Chef des Hauses gespielt hat, dann müssen sich einige Leute auf die Füße getreten gefühlt haben, oder, Herr Kollege?"

Beck nickte stumm.

Als sie vor dem Haus hielten, schaute Weiher auf seine Uhr und meinte überraschend: „Mensch, Herr Kollege, ich nehme Sie einfach über etliche Stunden in Beschlag. Ihre Frau wartet bestimmt schon lange. Machen Sie Feierabend. Nehmen Sie meinen Wagen und holen Sie mich morgen nach dem Frühstück hier ab."

Beck lachte: „Ich bin Junggeselle und will wissen, was in meinem Ort los ist. Andererseits muss erst mal sichergestellt sein, dass Sie ein Zimmer bekommen."

Nicht weit vom ‚Forellenhof' plätscherte ein Bach, aus dessen Überlauf mehrere Teiche gespeist wurden. Die Fischteiche waren mit Gittern oder Netzen abgedeckt.

„Werden hier Fische geklaut?", sah Weiher Beck an.

„Man merkt, dass Sie Städter sind", lachte der Wachtmeister und zeigte nach oben, wo ein Greifvogel am späten Abendhimmel kreiste.

Das große Fachwerkhaus war in L-Form gebaut und von Blumenbeeten umgeben. Riesige Tannen begrenzten das Anwesen. Der Parkplatz war fast voll besetzt. Neben der weit überdachten Eingangstür standen zwei Raucher vor einem sandgefüllten Aschenbecher und diskutierten.

Als die Polizisten das Foyer betraten, kam gleich eine ältere Dame in Trachtenkleidung auf sie zu: „Guter Beck, hast du mir den Kommissar mitgebracht?”, und sie versuchte aufgelöst zu wirken. „Ist das nicht schrecklich? Unser Bernd, der arme…”, dann zog sie künstlich schniefend die Nase hoch.
Weiher stellte sich vor und erfuhr, dass er Frau Ilse Hafka, die Stiefmutter des Verunglückten, vor sich hatte.
„Werte Frau Hafka”, ließ Weiher seinen Charme spielen, „ich habe zwei Bitten. Ich würde gerne in Ihrem Hause übernachten und ich möchte kurz einen Blick in das Zimmer von Bernd werfen.”
Die alte, stilvoll gekleidete Dame lächelte: „Sie haben Glück. Ein Zimmer ist frei für Sie. Meine Mitarbeiterin Susanne wird Ihnen das Gästezimmer und Bernds Zimmer zeigen”, und sie winkte die junge Angestellte heran.
Nachdem Horst Weiher kurz das rustikale Gästezimmer inspiziert hatte, schloss Susanne das Zimmer von Bernd Hafka auf. Es war ebenfalls ein typisches Gästezimmer mit Dusche und WC. Der Kripomann öffnete den Spiegelschrank im Bad und sein Blick fiel auf ein Fläschchen Digitalis-Tropfen.
Weiher bedankte sich bei der jungen Frau und ging hinab in die Gaststube der großen Pension. Beck hatte seine Uniformjacke ausgezogen und saß mit Frau Hafka an einem Tisch. Die sieben anderen Tische waren ebenfalls besetzt und die letzten Hungrigen verspeisten genüsslich ihre Lachsforelle, die berühmte Spezialität des Hauses.
„Ein gepflegtes Haus”, setzte sich Weiher lobend zu den beiden. „Wie viele Betten haben Sie?”
Die alte Dame erhob stolz das Kinn: „Mit Ihrem Einzelzimmer genau 35 Betten. Wir sind eine Pension mit ruhigen Gästen. Keine Kegelclubs, wie in der ‚Waldeule’. Da gibt es nur Bumbum-Musik. Hier bei uns soll man sich er-

holen. Für die Hausgäste gibt es noch einen eigenen Aufenthaltsraum. Wir verleihen Fahrräder und organisieren Kräuterwanderungen. Als mein Mann noch lebte", bekreuzigte sie sich, „gab er bei Bedarf Angelkurse und erzählte den Gästen alles, was man über Forellen wissen muss. Bernd wollte nun diese Tradition wieder aufnehmen, aber…", winkte sie theatralisch ab.
Erst jetzt fiel auf, dass leise Volksmusik aus versteckten Lautsprechern klang.
„Ihr Sohn, ich meine Ihr Stiefsohn Bernd, ist erst seit Kurzem wieder in Markstein. Endlich haben Sie hier Hilfe durch ihn bekommen? Da schmerzt sein Fernbleiben jetzt bestimmt doppelt, nicht wahr?"
Die alte Dame räusperte sich und meinte zögernd: „Bernd ist ein stiller Mann und konnte nicht so gut auf die Gäste eingehen. Er hat in Amerika in einer Bank und an der Börse gearbeitet. Das ist eine andere Aufgabe als die Leitung einer Pension. Er hat sich hier alles angesehen und ging dann lieber angeln."
Weiher sah erst Beck an, dann wieder zu Frau Hafka: „Wovon hat Ihr Stiefsohn denn in der letzten Zeit gelebt? Mit knapp fünfzig ist er ja wohl noch nicht in Rente, oder?"
Die Dame verzog verlegen den Mund und fingerte nervös an ihrer goldenen Halskette: „Bernd hat aus seiner Tätigkeit in den USA private Einkünfte, die ich nicht kenne. Er hat die Pension von meinem Mann Willi geerbt. Also fließen anteilig Einkünfte aus unserem Unternehmen in seine Tasche."
Weiher bohrte nach: „Es muss Sie doch geärgert haben, dass da plötzlich jemand auftaucht und sich ins gemachte Nest setzt. Sie, die ehemalige Chefin, schuften den gesamten Tag und der Bengel geht angeln."
„Ich bin auch weiterhin die Chefin. Das Personal hört wie eh und je auf mich. Willi hat seinen Sohn nur als Inhaber

eingesetzt. Ich bin die Geschäftsführerin. Ich bin finanziell abgesichert."
„Wissen Sie eigentlich, ob ihr Stiefsohn Medikamente einnehmen musste?"
„Bernd nahm zur Unterstützung seines Herzens Tropfen ein. Ich habe sie ihm beim Frühstück immer in einem Glas Milch hingestellt. Sie wissen ja, wie die Männer sind. Wenn wir Frauen uns nicht kümmern…", winkte sie ab.
„Also haben Sie die Tropfendosierung vorgenommen?"
„Ja, das sagte ich doch bereits!"
Weiher fragte weiter: „Wissen Sie, ob Bernd mit dem Hotelier Brunner geschäftlich zu tun hatte?"
„Ich weiß nichts Genaues. Bernd und ich sprachen nur über finanzielle Dinge, die unser Haus hier betreffen. Aber irgendwie hat er sich für die finanzielle Situation der ‚Waldeule' interessiert. Mit Geldgeschäften kennt sich Bernd scheinbar sehr gut aus." Sie fingerte wieder an der schweren Halskette. „Da fällt mir ein, Bernd hat kurz nach seiner Rückkehr nach Markstein diese Manuela Wirts besucht. Erst danach interessierte er sich brennend für Brunner. Das hatte nämlich nichts mit seiner Zugehörigkeit zu den Strolchen zu tun. Von denen wollte Bernd überhaupt nichts mehr wissen. Nein, ich hatte fast den Eindruck, als würde er Brunner hassen."
„Was sagt die Gerüchteküche des Dorfes über Brunner?"
Die alte Dame setzte ein hämisches Lächeln auf: „Der Brunner hat für seine weiblichen Bekanntschaften viel zu viel Geld ausgegeben. Geschenke und so, erzählt man sich. An eine Person im Ort muss er Alimente bezahlen und wer weiß, wo noch. Dazu kommen die teuren Autos. Seitdem sein Vater, der alte Anton Brunner, die Zügel aus der Hand gegeben hat, geht es mit dem Hotel abwärts. Aber das kann uns hier ja egal sein!"
Weiher drängte: „Bitte, Frau Hafka, Sie haben doch zu-

mindest einen Verdacht, dass Ihr Stiefsohn Bernd irgendetwas gegen Brunner unternommen hat. Helfen Sie einem alten Polizisten!", lächelte er so vertrauensvoll wie möglich.
Sie blickte sich kurz zu den anderen, murmelnden Gästen um, dann flüsterte sie: „Bernd hat wohl heimlich Schuldscheine von Brunner aufgekauft. Warum, weiß ich nicht", und sie ergänzte hastig, „aber von mir haben Sie das nicht!"
„Mal angenommen, Ihr Stiefsohn würde seinen Unfall nicht überleben, würden Sie dann den ‚Forellenhof' erben? Oder hat Herr Hafka noch engere Verwandte?"
Aus Ilse Hafka schoss es heraus: „Nein, nein! Bernd sagt, dass er auch in Amerika niemanden hat!"
Am Nachbartisch baten die Gäste um die Rechnung und die ‚Forellenhof'-Wirtin stand auf.
Weiher und Beck saßen alleine am Tisch. Die Männer bestellten sich Weizenbier.
Der Kommissar prostete seinem Kollegen zu: „Langsam wird es interessant. Brunner wurde eventuell von Hafka finanziell unter Druck gesetzt. Je größer der Druck, desto wahrscheinlicher wäre ein Motiv. Bernds Stiefmutter wurde degradiert und ihr wurde der Besitz hier entzogen. Das kann ein Motiv sein. Mit Herztropfen lässt sich so einiges bewerkstelligen. Die Geschichte von Thomas Kern höre ich mir morgen bei seiner Mutter an. Auch sie hat vielleicht ein Motiv." Er hob noch mal sein Glas: „Übrigens, ich bin der Horst."
Der Wachtmeister grinste: „Waldemar. Ein Scheißname! In der Schule haben sie mich sogar Waldi gerufen. Sage also einfach Beck. Das tun alle hier."
„Gut, Beck, dann überprüfe du bitte morgen das Alibi von diesem Brunner, ok?"
„Klar mache ich das, Horst. Aber Deinen Wagen lasse ich heute Abend hier. Ich genehmige mir jetzt noch ein weiteres Bier. Ich kann nachher ein Taxi bestellen."

„Prima, dann gib mir von der Taxifahrt die Quittung. Ich erstatte dir die Kosten. Wenn uns schon keiner die Überstunden hier bezahlt, dann wenigsten die Dienstfahrt. Prost!", hob er sein Glas.
Die Tür des Gastraums öffnete sich und ein korpulenter Mann Anfang fünfzig kam herein. Er sprach eine Bedienstete an: „Ist Mutter da?"
Beck stieß seinen Kollegen unauffällig an: „Da kommt Burghard Herbst! Das ist der Sohn von Ilse Hafka."
Im gleichen Augenblick öffnete sich die Tür zur Pensionsküche und die 75-jährige Mutter strahlte Burghard an: „Da bist du ja endlich. Hast du Hunger?" Sie strich dem Dicken über die fette Wange, als wäre es ein kleiner Junge. Bevor Burghard noch etwas sagen konnte, zog Ilse ihn in die Küche und schloss die Tür hinter sich.
Horst hatte im Augenwinkel den Dicken beobachtet und sah wieder Beck an: „Den habe ich vorhin in der Kneipe gesehen. Der stand an der Theke." Er massierte nachdenklich sein Kinn. „Sag mal, hatte diese Elli Dorfzeitung nicht den Namen Burghard erwähnt und ihn einen Taugenichts genannt?"
Beck nickte: „Der alte Willi Hafka hatte ihm mehrmals Hausverbot gegeben, bis seine Ilse ihn so lange genervt hat, dass Burghard wieder ankam. Er war früher hier in der freiwilligen Feuerwehr. Sehr engagiert! Zu sehr engagiert!", schluckte Beck genüsslich sein neues Bier.
Horst fragte erstaunt: „Geht das auch? Kann man sich dort zu sehr engagieren?"
„Ja, wenn man als Feuerwehrmann schon da ist, bevor es überhaupt brennt."
„Du meinst, er ist ein Brandstifter?"
Beck legte seinen fleischigen Zeigefinger auf die Lippen und flüsterte: „Genauso ist es. Wir hatten eine ganze Serie an Bränden. Es fiel auf, dass Burghard immer als erster am

Einsatzort war und über die lahmarschigen Kollegen spottete. Die Kripo hatte ihn schon länger in Verdacht. Bei seiner letzten Brandstiftung fand die Polizei Benzinspuren an seiner Kleidung. Der Trottel hatte sie zuhause in der Badewanne. Nachdem man ihn weich gekocht hatte, gab er auch die anderen Brände zu."

Der Kollege kombinierte: „Also ist er vorbestraft, muss sein Leben lang bezahlen und bekommt jetzt kein Bein mehr auf die Erde."

Beck nickte: „Genauso. Burghard schlägt sich mit Jobs durch. Bäume fällen, bei der Ernte helfen, im Winter Schnee schippen und solchen Kram. Beim ‚Strolch' Hubsi steht er meistens in der Kreide. Er ist alkoholkrank, säuft aber brav weiter. Seinen Führerschein hat er schon lange nicht mehr. Wenn ich ihn mal zur Ernte auf einem Trecker erwische, schaue ich bewusst weg. Irgendwie muss der Mann ja sein Geld verdienen."

Weiher schmunzelte: „Also hätte auch Burghard etwas davon, wenn Bernd Hafkas Erbe nun weiter gereicht würde. Damit hätten wir den Vierten mit einem Motiv."

„Ich überprüfe auch sein Alibi", sagte Beck, schaute auf die Uhr und bestellte bei der Bedienung ein Taxi.

Jenseits des normalen Denkens

Der VW-Passat des Kripobeamten rollte am nächsten Vormittag langsam einen Waldweg entlang. An einer großen Hecke hing ein schiefes Schildchen mit der Hausnummer 33. Nach einigen Metern erreichte man ein offenes Tor zu einem kleinen Bauernhof.

Weiher fuhr hindurch und ein Hahn sprang zur Seite. Vor ihm erhob sich ein zweigeschossiges Fachwerkhaus, in dessen Giebelholz die Zahl 1763 eingearbeitet war. Grüne

Fensterläden umrahmten blitzblank geputzte Scheiben, hinter denen handgemachte Gardinen in verschiedenen Farben hingen.
Der Beamte lief über knirschenden Kies auf die Haustür zu. Links und rechts dufteten Blumen in großen Pflanzschalen, die dem Kripomann unbekannt waren. Er fand keine Klingel und klopfte an. Keine Reaktion. Weiher drückte die Klinke und die Tür schwenkte auf. Geschnitzte Möbel zierten den dunklen Flur. Eine Treppe stieg auf. Links und rechts führten Türen zu den Stuben. Der Besucher rief: „Hallo? Hallo, ist hier jemand?", doch er bekam keine Antwort.
Wieder klopfte er an eine Stubentür und schaute hinein. Auch dieser Raum war rustikal eingerichtet. Viele Bücher füllten Wandregale. Auf einer Art Kommode glitzerte eine Glaskugel. Daneben stand ein merkwürdiges, dreibeiniges Tischchen in der Größe von Puppenstubenmöbeln.
Am Fenster wartete ein runder Tisch mit zwei Stühlen. An einer Wand hingen Porträtaufnahmen.
„Guten Tag", meldete sich plötzlich eine dominante Frauenstimme hinter Weihers Rücken. Gehen Sie hinein und setzen Sie sich!"
Die grauhaarige Dame schob sich an dem Besucher vorbei und sagte: „Sagen Sie nichts und nehmen Sie diesen Stuhl", zeigte sie zu dem runden Tisch am Fenster.
Der Kommissar betrachtete die Frau. Sie war mit einem geschmackvollen Rock und handbestickter Bluse bekleidet. Er nickte stumm und nahm Platz.
Sie setzte sich gegenüber, reichte ihm einen Stapel Karten und erklärte: „Mischen Sie diese Karten gut durch und ich werde Ihnen etwas zu Ihrer Person sagen."
Weiher mischte und legte den Stapel mitten auf dem Tisch ab. Sie griff zu und deckte die Karten eine neben der anderen auf, bis alle in einem Rechteck zusammenlagen.

Beim Aufdecken machte Frau Kern die unterschiedlichsten Mienen. Mal schmunzelte sie, dann hob sie verwundert die Brauen, dann sah sie Weiher kurz in die Augen. Ein unbehagliches Gefühl machte sich in dem erfahrenen Kripobeamten breit.
„Sie sind zu mir gekommen, um den Mordversuch am Hellenbach aufzuklären."
„Das dürfte sich mittlerweile herumgesprochen haben. Aber wir wissen noch gar nicht, ob es ein Mordversuch war."
Die Dame begann in ihren Karten zu lesen: „Sie sind ein einsamer Mann. Ich sehe viel Traurigkeit. Sie haben jemanden verloren." Sie lehnte sich in ihrem Stuhl zurück und hielt zwei Finger nachdenklich an ihre Schläfe. Ihr Blick haftete weiter auf den Karten: „Ja, jetzt sehe ich es. Sie haben ein geliebtes Tier verloren. Ich würde auf eine Katze tippen."
Weiher stellten sich die Nackenhaare auf und seine Augen richteten sich mal auf das Gesicht der Frau, dann wieder auf die Spielkarten. Seine Miene wurde ernst und sie sah den Mann forschend an: „Haben die Karten Recht?"
„Das ist doch alles Hokuspokus", mahnte sein Verstand, „die Alte rät doch nur!"
Trotzdem nickte er zustimmend.
Ein kurzes Lächeln huschte über ihren Mund, dann war sie wieder ernst. Sie beugte sich vor und tippte auf die Spielkarte mit der Dame: „Eine Frau hat viel Leid erfahren. Sie starb nach schwerer Krankheit." Frau Kern hielt sich sichtlich verlegen die Hand vor den Mund. Dann entschuldigte sie sich: „Es tut mir aufrichtig leid. Ich habe zu spät gesehen, dass es sich um Ihre Frau handelte und wollte nicht an einer alten Wunde rühren."
Weiher erhob sich und schritt langsam durch das Zimmer. Sein logisches Denken, sein kriminalistischer Spürsinn

mahnten vor Scharlatanerie und Trickserei. Also fragte er: „Hat Beck mit Ihnen zwischen gestern Abend und heute Morgen gesprochen? Hat er mit Ihnen telefoniert, oder so?"
„Beck? Sie meinen unseren Dorfpolizisten? Nein, wozu?"
Weiher grübelte. Eigentlich konnte sie diese Informationen nur aus einem Gespräch mit Beck haben. Beck war dabei, als er gestern am Ortseingang von Markstein fast eine Katze überfahren hätte. Nur dort hatte er kurz den Tod von Minka und seiner Frau erwähnt. Weiher winkte ab: „Lassen wir das. Ich bin gekommen, weil…"
„Weil mein Sohn Thomas vor 34 Jahren auch an der Hellenbachmühle umkam. Nur dieses Mal ist es anders. Damals war es bei Thomas ein Unfall. Jetzt ist es ein Verbrechen!"
Weiher erwiderte: „Der medizinische, forensische Bericht müsste zwar jeden Moment eintreffen, aber bis jetzt kann es auch ein Unfall gewesen sein."
Sie wies auf den runden Tisch: „Setzen Sie sich wieder."
Der Kommissar setzte sich mit mulmigem Gefühl.
Frau Kern blickte ihm tief in die Augen und fragte: „Haben Sie den Verunfallten berührt?"
„Ob ich Was?", er zögerte mit der Antwort und nickte dann. „Ja, ich musste ihn ganz kurz untersuchen."
Sie schob die Karten zusammen und reichte sie Weiher: „Gut, eine kurze Berührung der Person reicht schon. Mischen Sie erneut!"
Der Kommissar atmete hörbar genervt, mischte die Karten und platzierte sie in der Mitte des Tisches.
Blatt für Blatt deckte Frau Kern die Karten auf und ihre Stimme murmelte monoton: „Ein Angler. Er ist völlig bei sich und ausgeglichen. Ein Schatten. Der Schatten des Bösen kommt auf ihn zu", Frau Kern zog mit ihrem Finger hoch konzentriert von Bild zu Bild und beschrieb: „Der Schatten hat den Angler erreicht. Schmerz, Atemnot, Herzflimmern… Angst, Panik… Die Seele löst sich und steigt

auf. Das Böse bleibt zurück. Ein Körper schwimmt davon. Doch die Seele wartet noch. Nein, sie versucht zurückzukehren. Es gibt noch Hoffnung." Frau Kern stockte und fasste sich an die Kehle. Mit geschlossenen Augen lehnte sie sich ergriffen im Stuhl zurück.

Auch Weiher lehnte sich zurück und beobachtete die charismatische Frau wieder kritisch.

Sie öffnete erneut die Augen und sagte betroffen: „Das hat Bernd Hafka nicht verdient. Als Thomas damals beim Tauchen durch die Röhre umkam, hatte ich Groll gegen Bernd, der dieses gefährliche Spiel vorgemacht hatte", sie winkte hastig ab, „nein, ich muss mich verbessern. Ich hatte Groll gegen die gesamten Strolche, die mit ihren verdammten Mutproben und Wetten ihren Hals riskierten. Es war reines Imponiergehabe vor den Mädchen, für die die Jungen solche Risiken eingingen." Nach kurzer Pause ergänzte sie: „Das habe ich Bernd auch gestern gesagt."

Weiher fragte erstaunt: „Was denn, Bernd Hafka war gestern bei Ihnen?"

„Ja, ich war überrascht. Obwohl Bernd bereits Anfang des Jahres nach Markstein kam, besuchte er mich gestern Mittag zum ersten Mal. Zum ersten Mal seit dem Unfall von Thomas. Sein Gewissen plagt ihn immer noch."

„Wenn Thomas durch einen Unfall zu Tode kam, musste Bernd doch kein schlechtes Gewissen haben."

„Nein, deswegen nicht. Er schämte sich, weil er als Junge nach Thomas' Tod nicht mehr zu mir und meinem Mann gekommen ist. Er hat sich einfach nicht getraut. Bernd ist früher fast jeden Tag hier bei Thomas gewesen. Bernd hatte seinen besten Freund verloren und konnte mit dieser Situation nicht umgehen. Deshalb blieb er damals fern."

Für einige Sekunden war es still. Dann fragte Frau Kern: „Herr Kommissar, Sie haben mir bis jetzt noch nicht Ihren Namen genannt."

Der Mann machte ein gespielt verwundertes Gesicht: „Ich dachte, das steht in Ihren Karten."
Sie hob mahnend die Hand: „Sie wissen, dass das Tarot keinen Namen nennt. Aber Sie halten das Kartenlegen auch für Unsinn. Ich sage Ihnen, dass es viele Dinge zwischen Himmel und Erde gibt, die wir nicht erklären können. Wenn jemand laut zu Gott betet, dann hält man diesen Menschen für gläubig, aber normal. Behauptet derselbe Mensch, Gott habe zu ihm gesprochen, dann hält man ihn für schizophren." Sie winkte ab und sagte: „Ich verlasse mich auf meine Eingebungen."
Weiher ergänzte: „Und auf Ihre Karten."
„Ja, die Karten haben mich noch nie belogen."
„Erklären Sie mir, warum die Jungen damals für die Mädchen ihren Hals riskierten."
Frau Kern meinte schmunzelnd: „Wie ich schon sagte, weil sie jung und dumm waren. Zur Belohnung gab es für die Mutproben einen Zungenkuss, und das war für die Bengel das Risiko wert." Sie schaute Weiher provozierend an: „Sie sind doch gar nicht so viel älter als Bernd Hafka. Wie war das bei Ihnen, als Sie 15 Jahre alt waren?"
Weiher schaute verlegen aus dem Fenster und schwieg.
Die Kräuterfrau fuhr fort: „Manuela Wirts war damals ein bildhübsches Mädchen. Alle Jungen waren scharf auf sie. Mein Thomas und Bernd Hafka buhlten um sie. Manuela verlangte eine Mutprobe. Wer sich traute, durch die Röhre zu tauchen, der durfte sie küssen. Bernd sprang ohne nachzudenken in den Hellenbach und tauchte durch die Röhre. Danach wurde er von den Jungen nur noch ‚die Forelle' genannt. Mein Thomas wollte am nächsten Tag nicht als Versager dastehen und tauchte ebenfalls. Das Ergebnis kennen Sie", sackte sie auf ihrem Stuhl zusammen.
Nach einigem Schweigen fragte Weiher vorsichtig: „Bitte missverstehen Sie mich nicht, aber solche Details erzählen

Jungen ihren Müttern eigentlich nicht. Woher wissen Sie…?", und sein Blick fiel auf die Karten.
Sie schüttelte den Kopf: „Quatsch! Doch nicht aus dem Tarot! Sabine, Ute und andere Mädchen, die heute fast fünfzig sind, haben mir im Laufe der Jahre viel erzählt. Frauen sind eben so."
Der Beamte sah sich um und nickte mit dem Kinn zu dem winzigen Tischchen neben der Glaskugel: „Was machen Sie mit dem dreieckigen Ding da?"
Sie lächelte: „Haben Sie nie vom Tische rücken gehört?", und sie gab Weiher das Tischchen in die Hand.
Er drehte es herum und blickte fragend auf eines der drei Beinchen, das aus einem Bleistift bestand.
Sie erklärte: „Als Medium stellt man das Tischchen auf ein großes Blatt Papier und legt sanft die Hand auf die Tischplatte. Unser Körper überträgt Schwingungen. Das Tischchen beginnt zu wandern und die Bleistiftspitze zeichnet diese Schwingungen wie bei einem Seismograph auf. Wenn man anschließend nachsieht, so findet man eine weit ausgedehnte Handschrift mit einer Botschaft."
Weihers Stimme bekam einen belustigten Ton: „Ist die Schrift dann auch in Deutsch? Und wer schreibt Ihnen denn so?"
„Sie wissen wirklich absolut nichts, mein Lieber. Das sind Botschaften aus dem Jenseits!"
„Frau Kern, nehmen Sie es mir nicht übel, aber ich verlasse mich lieber auf meine Logik und auf wissenschaftliche Tatsachen."
„Sind Sie sich da ganz sicher? Wie oft sind Sie während Ihrer kriminalistischen Tätigkeit einer Intuition, einem bloßen Gefühl, Ihrem Instinkt oder Spürsinn gefolgt? Sie hatten nichts Greifbares, Beweisbares in Händen und doch führten Sie diese unerklärbaren Spuren an das richtige Ziel, nicht wahr?"

Weihers Blick fiel durch das Seitenfenster in einen Kräutergarten. Ohne Frau Kern anzusehen meinte er: Man nennt Sie im Ort hinter der vorgehaltenen Hand ‚die Kräuterhexe'."
Frau Kern legte ihm stolz die Hand auf die Schulter, schaute ebenfalls in ihren Garten und fragte: „Kennen Sie sich mit Heilpflanzen aus? Pflanzen können heilen und Pflanzen können Unheil anrichten. Als Kriminalbeamter wissen Sie das bestimmt."
„Sie kennen die Wirkung des Fingerhuts?"
Sie schnaufte belustigt: „Soll das ein Witz sein? Digitalis purpurea wird schon seit 200 Jahren in der Medizin angewandt. Man verwendete seinen Wirkstoff zu Anfang als harntreibendes Mittel gegen Ödeme. Seit Mitte des 19. Jahrhunderts zur Stärkung des Herzens."
Der Ermittler forschte in ihrer Mimik und Gestik: „Und was geschieht, wenn jemand unwissend zu viel vom Fingerhut nascht?"
Sie schaute ihm fest in die Augen und schmunzelte: „Der rote Fingerhut wurde im Jahr 2007 zur Giftpflanze des Jahres gewählt!" Dann verhärteten sich ihre Züge. „Schon drei der 6 cm langen, roten Blütenblätter können zum Tod führen. Erst senkt sich der Pulsschlag, dann setzt das Herz aus."
„Und das würde man bei der zufälligen Einnahme nicht rechtzeitig bemerken?"
„Der bittere Geschmack würde einen abhalten. Außer, man mischt den Wirkstoff in ein Getränk, das den Geschmack neutralisiert." Einige Sekunden war es still, dann fuhr sie fort: „Nur weil die modernen Menschen die alten Hausmittel nicht mehr kennen, glauben sie, dass die Heilpflanzenkunde Zauberei wäre. Aber die moderne Medizin hat ihr Wissen doch von den alten Kräuterhexen übernommen. Die Salicis cortex, also die Weidenrinde, gibt uns das Salicin gegen Schmerzen, Rheuma und Arthritis. Heute

heißt das Aspirin. Bei Zahnschmerzen braucht man nur Nelkenblüten zerkauen, doch die Leute rennen gleich zum Arzt. Wenigstens kommt in dieser nervösen Gesellschaft der Baldrian wieder zu Ehren und gegen eine Überdosis Hopfen und Malz wehren sich die Männer schon gar nicht!"

Weiher wechselte das Thema: „Was hat Bernd gestern von Ihnen gewollt? Worüber haben Sie gesprochen?"

„Wie gesagt, er wollte mich endlich einmal besuchen. Der zweite Grund war Manuela Wirts. Bernd wollte wissen, ob gegen ihre Erkrankung ein Kraut gewachsen ist."

Weiher fragte: „Woran leidet Frau Wirts denn?"

Die Kräuterfrau schüttelte den Kopf: „Ich spreche nicht über die persönlichen Dinge meiner Kunden!"

Weiher ging zur Tür und drehte sich noch einmal herum: „Wie lange war Bernd hier?"

Sie folgte ihrem Gast: „Vielleicht 20 Minuten. Bernd trank wie früher ein Glas Buttermilch und ging."

Weiher bedankte und verabschiedete sich…

Sonntagsglocken

Der Kommissar bog von der Hauptstraße zum Ortskern ab. Die Worte seiner Kollegin Klein beschäftigten ihn.

Sie hatte gesagt: „Der Geschmack von Medikamenten wird in Milch neutralisiert."

Weiher dachte auch an die Kräuterhexe Kern, die wusste, dass drei Blätter des Fingerhuts einen Menschen töten können. Frau Kern hatte Hafka vor der Verabschiedung Buttermilch gegeben. Er trank ebenfalls täglich im ‚Forellenhof' seine Digitalis-Tropfen in Milch.

Plötzlich trat Weiher auf die Bremse. Eine ältere Frau mit schwingender Handtasche und Potthütchen, hielt ihren

Spazierstock wie eine Schranke auf die Gasse. Nachdem der Passat stand, beugte sie sich zum Fenster des Fahrers. Die Scheibe senkte sich und Weiher stammelte: „Äh, Frau Funke ist Ihr Name, richtig?"
Stolz hob sie ihr Kinn: „Jawohl, Herr Inspektor, Ihr Gedächtnis ist besser als ich dachte."
„Kommissar Weiher bin..."
Sie fiel ihm ins Wort: „Das weiß ich doch, Herr Inspektor. Nun, waren Sie bei der Frau Kern?"
„Ja, ich komme gerade von ihr."
„Die hat doch wohl einen an der Rassel, oder nicht? Es gibt hier Leute, die behaupten, dass es bei der Kern spukt. Die hat so ein kleines Tischchen, damit bekommt sie von ihrem toten Sohn Thomas angeblich Antworten aus dem Jenseits. Vielleicht hat Thomas seiner Mutter befohlen, den Hafka jetzt auch in die Hellenbachröhre zu schicken. Dann wären die Jungen ja wieder zusammen."
Weiher machte den Motor aus und stellte die Warnblinkanlage an. Zu einer Antwort kam er nicht.
Elli Funke tratschte weiter: „Waren Sie im ‚Forellenhof'? Der Sohn von der Hafka, ich meine diesen Burghard, der hat Schulden ohne Ende. Der lässt überall anschreiben. Dem täte ein dickes Erbe ganz gut. Der könnte es auch gewesen sein. Aber was Sie noch gar nicht ermittelt haben, sind ganz andere Hinweise."
Weiher schwieg und blickte nur erwartungsvoll.
„Ja, da gucken Sie, Herr Inspektor", sprudelte es aus ihr heraus. „Ich zum Beispiel würde auch mal nachfragen, was 1984 tatsächlich passiert ist."
Der Kripobeamte murmelte: „Ich werde es sicher jeden Moment wissen."
„Ich sage nur Manuela Wirts. Ich meine die Mutter von Sven Wirts. Die hatte es damals faustdick hinter den Ohren. Die ist doch mit jedem...", sie grinste Weiher an, „kommen

Sie, Herr Inspektor, Sie wissen, was ich meine. Von einer schönen Blume naschen viele!"
Weiher nickte und Funke fuhr fort: „Diese Manuela hatte sich damals mit drei Männern gleichzeitig eingelassen. Das muss man sich mal vorstellen! Egal, auf jeden Fall ist unser heutiger Hotelier Brunner angeblich der Vater von Sven Wirts. Sven wurde genau neun Monate nach dem Feuerwehrfest geboren."
Weiher wurde langsam ungeduldig: „Was möchten Sie mir denn nun tatsächlich sagen?"
„Mein Gott, sind Sie schwer von Begriff. Wie wollen Sie dann diesen Fall lösen?"
Er nickte wohlwollend: „Gut, Miss Marple, fahren Sie fort."
Geschmeichelt plauderte sie weiter: „Es gab einen Bluttest, um die Vaterschaft festzustellen. Lehrer Berger und der ehrenwerte Landrat Weber mussten auch eine Blutprobe abgeben. Gut, damals war der Berger noch Student und der Weber ein Lehrling bei der Stadtverwaltung." Die Augen der älteren Dame blitzten und ein verschmitztes Lächeln zog auf ihren Mund. „Hah, gerade Landrat Weber müssten Sie heute mal hören. Bei seinen Wahlveranstaltungen verkauft er sich als Moralapostel und ruft zu Verantwortung und Sittlichkeit auf. Egal, auf jeden Fall entschied das Gericht, dass Dirk Brunner, der damals schon verheiratet war und zwei Kinder hatte, der Vater von Sven ist. Ich sage nur, fünf Minuten Rittmeister, 25 Jahre Zahlmeister."
Weiher überlegte, wie er diese Frau loswerden konnte, ohne sie zu vergraulen. Sie kannte viele wichtige Zusammenhänge.
Er sagte: „Sie meinen also, hier hat es ein Verbrechen gegeben, weil jemand zu Unrecht Alimente bezahlen muss?"
Sie stampfte ihren Spazierstock auf: „Bingo, Herr Inspektor! Der Sven sieht Dirk Brunner überhaupt nicht ähnlich. Er ist aber Bernd Hafka wie aus dem Gesicht geschnitten. Ver-

gleichen Sie mal die Bilder. Der Hafka sah in jungen Jahren wie Sven heute aus."
Weiher meinte: „Jetzt komme ich nicht mehr mit. Sie haben erzählt, dass Hafka mit 15 Jahren ausgewandert sei. Beim Bluttest war er auch nicht dabei. Was soll denn das?"
„Das stimmt, aber der Bernd Hafka hat seinen Vater 1984 besucht und war auch auf diesem besagten Feuerwehrfest."
Weiher schüttelte den Kopf: „Das würde ja heißen, diese Manuela wäre mit vier Männern gleichzeitig...", brach er den Satz ab. „Das ist doch wohl völlig an den Haaren herbeigezogen", und er startete genervt seinen Motor.
Frau Funke fuhr hastig fort: „Bernd Hafka war jahrelang von der Bildfläche verschwunden. Wenn unserem Hotelier Brunner Anfang des Jahres beim Auftauchen von Hafka aufgefallen ist, dass Sven Bernds Sohn sein könnte, dann hat er vielleicht heimlich einen DN-Dingsbums-Test machen lassen", sie sah den Kripomann hilfe-suchend an, „Sie wissen, wie das richtig heißt. So einen modernen Genitalientest hat er vielleicht machen lassen. Die Bluttests von damals waren ja nicht immer sicher."
Weiher murmelte: „Sie meinen einen DNA-Test oder Gentest."
Sie klopfte mit dem Stock auf: „Genau, dann hat Brunner Grund genug, auf Bernd sauer zu sein. Ich würde mir Brunners Alibi besorgen."
Weiher legte den Gang ein und rief beim Losfahren: „Danke, Miss Marple, Sie haben mir sehr geholfen!"

Der Kommissar fuhr zum Ortszentrum und suchte sich einen Parkplatz.
Dann zog er einen Schreibblock aus der Tasche und notierte:

1. Ilse Hafka, vielleicht nach dem Tod von Bernd Hafka die Erbin des ‚Forellenhofs'. Gab Hafka seine Medikamente in Milch.

2. Burghard Herbst, ihr leiblicher Sohn ist in Geldnot.
3. Ulrike Kern, Mutter des verunglückten Thomas Kern, gab Bernd Hafka am Tag des Anschlags Buttermilch und kennt sich mit Digitalis aus.
4. Hotelier Dirk Brunner zahlt Alimente für Sven Wirts, obwohl Bernd Hafka eventuell Svens Vater ist. Brunner wird von Hafka finanziell unter Druck gesetzt.
5. Landrat Weber und Lehrer Berger mussten ebenfalls zu einem Vaterschaftstest.

Die Kirchenglocken begannen zu läuten, die Tür des Gotteshauses öffnete sich und das fromme Volk strömte heraus. Männlein und Weiblein teilten sich brav auf. Die schick gekleideten Damen strebten in verschiedene Richtungen ihrem heimischen Herd zu. Die Herren der Schöpfung eilten in die Gaststätte ‚Zum Strolch'.
Weiher stieg aus seinem Dienstwagen und besah sich das Treiben. Die Mittagsonne strahlte vom blauen Sonntagshimmel. Landrat Weber, Lehrer Berger und Hotelier Brunner trugen Anzüge und grüßten schon von weitem. Sie blieben vor dem Kripobeamten stehen.
Weber gab Weiher kräftig die Hand: „Na, auch sonntags im Dienst?"
Weiher nickte: „Das Böse ist auch sonntags unterwegs. Hat Ihnen der Pastor das nicht verraten, Herr Landrat?", dann schaute er den Hotelbesitzer an, „Herr Brunner, wo finde ich denn Ihren Sohn Sven?"
Der Mann verzog das Gesicht und stammelte: „Der wer? Ja sicher, der Sven. Ich denke, er ist bei seiner Mutter."
„Sie haben zu dem Jungen nicht viel Kontakt?"
„Nein, ich zahle nur Alimente, sonst nichts. Mehr sage ich auch nicht dazu", und er machte sich ohne Abschiedsgruß auf den Weg zum Gasthaus ‚Zum Strolch'.
Der Landrat flüsterte verärgert: „Von wem haben Sie das

denn? Der arme Mann zahlt schon 24 Jahre lang Alimente. Jeden Monat treu und brav. Ich finde es nicht richtig, wenn das in der Öffentlichkeit breitgetreten wird. Brunner ist ein Ehrenmann!"

Weiher zeigte auf Landrat Weber und Lehrer Berger:

„Sie beide mussten damals ebenfalls zu diesem Vaterschaftstest, richtig?"

Die Männer sahen sich an und Lehrer Berger bekam einen roten Kopf.

Weber wurde lauter: „Das hat mit diesem Fall vom Hellenbach ja wohl nichts zu tun. Das ist nur private Schnüffelei. Ihre Aufgabe ist es, ordentliche Ermittlungsarbeit zu leisten und nicht irgendeinem verleumderischen, schmutzigen Dorfgewäsch hinterherzulaufen. Ihre Aufgabe ist es, ehrenhafte Bürger und deren guten Ruf zu schützen. Wenn Sie das nicht können, dann werde ich mich beim Polizeipräsidenten über Sie beschweren. Ich denke, ich habe mich klar ausgedrückt?" Weber zog den nervösen Lehrer mit sich Richtung Gaststätte.

„Grüßen Sie mir die restlichen ‚Strolche'!", rief Weiher den Männern schmunzelnd hinterher.

Der Kommissar schaute ehrfürchtig zum Kirchturm auf und trat dann durch das offene Portal des Gotteshauses. Hier war es kühl, dunkel und der typische Geruch eines alten Gebäudes lag in der Luft. Als er die leeren Bankreihen passierte, hallten die Schritte seiner Lederschuhe durch das Kirchenschiff. Auf dem Altar flackerte die Flamme einer großen Kerze und das Sonnenlicht warf durch die bunten Glasscheiben mystische Bilder an die gegenüberliegenden Wände. Aus der Sakristei erklang eine warmherzige Stimme: „Moment, Herr Kommissar, ich lege nur noch meine Dienstkleidung ab", und ein fröhliches Lachen folgte.

Bald darauf erschien ein älterer Priester in seiner privaten Kleidung und reichte dem Kripobeamten grüßend die Hand:

„Ich bin Pastor Oheim. Na, haben Sie gerade meine Schäfchen gezählt?"
„Nein, aber vielleicht können Sie mir helfen, ein schwarzes Schaf zu finden."
„Ich suche eher die verlorenen Schafe. Das ist meine Aufgabe."
„Kennen Sie Herrn Bernd Hafka?"
„Kennen ist zu viel gesagt. Hafka war in meiner Jugendgruppe und ich gab an seiner Schule Religionsunterricht. Ich erinnere mich daran, dass er sehr wohlerzogen und hilfsbereit war. Mit der Frömmigkeit hatte er es nicht so, aber da war sein Vater Willi nicht anders. Bernd ist sehr früh weggezogen. Ich hatte gehört, er ging mit seinen Großeltern in die USA." Der Gottesmann faltete die Hände. „Ich denke, er fühlte sich in Markstein nicht mehr wohl."
Weiher schaute auf seinen Notizzettel und meinte: „Die Sache mit dem Thomas Kern, nicht wahr?"
Oheim zuckte mit den Schultern: „Bernd hatte keine Schuld daran, aber es muss ihn sehr belastet haben. Die beiden Jungen sind zusammen aufgewachsen."
„Welche Rolle spielt Frau Manuela Wirts bei Herrn Hafka? In welchem Zusammenhang steht sie zu Herrn Brunner?"
„Über Herrn Brunner möchte ich mich nicht äußern. Die Familie Brunner ist der Kirche gegenüber sehr wohltätig. Ganz besonders der alte Herr Anton Brunner."
Weiher gab nicht nach: „Dann zu Frau Wirts."
Der Pastor fingerte an seiner schwarzen Anzugjacke und faltete wieder die Hände: „Manuela war schon immer ein schönes Geschöpf und die Männer des Dorfes blickten sich lange nach ihr um. Es wurde einst auch viel dummes Zeug im Ort über sie geredet, doch ich lege meine Hand dafür ins Feuer, dass sie ein sehr guter Mensch ist. Sie hat ihren Jungen ganz alleine großgezogen."
Weiher schmunzelte: „Da bin ich aber erstaunt. Obwohl sie

ein uneheliches Kind hat, stehen Sie als Priester auf ihrer Seite?"

„Ich bin davon überzeugt, dass Manuela Wirts damals übel mitgespielt wurde."

„Sie denken da an Landrat Weber, Hotelier Brunner und Realschullehrer Berger? Ich meine, da gab es vor Jahren eine böse Geschichte."

„Mein lieber Herr Kommissar, Sie wissen, dass ich unter Schweigepflicht stehe. Ein weltliches Gericht hat sein Urteil in dieser Sache gefällt. Gerade Sie als polizeilicher Ermittler müssten an gerichtliche Daten herankommen. Aber wenn es unbedingt sein muss, dann sprechen Sie am besten mit Frau Wirts selbst. Was Landrat Weber betrifft, so setzt er sich bekanntlich seit Jahren politisch stark für moralische Werte ein. Lehrer Berger ist ein beliebter, engagierter Pädagoge." Oheim hob beschwörend die Hände: „Bei Gott, mehr kann ich Ihnen nicht sagen."

Weiher überflog seinen Notizzettel und fragte: „Wissen Sie, wie Frau Hafka zu ihrem Stiefsohn steht? Wie verstehen sich die Stiefbrüder?"

„Burghard Herbst kommt nicht in die Kirche. Teufel Alkohol beherrscht ihn. Seine Mutter Ilse besucht nur zu den Feiertagen die Messe."

„Und wie ist es mit Frau Kern, der Kräuterfrau?"

Oheim schaute den Kommissar mitfühlend an: „Sie hat sich wohl aufgrund ihres harten Schicksals von der Kirche abgewandt. Aber ich halte sie für einen guten Menschen. Sie hat mit ihrem außergewöhnlichen Wissen einige Heilerfolge gehabt, wo die Schulmedizin keinen Rat mehr wusste." Dann wandten sich die Schritte der Männer dem Ausgang zu.

Krücken

Kurz vor dem Dorfende stand ein hübsches Fachwerkhaus hinter hohen Tannen versteckt. Sein Dach zog sich weit und schützend über die Giebelwände hinaus. Der Garten wirkte sehr gepflegt. Neben der Eingangstür stand auf dem Klingelschild ‚Sven und Manuela Wirts'.

Weiher betätigte den Knopf und ein ferner Gong war zu hören. Der Mann wartete und wartete. Als er gerade wieder umkehren wollte, öffnete sich die Haustür. Ein sehr schönes Frauengesicht blickte durch den schmalen Türspalt und lächelte Weiher an.

Er lächelte zurück und grüßte: „Weiher mein Name. Dass ich von der Polizei bin, hat Sven Ihnen bestimmt schon erzählt. Ich beiße aber nicht."

Sie trat zur Seite und ließ den Mann herein. Erst jetzt sah Weiher, dass die Frau an Unterarmgehstützen ging. Sie wies ihm die Tür zu einer rustikalen Wohnstube. Frau Wirts nahm auf einer Ledercouch Platz und der Beamte setzte sich in einen Sessel. Vor den Scheiben hingen handgenähte Gardinen. Blütenreiche Orchideen zierten die Fensterbank. Überall lockten Dekorartikel und kleine Stofftiere zum Hinsehen. Auf dem niedrigen Wohnzimmertisch stand eine gefüllte Obstschale. In einer Zimmerecke lud ein Kachelofen zum Wärmen ein. In der anderen Ecke stand ein riesiger Flachbildschirmfernseher. Die modernen Musiklautsprecher wirkten zwischen den rustikalen Möbeln fremdartig.

„Was kann ich für Sie tun?", riss ihre anziehende Stimme Weiher aus seinen Beobachtungen.

„Sie haben einen netten Jungen. Ist er Ihr einziges Kind?"

„Ja, Sven ist mein ein und alles. Er macht mir nur Freude. Ich bin froh, dass er noch zuhause wohnt. Nicht, weil er mir auch viel hilft, sondern er füllt mein Leben aus. Besser gesagt, er gibt meinem Leben einen Sinn."

„Sven studiert?"
„Ja, er studiert Pädagogik, Mathematik und Chemie. Er hat schon als Junge in unserem Keller experimentiert", sie winkte ab, „und ich hatte oft Angst, dass er mir das Haus abfackelt."
„Leben Sie mit Ihrem Sohn alleine hier?"
Ihre Augen blickten zu einem Bild an der Wand, wo eine attraktive alte Dame zu sehen war. „Seit meine Mutter vor einigen Jahren starb, sind wir beide alleine."
Weiher nickte verständnisvoll und fragte weiter: „Was machen Sie beruflich?"
„Ich wäre gerne Lehrerin geworden. Aber mit den Dingern hier", zeigte sie auf ihre Gehhilfen, „wäre das wohl schief gegangen. Nein, ich mache Übersetzungsarbeiten für große Unternehmen. Diese Aufgabe ermöglicht es mir, hier zuhause am Rechner zu arbeiten. Ich habe dieses Haus von meiner Mutter geerbt und so sind die Wohnungskosten nicht so hoch. Sven und ich kommen zurecht."
„Lehrer will der Sohnemann also werden. Ja, das kann ich mir bei ihm vorstellen", er machte eine kurze Pause und setzte nach, „was sagt sein Vater dazu, dass der Junge studiert?"
Ihr Lächeln verschwand und die Gesichtszüge wurden hart: „Ich denke, Sie haben recherchiert, wer Svens Vater ist. Haben Sie ihn gesprochen?"
„Herr Brunner war nicht sehr gesprächig. Das Thema gefiel ihm scheinbar nicht."
Sie stemmte sich an den Krücken fluchtartig hoch, schaute unschlüssig nach links und rechts und setzte sich wieder. Dann murmelte sie: „Entschuldigen Sie den Ausdruck, aber Brunner ist ein Arschloch. Ein eiskalter Typ, der andere Menschen nur benutzt. Er war es als Junge und ist es heute noch."

Weiher grinste: „Landrat Weber hat ihn einen Ehrenmann genannt."
Sie schnaufte: „Der ehrenwerte Herr Brunner ist nicht aus eigener Leistung Hotelier geworden, sondern er hat den Betrieb mit einem kompletten Kundenstamm von seinem Vater übernommen. Der alte Brunner hat noch viele Grundstücke und Immobilien. Anton war früher der Ortsvorsteher und fühlte sich wie der Landgraf von Markstein persönlich."
Weiher lenkte das Thema auf den Verunglückten: „Bernd Hafka hatte zu dem alten ‚Strolchen'-Mitglied Brunner wieder Kontakt aufgenommen. Angeblich war der Kontakt geschäftlich. Wissen Sie etwas darüber?"
„Ich kann mir kaum vorstellen, dass Bernd mit Brunner noch irgendetwas zu tun haben wollte. Bernd ist ganz anders. Bernd ist…", brach sie den Satz ab.
Ihre plötzliche Betroffenheit blieb nicht verborgen.
Horst Weiher senkte seinen Blick und fragte leise: „Ihnen scheint der Unfall von Herrn Bernd Hafka sehr nahe zu gehen. Kennen Sie ihn näher?"
„Wir kennen uns bereits aus der Schule, als Jugendliche und so. Dann zog Bernd zu seinen Großeltern nach Frankfurt und die nahmen ihn bald darauf mit in die USA."
„Herr Hafka kam Anfang dieses Jahres nach Markstein zurück und blieb. Haben Sie sich in dieser Zeit gesehen oder sogar engeren Kontakt gehabt?"
Manuela Wirts bekam rote Wangen und sie ärgerte sich darüber, dass der Kommissar das bemerkte.
Sie fragte provokant: „Hat die alte Funke wieder Gerüchte durch den Ort geblasen?"
„Oh, Frau Funke habe ich zwangsläufig kennengelernt. Sie sprudelt vor Wissen."
Frau Wirts griff zu ihren Stützen, stemmte sich angestrengt auf die Beine, ging zu einem Fenster und blickte hinaus in

ihren Garten. Mit verhärteter Stimme fragte sie: „Also los, Herr Kommissar. Welchen Dreck hat Elli zum Besten gegeben?"
Weiher blickte auf den Rücken der schlanken Frau. Sie hatte für ihre 48 Jahre immer noch eine tadellose Figur. Die blonden Haare hingen offen über den Schultern. Mit dieser Figur und dem schönen Gesicht mussten die Kerle dieses Dorfes in Scharen hinter ihr hergelaufen sein. War sie wirklich, wie die schnäbelige Funke meinte, eine Frau, die sich leichtfertig auf die Männer einließ? Ihr Wohnbereich zeugte von viel Geschmack, Gefühl und Stil. Trotz ihrer Behinderung kleidete sie sich sehr sportlich. Was für eine Erkrankung hatte sie eigentlich?
„Herr Kommissar", wurde er von einer energischen Stimme aus seinen Gedanken gerissen, „ich habe Sie etwas gefragt!"
Er atmete tief ein und begann: „Nun ja, ich werde nicht drum herum reden. Es scheint kein Geheimnis zu sein, dass wegen Sven bei drei Männern ein Vaterschaftstest gemacht wurde, von denen einer positiv war."
Sie drehte sich wütend um und hob drohend eine Krücke: „Und was geht Sie das an? Was hat das mit dem Unfall von Herrn Hafka zu tun? Warum wird hier in meiner Vergangenheit herumgeschnüffelt?"
Auch Weiher erhob sich und sagte mit beruhigender Stimme: „Entschuldigen Sie, Frau Wirts. Ich will Sie nicht verletzen. Die Vaterschaftssache von Sven würde mich nichts angehen, wenn ich nicht das Gefühl hätte, dass doch ein Zusammenhang mit dem Unfall von Bernd Hafka bestehen könnte."
Und wieso?"
Weiher fiel eine Notlüge ein und pokerte: „Ich wohne zurzeit im ‚Forellenhof'. Dort sah ich ein Bild von Bernd Hafka als er so Mitte Zwanzig war. Ich war verblüfft. Ich

dachte, es wäre Ihr Sohn. Er sieht exakt genauso aus."
Da sie weiter schwieg, setzte er nach: „Wenn Brunner heute auf einen DNA-Test bestehen sollte..." ließ er das Satzende offen.
Ihr Gesicht wurde wieder rot und die Schläfen pochten. Langsam schritt sie zu ihrer Couch und sank dort in sich zusammen.
Weiher setzte sich ihr gegenüber.
Sie hielt sich die Hände vor das Gesicht. Mit dünner Stimme meinte sie: „Was ich Ihnen jetzt erzähle, darf Sven vorläufig nicht erfahren." Sie zeigte zur Tür. „Bitte holen Sie uns etwas zu trinken aus der Küche. Ich nehme ein Wasser. Suchen Sie sich etwas aus. Der Kühlschrank ist voll. Ich bin im Bedienen sehr ungeschickt", hob sie zur Erklärung eine Krücke.
„Selbstverständlich bringe ich Ihnen etwas. Darf ich noch fragen, an welcher Erkrankung Sie leiden?"
Sie sagte monoton: „MS, Multiple Sklerose, eine Nervenerkrankung, die in Schüben fortschreitet. Sie ist seit meinem 25. Lebensjahr bekannt. Es hat aber noch viele Jahre gedauert, bis ich die Krücken benutzen musste."
Er nickte betroffen und holte die Getränke.

Jugendzeit

Manuela Wirts nahm einen Schluck Wasser und begann zu erzählen:
„Wir waren drei Mädchen, die mit den Strolchen herumzogen, Ute, Sabine und ich. Die Strolche haben Sie vielleicht schon bei Ihren Recherchen kennen gelernt."
Weiher nickte: „Am Stammtisch in ihrer Kneipe."
Sie entspannte sich langsam: „Ich war damals gerade 14 Jahre alt, die beiden anderen Mädchen auch etwa so. Die

Jungen waren fast alle 15. Sie hatten nur Flausen im Kopf. Dirk Brunner hatte kaum Hemmungen. Harald Weber strotzte damals schon vor Imponiergehabe, genau wie heute als Politiker. Olaf Berger war total schüchtern und bekam alle fünf Minuten vor Scham einen roten Kopf. Thomas Kern war total nett", dann zog ein Lächeln auf ihre Lippen, „und Bernd Hafka, der sah nicht nur am besten aus, sondern war auch völlig ausgeglichen. Er war im Schwimmverein zweimal Stadtmeister geworden."

Der Beamte blickte auf seinen Notizblock: „Zu den Strolchen gehörte noch der heutige Kutscher und der Wirt."

Sie winkte ab: „Die waren erst 13 und nicht immer dabei."

Weiher schmunzelte: „Sie waren häufig an der alten Hellenbachmühle?"

Sie nickte: „Ja, dort waren wir mal völlig ohne Beobachtung der neugierigen Weiber des Dorfes. Elli Funke verbreitete damals schon jeden Tratsch und verpetzte uns bei unseren Eltern", lächelte Manuela. „Es kamen die ersten Annäherungsversuche. Unsere pummelige Sabine knutschte als erste beim Flaschendrehen mit allen Jungs.

Ich hielt mich noch zurück. Natürlich baggerten Brunner und Weber weiter. Irgendwann ließ ich es zu, dass sie mich küssten. Doch die waren nur grob und widerten mich an. Auf die hätte ich mich nie wieder eingelassen."

Der Kommissar fragte: „Also blieben Thomas Kern und Bernd Hafka für Sie als Favoriten übrig?"

Sie nickte: „Bernd umgarnte mich und meinte, er wäre mein Ritter und würde für einen Kuss jedes Abenteuer für mich bestehen", dann schwieg Manuela nachdenklich.

Weiher räusperte sich und sagte: „Die Wasserröhre der Hellenbachmühle als Mutprobe lag direkt vor Ihnen."

Sie nickte: „Ja, eine Scheißidee von mir." Sie hob die Arme. „Mein Gott, ich war 14 und dachte doch nicht im Traum daran, dass da etwas passieren könnte. Heute sausen selbst

die kleinen Kinder im Spaßbad durch Turborutschen."
Der Kripobeamte bemerkte: „Ja, nur da werden die Röhren nicht von angeschwemmten Wurzeln verstopft."
„Das weiß ich heute auch. Obwohl die meisten anderen und ich sich das Tauchen durch die Röhre nicht trauten, hatte ich damals keine große Gefahr darin gesehen." Manuela nahm einen Schluck Wasser und erzählte weiter: „Bernd zögerte gar nicht. Er zog seine Jeans aus und hatte bereits eine Badehose an. Dann stieg er in den Bach. Alle rannten zum Austritt der Röhre und schon bald kam Bernd herausgeschossen. Mit einem Hechtsprung landete er in dem Becken, wo früher das alte Mühlrad war. Die Jungen hatten einen riesigen Respekt vor Bernd. Ich meine, seit dieser Zeit nannten sie ihn, ‚die Forelle'."
Weiher sah sie ernst an: „Und nun wollte er seinen Preis einfordern, nicht wahr?"
Ihre Augen begannen zu strahlen: „Ja, aber er war total lieb. Ich wusste vorher nicht, dass Küssen so schön sein konnte", und Frau Wirts senkte die Augen.
„In diesem Moment haben Sie sich in Bernd verliebt?"
Sie nickte kaum sichtbar.
Weiher fragte weiter: „Nun kam Thomas ins Spiel?"
Frau Wirts nickte betroffen: „Ja, auch er wollte sich einen Kuss verdienen. Ich lehnte aber ab. Er ließ keine Ruhe mehr. Thomas war völlig beleidigt. Er meinte, ich wäre ungerecht. Um Ruhe zu haben, sagte ich, wenn er morgen auch durch die Röhre tauchen würde, dann bekäme er auch einen Kuss von mir", sie winkte betroffen ab, „den Rest der Geschichte kennen Sie ja mittlerweile."
„Warum ist Bernd wohl kurz danach zu seinen Großeltern nach Frankfurt gezogen?"
„Da kann man nur Vermutungen anstellen. Bernd hat nie mit mir darüber gesprochen. Thomas war sein bester Freund. Bernd war bei den Kerns wie ein zweiter Sohn.

Mutter Kern machte Bernd Vorwürfe und er wird sich natürlich auch Vorwürfe gemacht haben. Er flüchtete für die restlichen Ferien nach Frankfurt und hat wohl dort entschieden, bei seinen Großeltern zu bleiben. Ganz unwesentlich war bestimmt auch nicht, dass sein Vater direkt nach dem Tod von Bernds Mutter wieder geheiratet hat. Bernd kam mit der neuen Stiefmutter Ilse absolut nicht klar."
Horst Weiher sagte leise: „Und damit verschwand Ihre erste große Liebe."
Sie nahm ihre Krücken, ging zum Fenster und flüsterte: „Nein, es war meine letzte Liebe."
Weiher kombinierte: „Ist diese Sabine, die Sie erwähnten, die heutige Frau von Hotelier Brunner?"
„Als Brunner in der Ausbildung in der Hotelfachschule war, ließ er nichts anbrennen. Unser Pummelchen Sabine war sogar mächtig stolz, dass er sich auf sie eingelassen hatte. Leider wurde unsere Gute dann plötzlich schwanger und Brunner musste sie heiraten. Natürlich ging er weiter auf die Jagd."
Manuela atmete mehrmals tief durch. Der Kripomann spürte, dass sie der Gedanke an Brunner stark belastete und er bot an: „Frau Wirts, wenn wir unterbrechen sollen, dann sagen Sie mir das bitte. Ich will Sie nicht quälen", und ein beschämendes Gefühl machte sich in ihm breit.
Sie blickte ihn kurz über die Schulter an und stöhnte: „Es ist wohl besser, dass Sie die wirklichen Tatsachen von mir hören, als die zusammengesponnenen Dinge, die im Dorf erzählt werden", und sie blickte während ihres Berichts aus dem Fenster. „Beim Feuerwehrfest 1984 hatte ich am Wein- und Sektstand bedient. Ich war gerade 23 Jahre alt. Die Strolche hatten mit ihrem Wettsaufen angefangen und waren schon sehr früh betrunken. Plötzlich tauchte Bernd wie aus dem Nichts auf. Ich wandte mich direkt von ihm

ab. Doch er stellte sich mir in den Weg", und die Bilder des Samstagabend nahmen vor Manuelas geistigem Auge Gestalt an…

…Der 24-jährige Bernd hatte eine sonore, sympathische Stimme. Er war ein gutaussehender, sportlicher Mann geworden.

Er nahm Manuelas Hände und schwärmte: „Du siehst klasse aus! Ich musste oft an dich denken, Manu."

Sie zickte ihn an: „Klar, deshalb stapeln sich bei mir zuhause auch deine ganzen Briefe aus Amerika."

„Du hast völlig Recht. Es war dumm und egoistisch, sich nicht mehr zu melden. Ich könnte dir die Gründe nennen", er winkte ab, „egal, das macht es nicht besser. Meinst du, dein Partner erlaubt mir, mit dir zu tanzen?", und seine blauen Augen strahlten fordernd.

Sie entspannte sich und sagte ernst: „Es gibt keinen Partner."

Er lachte: „Du nimmst mich auf die Schippe. Ein wunderbarer Mensch wie du kann gar nicht alleine sein."

Sie wechselte das Thema: „Wo kommst du überhaupt her? Was machst du so plötzlich hier?"

„Es hat sich per Zufall so ergeben. Ich arbeite bei einer amerikanischen Bank und musste meinen Boss plötzlich nach Frankfurt zu einer anderen Bank begleiten." Er grinste frech: „Eigentlich müsste ich jetzt in einem langweiligen Vortrag sitzen. Ich habe mich aber heimlich weggeschlichen, nur um dich zu sehen."

„Hafka, ich bin kein Mädchen mehr und lasse mich von solchen Sprüchen nicht beeindrucken!"

Er drückte ihre Hände: „Ganz im Ernst. Nachdem ich gestern auf deutschem Boden gelandet war, spürte ich den brennenden Wunsch, den Ort meiner Kindheit wiederzusehen. Mein erster Weg führte mich zur alten Hellenbachmühle und sofort waren alle Bilder wieder da." Seine Augen hielten ihren Blick fest. „Du warst wieder da. So, wie ich dich in Erinnerung hatte. Ich hatte vor dem Haus deiner Eltern angehalten und gehofft, dass ich dich sehen würde. Ich traute mich aber nicht anzuklingeln und fuhr dann zu meinem Vater."

Langsam zog ein Lächeln auf ihre Lippen. Die Musikband forderte zum Tanzen auf und Bernd zog sie mit sich.

Sie tanzten, bis ihnen der Schweiß auf der Stirn stand. Dann erfrischten sie sich an der Bar. Die Strolche waren mittlerweile schon nach Hause geschwankt.

Gegen ein Uhr packte die Musikband ihre Instrumente ein und die Reihen der Gäste lichteten sich.

„Darf ich dich nach Hause bringen?", strahlte Bernd sie an.

Sie nickte: „Das wäre vielleicht besser, als alleine zu gehen. Hier in Markstein soll es Strolche geben."

Sie gingen Hand in Hand durch die Gassen.

An einer dunklen Hausecke stellte er sich vor sie und fragte: „Hast du vergessen, dass ich auch ein Strolch bin?"

Ihre Lippen berührten sich sanft. Dann wurden die Küsse immer leidenschaftlicher.

Vor der Haustür ihrer Mutter legte sie ihm ihren Finger auf den Mund und flüsterte: „Auch wenn wir erwachsen sind, ich möchte nicht, dass Mama uns hört, ok?"

Er nickte und sie schloss leise die Haustür auf. Verräterisch knarrte die alte Stiege zu Manuelas Zimmer und die jungen Leute hielten den Atem an.

Kaum war ihre Tür verschlossen, da fielen sie sich in die Arme. Die Kleidungstücke sammelten sich auf dem Boden und er streichelte zärtlich über ihre weiblichen Rundungen. Sie sanken auf das Bett und Bernd glitt mit seinen Lippen über ihren nackten Körper.

Bis jetzt hatte Manuela nur den schnellen Sex ungeduldiger Grobiane erfahren. Bernd war völlig anders. Es war ihm

wichtig, dass sie bei dieser Zweisamkeit in ihren eigenen, großen Gefühlswellen versank.
Im Morgengrauen verschwand Bernd leise wie ein Strolch…

Trauma

Frau Wirts hörte entfernt die Stimme des Kommissars Weiher und vor ihren Augen erschien wieder das reale Bild ihres Gartens. Sie drehte sich herum und ihre Augen leuchteten: „Was haben Sie gerade gesagt?"
Er hob die Brauen: „Sie sagten, Bernd hätte sich Ihnen beim Feuerwehrfest in den Weg gestellt. Ja, und dann?"
Sie schmunzelte und war froh, dass dieser Kommissar nicht ihre Gedanken lesen konnte.
So erklärte sie knapp: „Was Sie wissen wollen, ist, ob wir noch einmal zusammengekommen sind? Ja, er hat es geschafft, dass ich mich wieder in ihn verliebt habe." Dann machte sie eine kurze Pause und ergänzte: „Und geschlafen haben wir auch miteinander. Das wollten Sie doch hören, nicht wahr?"
Weiher wich ihrem Blick aus: „Berichten Sie, was danach geschah. Wann haben Sie Bernd wiedergesehen?"
„Jahrelang nicht mehr! Er ist einfach nicht mehr gekommen."
„Bernd Hafka hat Sie sitzen lassen, ohne sich noch einmal zu melden? Die ganzen Jahre nicht mehr gemeldet?"
Sie senkte den Kopf: „Doch, er hat sich gemeldet, aber da war alles zu spät."
„Hat das mit den Vaterschaftsuntersuchungen der anderen Männer zu tun gehabt?"
Frau Wirts atmete tief durch und murmelte: „Vielleicht ist es doch gut, über all diesen Dreck mal zu sprechen", und sie nahm Weiher mit in ihre Erinnerungen…

…Es war der Tag nach einer verliebten Nacht. Die Turmuhr der gotischen Kirche schlug bereits Mittag. Manuela hatte ihre Mutter schon dreimal gefragt, ob Bernd sich gemeldet hätte. Aber nichts. Er wollte sie doch abholen. Andererseits hatte ihre Mutter lange mit einer Freundin telefoniert. Vielleicht war ein Anruf von Bernd gar nicht durchgekommen. Sie nahm den Hörer auf und rief im ‚Forellenhof' an und erkundigte sich nach Bernd.

„Ach, du bist es, Manuela", hatte sich Ilse Hafka gemeldet, „Bernd hat versucht, dich anzurufen. Jetzt ist er schon längst weg. Sein Chef hat hier gestern Abend bereits nach ihm gefragt und am Telefon regelrecht getobt. Heute früh kam wieder ein Anruf aus Frankfurt. Sein Chef hat befohlen, dass der Junge sofort mit ihm wieder nach New York fliegt. Bernd ist Hals über Kopf losgerast. Es muss wohl etwas Wichtiges sein."

Manuela schossen die Tränen in die Augen und sie legte den Hörer auf.

Ihre Mutter nahm sie in die Arme: „Kind, was ist los?"

Die junge Frau schüttelte den Kopf: „Ich will nicht darüber reden."

Mutter Wirts bestand darauf, dass die Tochter mit ihr zum Feuerwehrfest ging. Die Hausfrau hatte heute nicht mehr vor zu kochen. Bei der Feuerwehr gab es schließlich die Gulaschkanone. Frau Wirts hoffte auch, dass ihre Tochter dort auf fröhlichere Gedanken kommen würde.

Manuela steuerte vor lauter Missmut den Bierstand an und wurde von den ‚Strolchen' fröhlich empfangen. Die meisten jungen Männer hatten bereits beim Frühschoppen einiges getrunken.

Die Blaskapelle machte Dicke-Backen-Musik, die älteren Herrschaften schaufelten die Sahnekuchen in sich hinein und die Kinder kletterten auf den Feuerwehrautos herum.

Manuela hatte nach dem sechsten Bier den Dirk Brunner

gebeten, ihr einen Kaffee zu holen, und der war auch bald damit zurück.
„Der schmeckt vielleicht komisch?", sah die junge Frau ihn fragend an.
Wenn ich schon einen ausgebe, dann richtig", lachte Brunner. „Da ist ein doppelter Cognac drin. Brav leertrinken, der war schweineteuer!"
Widerwillig trank Manuela ihre Tasse leer und schüttelte sich: „Ne, danke, nie wieder so ein Zeug."
Harry Weber gab ihr auch noch ein Bier aus, dann folgte eine Runde Kümmerling.
Der jungen Frau wurde schummerig. In ihrem Kopf fing alles an zu drehen. Noch nie hatte sie so viel Alkohol getrunken.
Die Stimmen um sie herum wirkten seltsam. Ihre Ohren sausten. Immer wieder wurde ihr schwarz vor den Augen und die Beine waren scheinbar aus Gummi. Sie hielt sich krampfhaft am Bierstand fest, doch auch der schien zu schwanken.
Bald darauf spürte Manuela, wie zwei junge Männer sie unterhakten und hörte entfernt ihre Stimmen: „Keine Sorge, Manu. Wir bringen dich jetzt sicher nach Hause..."
Sie wandelte nur noch in einem schlafähnlichen Zustand. Dann gab es einen kurzen Filmriss. Als sie erwachte, zerrte jemand an ihrer Kleidung. Sie fühlte, dass sie auf dem Rücken lag und sah über sich die Wolken am Himmel. Sie wehrte mit den Armen ab, doch sie war völlig kraftlos.
Jemand riss grob ihren Slip herunter und sie schrie: „Aufhören! Bitte, nein, nicht!", doch um sie herum war nur Lachen. Dann drang Dirk Brunner in sie ein und Harry Weber feuerte ihn an: „Gib es ihr! Die braucht das!", und dann stieg auch er über das wehrlose Mädchen.
Manuela erkannte auch das Gesicht des dritten jungen Mannes. Es war der Student Olaf Berger und sie flehte ihn

an: „Olaf, tu das nicht! Bitte nicht! Hilf mir!"
Der Student hatte einen hochroten Kopf und rollte sich von dem Mädchen wieder herunter.
„He, du Schlappschwanz", rief Dirk Brunner, „du warst doch noch gar nicht drin!", dann wurde Manuela bewusstlos…

…Frau Wirts sank nach diesem Bericht in ihre Couch und Tränen liefen über ihre Wangen.
Weiher stand auf. Sein Puls raste vor innerer Wut. Unbemerkt ballten sich seine Fäuste. Er wandte der Frau den Rücken zu und schluckte.
Dann fing er sich wieder und fragte: „Sie haben die Vergewaltigung nicht angezeigt?"
Nach längerem Schweigen sagte sie leise: „Ich habe ja alle drei als mögliche Väter angegeben. Brunner und Weber haben es so dargestellt, als hätte ich sie zum Sex aufgefordert. Als hätte ich sie verführt. Es standen zwei Aussagen gegen meine. Ihre Väter waren einflussreiche Männer hier im Ort. Webers Vater Alfred war Großbauer mit vielen Ländereien. Die Leute nannten ihn spöttisch den ‚Rinderbaron'. Brunners Vater spielte im gleichen Tennisclub wie der Richter."
Weihers Schläfen pochten immer noch: „Konnte Ihre Mutter bzw. Ihr Anwalt den Richter nicht wegen Befangenheit ablehnen? Und was hat dieser Student", Weiher schaute auf seinen Notizzettel, „dieser Olaf Berger ausgesagt?"
Sie schnaufte spöttisch: „Berger, der hat behauptet, so betrunken gewesen zu sein, dass er nichts mitbekommen hätte." Sie nahm einen Schluck Wasser. „Meine Mutter hatte nicht die Kraft, sich gegen die Ehrenbürger dieses Ortes zu stellen. Auch ich war es leid, darüber vor fremden Menschen sprechen zu müssen. Ich redete lange Zeit mit niemandem. Das Ergebnis des Vaterschaftests kennen Sie ja."

Weiher überlegte einen Moment und fragte dann: „Wann haben Sie gewusst, dass Sven nicht Brunners Sohn, sondern Bernds Sohn ist?"
„Ich habe ein Jugendbild von Bernd. Bereits als Sven im Kindergarten war, stand für mich fest, dass Bernd der Vater ist", und sie ergänzte, „heute könnte man das mit einer DNA-Analyse sofort feststellen, aber die gab es damals noch nicht."
Der Kommissar kombinierte weiter: „Hatte Brunner Sie mal in der letzten Zeit darauf angesprochen? Ich meine, wenn er Verdacht geschöpft hat, dass er 24 Jahre unrechtmäßig Alimente bezahlt hat, dann muss gerade ein Mensch wie er doch sauer reagiert haben."
„Er hatte Anfang des Jahres hier angerufen, um das Thema anzusprechen. Er fragte mich, ob mir schon aufgefallen wäre, dass Sven genau wie Hafka aussehe. Doch ich habe nicht geantwortet und gleich wieder aufgelegt. Scheinbar gab er auf. Er hat sich bis heute, Gott sei Dank, nicht mehr gemeldet."
Weiher bohrte nach: „Hat er Dank Gottes nicht mehr angerufen oder Dank Bernd Hafka?"
Sie blickte ihn verwundert an: „Wie meinen Sie das?"
„Vielleicht sind Sie und Herr Hafka sich jetzt wieder nähergekommen und Bernd wollte sie schützen. Haben Sie ihm eigentlich von der Vergewaltigung erzählt?"
Ihre Stimme bekam einen verächtlichen Ton: „Sie müssen nicht alles glauben, was Elli Funke herumquatscht. Wenn die gesehen hat, dass Herr Hafka mich auf der Straße hin und wieder gegrüßt hat, dann muss ich Ellis Meinung nach ja auch jetzt wieder ein Verhältnis mit ihm haben!"
Weiher fragte direkt: „Und, haben Sie?"
Ihre Stimme wurde hart: „Ich denke, ich habe Ihnen bereits viel zu viel erzählt. Ich hatte diese üble Vergangenheit so gut es ging verdrängt und jetzt wird von Ihnen einfach alles wieder hochgeholt!"

Weiher stand auf: „Ich danke Ihnen für die ausführlichen Erklärungen. Ich habe noch Fragen, aber dazu komme ich später. Im Moment sind Sie mich los." Er ging zur Wohnstubentür. „Ich finde alleine hinaus. Schönen Sonntag, Frau Wirts."

Wellness-Bereich

Horst Weiher startete den Motor des Passats und fuhr zum Hotel ‚Waldeule'. An der Rezeption begrüßte ihn Frau Sabine Brunner: „Ah, der Herr Kommissar, suchen Sie ein komfortables Zimmer oder wie kann ich Ihnen helfen?"
Er lächelte die elegante Frau an: „Nein, ein Zimmer suche ich nicht. Ich suche ihren verehrten Gatten."
Sie schaute auf die Uhr: „Oh, mein Mann war nach der Kirche noch zu einer Besprechung mit Landrat Weber und hat sich vor einigen Minuten im Solarium etwas hingelegt."
Der Kommissar erinnerte sich, wie abweisend die drei ehrenvollen Männer ihm gegenüber nach dem Gottesdienst waren und dann ‚Zum Strolch' einkehrten.
Weiher grinste verschmitzt: „Ja, ich habe Ihren Mann mit dem Landrat Weber zur Besprechung gehen sehen. Da wollte Ihr Mann nicht gestört werden."
Weiher erblickte an der Rezeption ein Prospekt, auf dem ein Bild mit einer Schwimmanlage zu sehen war.
„Gut, wenn ich darf, dann sehe ich mir mal Ihren Wellness-Bereich an. Ich habe sowieso nur wenige Fragen und werde Ihren Mann nicht lange aufhalten."
Sie verzog das Gesicht: „Ja, wenn es unbedingt sein muss", dann nahm sie den Telefonhörer auf und meldete sich: „Brunner hier, Silvia, ist mein Mann noch im Solarium?" Im Hintergrund war eine weibliche Stimme zu hören und die Chefin nickte. „Gut, ein Kommissar Weiher kommt

runter. Zeigen Sie ihm bitte die Anlage und sagen Sie meinem Mann Bescheid, dass er Besuch bekommt!"

Sabine Brunner legte auf und erklärte dem Kripobeamten den Weg.

Weiher stieg die Treppe hinab und folgte einem Tunnel, der zum Nachbargebäude führte. Nachdem er die zweite Tür durchschritten hatte, schlug ihm feuchte, warme Luft entgegen. Er zog sein Sakko aus, legte es über seinen Arm und öffnete den obersten Hemdenknopf.

„Ich bin Silvia", kam ihm eine junge, sportliche Blonde entgegen. Sie trug ein weißes, bauchfreies Oberteil und weiße Shorts, „Frau Brunner sagte mir, dass ich Ihnen die Anlage zeigen soll. Fangen wir also gleich hier vorne an", und sie öffnete eine weitere Tür.

Ein kräftiger Duft ätherischer Öle flüchtete sich in den Flur und man sah eine riesige Wanne, die fast den gesamten Raum ausfüllte.

„Hier werden Bäder mit den verschiedensten kostbaren Badezusätzen gemacht. Auf Wunsch kann die Wanne natürlich auch zu zweit genutzt werden. Wir reichen bei Bedarf Champagner dazu", funkelten ihre meerblauen Augen den Beamten an.

Weiher öffnete noch einen weiteren Hemdenknopf.

Im nächsten Raum standen eine Massagebank und verschiedene Folterwerkzeuge für gezielte Gymnastik.

Im Fitnessraum waren das Laufband, zwei Trimmräder und die Hantelbänke besetzt. Die verschwitzten weiblichen Gäste lächelten den Kommissar an und ein älterer Mann auf der Bank machte unter dem Gewicht der Hantelstange ein Gesicht, als läge er in den Presswehen. Es roch nach Mensch und leise Musik verwöhnte die Ohren.

Weiher stand alleine vom Zusehen der Schweiß auf der Stirn und Silvia führte ihn weiter.

In der Schwimmhalle kreischte eine Schar Kinder und ihre

Mütter schauten sichtlich genervt den Experimenten des hyperaktiven Nachwuchses zu.
‚Sauna' stand über der nächsten Tür und Weiher hätte sich nach seiner Hitzewelle am liebsten das Hemd vom Leib gerissen.
„Hier rechts sind die Kabinen der Sonnenbänke", lächelte Silvia, „ich denke, Herr Brunner wird jeden Moment herauskommen", und sie verschwand hinter einer weiteren Tür in der Saunawelt.
Weiher tupfte sich mit einem Taschentuch den Schweiß von der Stirn.
Eine nackte, gut aussehende Dame mit hochgesteckten schwarzen Haaren trat aus dem Saunabereich und trug nur ein Handtuch über dem Arm. Sie musterte den angekleideten Mann von oben bis unten und fragte: "Ist hier nicht der Ruheraum?"
Weiher zuckte mit den Schultern und blickte verlegen zur Seite: „Ich kenne mich auch nicht aus, aber das hier ist wohl das Solarium." Er zeigte mit dem Daumen hinter sich: „Und da ist das Schwimmbad."
Die nackte Schönheit bedankte sich und schritt in den Saunabereich zurück.
Der Kommissar war das Warten leid und fragte mehrmals laut: „Herr Brunner?"
Dann hörte er eine genervte Stimme: „Wer ist denn da?"
„Weiher, von der Kripo. Wir haben uns vor der Kirche getroffen. Ich hätte da nur ein paar Fragen, dann bin ich schon wieder weg."
Nach einiger Zeit öffnete sich eine Kabinentür und bläuliches Licht fiel auf den Flur.
Herr Brunner trat mit einem Bademantel und Saunalatschen bekleidet heraus: „Sie schwitzen, Herr Kommissar. Ist Ihnen nicht gut?"
Weiher lächelte: „Oh, danke der Nachfrage, aber ich denke,

ich bin nicht passend gekleidet", und die Blicke der beiden Männer folgten einer jungen Frau, die mit einem winzigen Oberteil und einem Stringtanga bekleidet vorbeischwebte.
Der schmachtende Blick von Brunner wurde ernst: „Warum stören Sie meine Mittagsruhe? Es ist Sonntag. Haben Sie kein Zuhause oder möchten Sie sich auch hier etwas bräunen. Sie sehen übrigens blass aus, Herr Kommissar! Ich überlasse Ihnen gerne kostenfrei die Sonnenbank."
Weiher tupfte sich erneut mit einem Taschentuch den Schweiß von der Stirn: „Ich sage es geradeheraus. Sie haben seit vielen Jahren treu und brav Alimente für Sven Wirts bezahlt. Haben Sie je Zweifel gehabt, dass Sie gar nicht der Vater sind, sondern dass Sie einen Kuckuck großgezogen haben?"
Brunner strich sich eitel über sein Haar und erwiderte: „Und wenn es so wäre? Kann mir doch Wurst sein. Es kommt mir doch nicht auf ein paar Euro an. Wenn ich helfen kann, dann tue ich das gerne."
„Ja, das hat Pastor Oheim mir auch gesagt. Sie genießen in der Kirche einen guten Ruf. Genau wie Ihr Herr Vater."
„Herr Weiher, Sie sind nicht gekommen, um mich zu loben und zu preisen. Was wollen Sie? Ich habe noch andere Termine", und er erwiderte das Lächeln einer weiteren, halbnackten jungen Dame.
Der Kripomann schaute ebenfalls dem auffällig schwingenden, weiblichen Po nach, der sich zum Schwimmbad bewegte.
Weiher räusperte sich und meinte: „In unseren Akten fand ich eine sehr unangenehme Geschichte. Ein gehörnter Ehemann hatte hier Ihre Solarium-Anlage zerdeppert und noch nicht einmal den Schaden bezahlt."
Brunner wurde wütend: „Was soll das, Mann? Das ist Schnee von gestern und braucht Sie nicht zu interessieren."
Weiher nickte. Er wollte den Ehrenmann so provozieren,

dass er endlich auspackte. Zusätzlich pokerte er: „Ich weiß aus sicherer Quelle, dass Hafka Sie finanziell unter Druck setzt. Warum hat er das gemacht? Was will er von Ihnen?"
Brunner atmete schwer: „Hafka ist ein Dreckschwein. Er erpresst mich. Er hat auf irgendeine krumme Art eine Menge Schuldscheine von mir aufkaufen können. Nun droht er, mich in die Insolvenz zu zwingen, wenn...", brach er den Satz ab.
„Ja, wenn...?", nahm Weiher den Satz auf, „wenn Sie nicht Manuela Wirts in Ruhe lassen oder gar einen DNA-Test von Sven fordern. Besser gesagt, wenn Sie irgendwie Geld von Manuela zurückfordern würden, nicht wahr?"
Einige Sekunden lang war es fast still. Nur die Relax-Musik plätscherte leise aus versteckten Lautsprechern.
Brunner zog seinen Bademantelgürtel enger: „Ja, er hat mir gedroht, mich fertigzumachen. Ich habe mich danach auch nicht mehr bei Manuela gemeldet."
„Und wenn Hafka nun nicht überlebt, dann sind Sie alle Sorgen los und können eventuell gegen Frau Wirts klagen."
Brunner brüllte: „Das ist doch völlige Scheiße!"
Weiher schüttelte den Kopf: „Nein, das ist ein Mordmotiv!"
Brunner krampfte seine Hände in den Bademantel: „Beck hat schon nach meinem Alibi gefragt und meine Frau hat bezeugt, dass ich Samstagnachmittag bei ihr war."
Weiher wandte sich zum Gehen: „Das Alibi zählt nur solange, wie Ihre Frau bei dieser Aussage bleibt."

Wiedersehen

Frau Wirts war erstaunt, dass der Kommissar nach einer Stunde schon wieder vor ihrer Tür stand, und sie bot ihm in der Stube erneut Platz an.
„Ich komme gleich zur Sache, Frau Wirts. Sie haben mir

verschwiegen, dass Bernd Hafka mittlerweile weiß, dass Sven sein Sohn ist."
Manuela sank auf ihre Couch und bekam feuchte Augen. Sie wirkte nervös.
„Setzen Sie sich", meinte sie und trompetete in ein Taschentuch, „sie werden ja doch keine Ruhe geben, genau wie die alte Funke", und ihre Stimme wurde wieder fester.
„Anfang dieses Jahres klingelte es an unserer Haustür. Draußen war es bitterkalt und der Schnee lag hoch. Da stand ein Mann in amerikanischer Felljacke, einer seltsamen Mütze und hatte sein Gesicht zur Hälfte mit einem Schal bedeckt. Seine Augen strahlten mich an. Ich kannte diese Augen, obwohl sie nun von vielen Fältchen umgeben waren. Es war Bernd Hafka. Er nahm den Schal von seinem Mund und lächelte, als wäre er nie fort gewesen." Manuela zuckte mit den Schultern. „Stellen Sie sich das vor, Herr Kommissar, da taucht der einfach nach 25 Jahren aus dem Nichts auf. Bernd sah auf meine Krücken und machte ein entsetztes Gesicht. Ich hätte ihm am liebsten vor Scham die Tür vor die Nase geknallt, doch er nahm mich einfach in die Arme."
Frau Wirts ließ Weiher wieder in ihre Erinnerungen eintauchen…

…Bernd Hafka schmunzelte: „Dein Sohn Sven hat mir gesagt, dass du zuhause bist. Du hast einen prima Jungen. Du kannst stolz auf ihn sein. Darf ich reinkommen?"
Er zog seine nassen Stiefel aus und sie setzten sich in die Wohnstube. Der Kachelofen verströmte behagliche Wärme und das Feuerholz knisterte.
„It´s very cold in Germany", hauchte Bernd in seine Hände.
„Wir haben seit vielen Wochen Schnee. Die Gemeinde hat kaum noch Salz zum Streuen", versuchte sie irgendetwas Belangloses zu sagen.

„Manu, ich bin zurück", begann er zu erzählen. „Der Tod meines Vaters ist zwar ein übler Anlass, aber ich wäre sowieso wieder nach Markstein gekommen. Seit einigen Jahren kotzt mich das Bankgeschäft in New York nur noch an. Die verdammte Krise, du weißt. Es hat ja auch Deutschland hart getroffen. Jahrelang schrien die Bankkunden nach immer höheren Renditen für ihr angelegtes Geld. Selbst die hochrisikoreichen Aktien und Fonds rissen sie uns aus den Händen. Wenn ich ihnen wichtige Informationen zu den Wertpapieren geben wollte, hörten die Wenigsten noch zu. Es war eine Goldrauschstimmung. Der ganze Finanzmarkt hatte sich viel zu sehr aufgebläht und dann ist uns alles um die Ohren geflogen." Bernd suchte ihren Blick, „nun sind die Banker weltweit die Bösen. Aber du wirst lachen. Obwohl die verdammte Krise noch nicht überstanden ist, wird schon wieder nach risikoreichen Produkten gefragt. Well, ich will endlich etwas anderes machen. 30 Jahre Bankgeschäfte sind genug. Ab Fünfzig soll man nur noch das tun, was einem gut tut."

Sie sah ihn lange schweigend an. Dann meinte sie: „Und was soll der Besuch nun bei mir?"

Er stand auf, ging zum Kachelofen und hielt seine Hände zum Wärmen hoch: „Du bist nach Ilse, meiner Stiefmutter, die zweite Person, die ich aufsuche. Manu, wir waren einmal ineinander verliebt", drehte er sich zu ihr herum, „und im Grunde genommen hat das bei mir nie aufgehört. Ich habe all die Jahre an dich gedacht."

Sie rollte verächtlich mit den Augen und meinte ironisch: „Deshalb hast du dich ja auch 25 Jahre nicht mehr sehen lassen. Hör doch auf, solch einen Mist zu erzählen."

Er machte ein ernstes Gesicht: „Yes, das Feuerwehrfest, twenty-five years ago! Ich habe an dem Sonntag des Feuerwehrfestes morgens versucht, bei dir anzurufen. Es war

permanent besetzt. Auch Ilse habe ich gesagt, sie soll dir ausrichten, dass ich dringend weg muss. Verdammt, mein ehemaliger Boss hatte mir die Hölle heiß gemacht. Ich hätte an dem Samstag gar nicht von Frankfurt nach Markstein kommen dürfen. Bei uns in den USA gibt es keine unbefristeten Arbeitsverträge und keinen Kündigungsschutz. Wer nicht spurt, fliegt sofort raus." Er drehte sich wieder zum Kachelofen herum. „Well, ich habe nach zwei Tagen von Amerika aus bei deiner Mutter angerufen. Sie hat mir gesagt, du willst mich nicht sprechen. Dann habe ich mindestens ein Jahr lang Briefe geschrieben. Als ich von meiner Stiefmutter Ilse erfuhr, dass du mit Brunner einen Sohn hast, gab ich auf. Ich bin nie mehr hierhergekommen, weil ich dir nicht über den Weg laufen wollte. Ich… ich", brach er den Satz verlegen ab.
Sie fragte schnippisch: „Und nur wegen deiner Erbschaft des ‚Forellenhofs' bist du wieder hier?"
Er drehte sich herum und seine Augen funkelten verärgert: „No, oh my Lord, bist du abweisend. Nein, ich hatte tatsächlich so etwas wie Heimweh. Nächstes Jahr bin ich Fünfzig. Wie sagt man in Germany? Ein alter Sack. Da sucht man seine Wurzeln. In Amerika war mein Job. In Markstein sind alle meine Jugenderinnerungen.
Die Erinnerungen an eine herrliche Frau", suchte er ihren Blick.
Sie hob eine ihrer Krücken hoch: „So herrlich behindert, meinst du."
Bernd setzte sich ihr gegenüber: „Ich denke, das Herz zählt, nicht der vergängliche Körper. Wir werden alle älter und trotzdem kann man doch unglaublich viel Liebe ausstrahlen. Diese Ausstrahlung ist das, was den Menschen so anziehend macht." Er strich lächelnd über sein schütteres Haar: „Ich bin auch nicht hübscher geworden. Ich habe Federn gelassen. Hier oben kommt langsam das Knie

durch", tippte er auf sein Hinterhaupt und machte dann ein ernstes Gesicht, „und meinen ersten Herzkasper habe ich auch bereits hinter mir. Es lebe der Stress! Time is money!" Dann sah er zu einem Kinderbild von Sven. „Well, dein Sohn hatte mir nichts Genaues erzählt. Er machte nur eine kurze Andeutung, dass es dir gesundheitlich nicht so gut gehen würde. Ich spürte seine ehrliche Sorge."
Sie atmete tief durch: „Na ja, dann hat dich mein Sohn sicher über mein gesamtes Leben ausführlich informiert."
Bernd lachte: „Ja, es sprudelt so aus ihm heraus, weil er dich abgöttisch liebt."
Ihre Stimme wurde hart: „Wann holst du deine Familie aus den USA nach Deutschland?"
„Hat meine Stiefmutter Ilse nichts erzählt?"
Sie schüttelte den Kopf.
„Well, ich dachte, der Tratsch im Dorf würde immer noch funktionieren." Er winkte ab und fuhr fort: „Ein Jahr, nachdem ich dich hier auf dem Feuerwehrfest getroffen hatte, lernte ich in Boston jemanden kennen. Sie war auch im Bankgeschäft. Unsere Geschäfte kollidierten und wir konnten Berufliches und Privates nicht mehr auseinanderhalten. Also trennten wir uns. Dann traf ich eine andere Frau und dachte, ich hätte mich verliebt. Wir heirateten. Zum Schluss flüchtete ich mich nur in meine Arbeit und sie verließ mich zu Recht."
Manuela sah ihn wieder an: „Und Kinder?"
Er schüttelte den Kopf: „No, ich glaube, ich wäre bis jetzt kein guter Vater gewesen."
Dann stand er auf und sagte leise: „Aber nun will ich wissen, warum du mir nie geantwortet hast."
...Manuela Wirts tauchte aus ihren Gedanken auf und Weiher fragte: „Haben Sie ihm gesagt, was an dem Tag, als er plötzlich nach Frankfurt musste, Grausames geschehen ist?"

„Nicht am gleichen Tag. Bernd kam nun täglich vorbei. Er ließ mich nicht eher in Ruhe, bis ich ihm endlich von der Vergewaltigung erzählte. Da war ihm sofort klar, warum ich auf seine Briefe nie mehr geantwortet hatte."

„Wie hat Hafka darauf reagiert?"

„Er sprang wütend auf und meinte, dass er Brunner und Weber zur Rechenschaft ziehen werde. Ich verbot ihm, noch einmal an diesem verfluchten Thema zu rühren. Er versprach es mir."

Der Kommissar schüttelte den Kopf: „Da muss ich Sie enttäuschen. Bernd hat bereits etwas unternommen. Er hat Brunner voll in der Hand. Brunner hat viele Schulden. Hafka hat irgendwie alle Schuldscheine aufgekauft und setzt Brunner jetzt unter Druck. Er hat ihm gedroht, wenn er Sie noch einmal wegen eines Vaterschaftstests oder anderer Dinge belästigt, ginge das Hotel ‚Waldeule' in die Insolvenz. Ich glaube auch nicht, dass es bei einer Drohung bleiben sollte. Hafka wird alle seine Bankerfahrungen einsetzen, um Brunner auf Dauer zu ruinieren." Der Kripomann ergänzte: „Ich befürchte, dass er sich auch mit Landrat Weber näher befassen wird. Ich habe nur noch keine Idee, was Hafka gegen den Landrat unternehmen kann. Haben Sie eventuell eine Idee?"

Sie war völlig sprachlos.

Weiher fragte weiter: „Seit wann weiß er, dass Sven sein Sohn ist?"

Sie flüsterte: „Seit Bernd und ich..." Ihre Stimme versagte.

„Sind Sie sich wieder näher gekommen?"

Manuela schossen die Tränen in die Augen: „Er hat mir einen Heiratsantrag gemacht."

Weiher erhob sich: „Wir machen Schluss für heute. Sie waren sehr offen zu mir und es war sehr anstrengend für Sie."

Frau Wirts stemmte sich an den Stützen hoch: „Können Sie

mir sagen, wo ich Bernd finde. Die Polizei gibt nur den Angehörigen Auskunft. Ich habe es schon mehrfach versucht. Ich weiß noch nicht mal, wie es ihm jetzt geht. Auch wenn es ganz schlecht sein sollte, ich möchte ihn sehen und sagen, dass ich für ihn da bin."

„Sie sind scheinbar die Erste, die nach ihm fragt."

Der Kommissar schrieb ihr die Anschrift der Klinik auf und bot an: „Wenn man Sie nicht zu ihm lassen sollte, sagen Sie denen, sie sollen mich anrufen. Leider muss ich darauf hinweisen, dass er im Koma liegt. Es sieht nicht gut aus."

Weiher verabschiedete sich und stieg in seinen Wagen.

Attentat

Horst Weiher wollte gerade den Motor starten, als sein Handy klingelte.

„Babs hier", meldete sich seine Kollegin. „Wir haben medizinische Neuigkeiten. Bernd Hafka muss, bevor er in den Bach stürzte, einen starken Stromschlag bekommen haben. Die Eintrittsstelle war zwischen seinen Schulterblättern. Gibt es am Unfallort einen Elektrozaun oder eine andere mögliche Stromquelle?"

Horst überlegte und zuckte mit den Schultern: „Nein, mir ist dort nichts aufgefallen. Aber ich fahre gleich noch mal rüber und sehe mir das an. Danke, Babs", drückte er das Gespräch weg.

Kaum hatte er aufgelegt, da rief Beck an: „Hallo, Horst, ich habe nun alle Alibis überprüft. Alle scheinen wasserdicht zu sein."

Weiher nickte: „Gute Arbeit. Treffen wir uns gleich an der Hellenbachmühle? Ich will mir den Tatort noch mal ansehen."

Beck sagte zu und fuhr los.

Manuela Wirts fuhr mit einem Taxi zu Bernd in die Unfall-Klinik. Die Stationsschwester Monika brachte sie nach Rücksprache mit Kommissar Weiher zu dem Komapatienten und stellte für die Besucherin einen Stuhl neben das Bett. Dann verließ sie den Raum mit den Worten: „Schellen Sie bitte, wenn etwas nicht in Ordnung ist!"

Das Einzelzimmer roch nach Desinfektionsmitteln und Medikamenten. Bernd lag wie aufgebahrt im Krankenbett und unzählige Kabel verschwanden unter seiner Bettdecke. In dem einen Nasenloch steckte ein Sauerstoffschlauch, in dem anderen eine Magensonde. Am Rand des Bettes baumelte ein halbvoller Urinbeutel.

Manuela nahm vorsichtig die Hand des reglosen Mannes und war froh, dass diese sich warm anfühlte. Im Hintergrund piepten die Überwachungsgeräte. Über dem Patienten hing eine Infusionsflasche, deren Flüssigkeit in eine Vene floss. An der Zimmerdecke gab eine Leuchtstoffröhre grelles, kaltes Licht ab.

Manuela flüsterte leise: „Bernd, ich bin es, Manu. Auch wenn du nicht sprechen kannst, hoffe ich, dass dich meine Worte erreichen. Bitte, werde wieder gesund. Ich würde alles dafür geben. Jetzt, wo wir uns endlich wieder gefunden haben, jetzt darfst du mich nicht mehr verlassen. Du musst kämpfen. Kämpfe für uns, für unsere Zukunft, für unsere Liebe. Die Liebe ist...", sie wurde unterbrochen, da die Zimmertür geöffnet wurde.

Ein sehr alter Mann im Bademantel schaute herein. Sein zerknittertes Gesicht bemühte sich um ein Lächeln: „Oh, entschuldigen Sie, ich habe mich in der Zimmertür geirrt", und er schloss die Türe wieder.

Manuela erzählte und erzählte. Nach einer Stunde gab sie Bernd einen Kuss auf die Wange. Ihre Augen wurden feucht und sie stemmte sich an den Unterarmstützen hoch. Traurig verließ sie das Zimmer...

Weiher versuchte sich währenddessen mit Beck an der alten Hellenbachmühle einen Reim darauf zu machen, warum Bernd Hafka am Bach einen elektrischen Schlag bekommen hatte. Dort war kein Weidezaun oder irgendeine andere elektrische Anlage zu sehen. Nicht mal ein Hochspannungsmast war in Sichtweite.
Beck sah in den rauschenden Hellenbach und stemmte seine großen Fäuste in die Hüften. Seine tiefe Stimme lachte: „Horst, ich habe vielleicht die Lösung!"
Weiher hob gespannt die Brauen: „Gut, dann kläre mich mal auf."
„Vielleicht hat Hafka ja einen Zitteraal oder Zitterwels gefangen. Die sollen kräftige Stromschläge abgeben können!"
„Ja, dann gehe bloß nicht so nah ans Wasser, vielleicht steht aufgrund der Marksteiner Zitteraale der gesamte Bach unter Strom."
Plötzlich klingelte Weihers Handy. Er schaute auf seine Uhr. Es war bereits nach sieben.
„Was gibt es?", meldete er sich.
Frau Kern war am Telefon: „Kommissar, das Böse ist wieder unterwegs."
Er verdrehte die Augen und schaute Beck genervt an: „Liebe Frau Kern, die Polizei ist rund um die Uhr im Dienst, weil das Böse immer irgendwo gerade unterwegs ist. Um das zu wissen, brauche ich keine Karten und keine Wahrsagerkugel!" Seine Stimme wurde massiv: „Ich weigere mich zu glauben, dass Sie so konkrete Situationen aus den Karten lesen können!"
Ihre Stimme hörte sich fremd an: „Mein Lieber, dass können die Karten auch nicht. Aber Sie vergessen, dass ich ein Medium bin. Im Krieg haben Mütter ihre Söhne schreien hören, obwohl diese tausende Kilometer von ihrer Heimat entfernt waren. Dafür gibt es unzählige Zeugen. Für die Seelen gibt es keinen Raum und keine Zeit."

Weiher schwieg und grübelte.
Sie setzte ihren dominanten Ton auf: „Ich scherze nicht. Sie setzen sich jetzt in Bewegung. Bernd Hafka ist genau jetzt in Gefahr. Sie tragen die Verantwortung, wenn Sie meine Eingebungen ignorieren. Beeilen Sie sich”, dann war Weihers Handy stumm.
Beck fragte: „Was ist los?”
Horst runzelte die Stirn: „Das war eure alte Kräuterhexe Kern. Sie hätte eine Eingebung. Hafka soll in Gefahr sein.”
Beck tippte sich mit dem Finger an die Stirn: „Die tickt doch nicht richtig! Was willst du unternehmen? Sollen wir etwa auf den Quatsch eingehen?”
Sie wurden von erneutem Handyklingeln unterbrochen.
„Weiher?”, meldete sich der Kommissar genervt.
Seine Kollegin Barbara war in der Leitung: „Horst, komm zur Klinik. Deine liebe Manuela Wirts hat heimlich Bernd Hafkas lebenserhaltende Geräte abgeschaltet.”
„Sie hat WAS? Ich hätte die Hand für diese Frau ins Feuer gelegt. Verdammt, wie geht es Hafka?”
„Alles ok. Die Schwestern und Ärzte haben ihn noch rechtzeitig retten können. Aber nun haben sich seine Chancen zur Genesung noch weiter verschlechtert.”
„Wo ist Frau Wirts jetzt?”
„Wir haben sie vor der Klinik festgenommen und zum Präsidium gebracht. Sie wollte gerade in ein Taxi steigen.”
„Gut, ich ordne völlige Informationssperre an. Ermittle du in der Klinik und sprich mit dem Personal. Wir müssen Hafka schützen. Das war nun ganz klar der zweite Mordversuch. Offiziell lassen wir es so aussehen, als hätte der Täter sein Ziel erreicht. Das wird seinen Mörder erst mal in Sicherheit wiegen und wir können in Ruhe ermitteln. Ich fahre zum Präsidium und nehme mir noch mal Frau Wirts vor.”

Manuela Wirts saß völlig verstört in einem Verhörraum der Kriminalpolizei. Eine Beamtin hatte bereits mit dem Protokoll begonnen, als Weiher eintrat.
Frau Wirts schaute den Mann hilfesuchend an: „Herr Kommissar, ich habe nichts Unrechtes getan. Man sagt mir nichts. Was ist passiert? Ich habe Bernd besucht, mich von der Schwester im Dienstzimmer abgemeldet und bin gegangen. Draußen habe ich auf ein Taxi gewartet, dann haben mich Ihre Kollegen verhaftet."
Weiher setzte sich ihr gegenüber und massierte nachdenklich sein Kinn. Seine erfahrenen Ermittleraugen nahmen jede kleinste Reaktion der Verdächtigen wahr. Ihre Mimik, ihre Augen, ihre Gestik verrieten keine Schuldgefühle. Ihr Verhalten zeigte nur Nervosität, Verunsicherung und Sorge.
„Frau Wirts, erzählen Sie mir genau, was Sie im Zimmer von Herrn Hafka gemacht haben, als Sie mit ihm alleine waren."
Sie berichtete, dass sie mit Bernd einen Monolog geführt hätte. Dass es ihr so gut getan hätte, in seiner Nähe zu sein und seine warme Hand zu halten.
Weiher stellte noch etliche Routinefragen, dann klingelte sein Handy.
Frau Kern war wieder am Apparat: „Herr Kommissar, Bernds Seele hat zu seinem Körper zurückgefunden. Aber er ist immer noch in Gefahr. Das Böse ist immer noch ganz in seiner Nähe." Weiher meinte mit ironischem Unterton: „Frau Kern, dieses Mal war die Polizei schneller als Ihre Wahrsagerkugel. Wir haben das Böse gerade verhaftet. Es sitzt mir direkt gegenüber und wir sind Ihnen unendlich dankbar."
Ulrike Kern lachte bedauernd: „Nein, Herr Kommissar, Sie glauben nichts und Sie wissen nichts. Im Gegensatz zu Ihnen bin ich ein Medium. Ich habe meditiert und mit Bernds Seele Kontakt aufgenommen. Ein Mann, ein sehr

alter Mann ist in seiner Nähe. Er hat ein Gesicht wie aus Stein. Seine Seele ist voller Verbitterung und Hass. Weiher, handeln Sie endlich!", dann war die Leitung stumm.
Erdrückende Still erfüllte das Verhörzimmer.
Nach zwei Minuten hielt Manuela es nicht mehr aus: „Was ist mit Bernd? Wie geht es ihm?", riss Frau Wirts den Kommissar aus seinen Gedanken. „Und wieso sitzt Ihnen das Böse gegenüber? Meinen Sie etwa mich damit?" Ihr Gesichtsausdruck wurde ängstlich.
Weiher winkte ab und meinte: „Frau Wirts, ich kann Ihnen keine Auskunft geben. Noch nicht. Gehen Sie bitte mit meiner Kollegin hinaus. Wir sprechen uns später noch."
Die beisitzende Beamtin brachte die Verdächtige hinaus.
Weiher wählte die Handynummer der Kollegin Klein, die in der Klinik ermittelte: „Babs, ich habe einen Hinweis auf einen verdächtigen alten Mann erhalten. Er hätte ein Gesicht wie aus Stein und soll noch in der Klinik sein. Frage mich um Gottes Willen nicht, wo meine Hinweise herkommen, sonst lässt du mich gleich in die Zwangsjacke stecken", und ein gequältes Lächeln zog auf seinen Mund. „Überprüfe bitte, ob solch eine Person nach Frau Wirts in Hafkas Zimmer war."
Sie lachte verhalten: „Heh, sag mal, kannst du Hellsehen? Ich habe gerade einen Hinweis von einer Stationsküchenhilfe bekommen, dass nach Frau Wirts tatsächlich ein sehr alter Mann aus dem Zimmer von Hafka kam. Er war angeblich ganz verwirrt und hatte sich in der Tür geirrt. Er war auf der falschen Station. Das Fachpersonal folgte logischerweise dem Alarm der Überwachungsgeräte des Patienten. Die hatten mit der Stabilisierung von Hafkas Zustand genug um die Ohren gehabt."
Weiher sprang auf: „Ja, und habt ihr den alten Mann?"
„Nein, die Küchenhilfe hat dem Mann den Stationsausgang

gezeigt. Sie hatte doch absolut keinen Verdacht. Die alten Leute verlaufen sich ständig in der Klinik."
„Mach mit deinen Leuten sofort alle Ausgänge der Klinik dicht.
Schnapp dir diese Küchenhilfe und geht durch jede Station, jedes Zimmer, jede Besenkammer, jedes WC der Klinik, bis ihr den Alten gefunden habt!"

Schockierende Neuigkeiten

Inspektorin Barbara Klein war mit der Küchenhilfe, die den alten Mann aus Hafkas Behandlungszimmer kommen gesehen hatte, von Station zu Station und von Zimmer zu Zimmer gegangen. Nach zwanzig Minuten fanden sie endlich den weißhaarigen Mann im Aufenthaltsraum der hämatologischen Abteilung. Vor ihm auf dem Tisch stand eine leere Kaffeetasse. Er trug einen langen, gestreiften Bademantel. Sein Gesicht glich einer steinernen Feldherrenstatue und war völlig gefühlskalt. Der Beamtin gegenüber trat der Alte arrogant und äußerst abweisend auf. Als Privatpatient hätte er es nicht nötig, Fragen zu beantworten.
Die zuständige Stationsschwester meinte zur Inspektorin Klein: „Herr Brunner ist sehr, sehr krank und darf absolut keine Aufregung haben."
Die Stationsärztin kam hinzu und herrschte die Kripobeamtin an: „Was erlauben Sie sich? Ich verbiete ihnen umgehend, meinen Patienten weiter zu bedrängen!"
Der alte Herr Brunner schürzte die Lippen und seine Augen zeigten angewiderte Ablehnung.
Die routinierte Kripobeamtin Klein nickte: „Gut, darauf werde ich Rücksicht nehmen. Ich bringe dann schon mal das leere Geschirr von Herrn Brunner hinaus." Sie nahm die Kaffeetasse und den Löffel des Verdächtigen an sich, steckte

diese in einen Plastikbeutel und sagte bestimmt: „Sobald unsere KTU fertig ist, bekommen Sie diese Teile zurück."

Weiher hob müde sein Handy ans Ohr: „Ja, bitte?"
Die Kollegin am Hörer wirkte aufgedreht: „Horst, hoffentlich sitzt du gut. Der alte Mann, der aus Hafkas Zimmer kam, ist Anton Brunner, der Vater von Dirk Brunner. Er ist wegen einer Leukämieerkrankung zufällig in der gleichen Klinik wie Bernd. Ich habe seine Fingerabdrücke und Speichel für eine DNA-Untersuchung sichergestellt. Was wettest du, dass er unser Mann ist?"
Weiher war sofort hellwach: „Babs, du bist mit Geld nicht zu bezahlen!"
„Weiß ich", lachte sie, „deshalb bekommen wir Beamten ja auch so wenig Geld!"

Am nächsten Vormittag fuhr Weiher Manuela Wirts mit dem Passat zurück nach Markstein.
„Es tut uns, und ganz besonders mir, leid, dass Sie sich eine Nacht bei der Polizei um die Ohren schlagen mussten. Aber alle Hinweise auf den Täter gingen leider in Ihre Richtung, Frau Wirts."
Die Blonde lächelte ihn mitfühlend an: „Entschuldigen Sie, wenn ich Ihnen das sage, aber Sie sehen völlig fertig aus. Ihre Nacht war wohl noch schlechter als die meine."
„Oh, ich denke, es hat sich gelohnt. Wir sind einen großen Schritt weitergekommen."
„Ich habe keine Auskunft über den Gesundheitszustand von Bernd bekommen. Bitte, sagen Sie mir, wie es ihm geht."
Er räusperte sich: „Das darf ich nicht und ich hoffe, Sie verstehen das."
Sie blickte durch das Seitenfenster in die vorbeiziehende Landschaft und fragte kaum hörbar: „Also muss ich mit dem Schlimmsten rechnen?"

Weiher ließ sich mit der Antwort Zeit. Wenn Hafka offiziell nicht mehr am Leben war, nur dann bestand für ihn zurzeit nicht mehr die Gefahr eines erneuten Attentats. So war es mit den Kollegen abgesprochen und so musste er auch Frau Wirts antworten.

„Frau Wirts, Sie stellen sich am besten auf das Schlimmste ein."

Ihr Kopf fuhr schockiert zu ihm herum und ihre Augen füllten sich mit Tränen. Weiher blickte steif und stumm auf die Straße. Innerlich fluchte er über seinen Job.

Nach einer halben Stunde parkte der Wagen vor dem Haus von Frau Wirts ein. Weiher gab sich als Kavalier und hielt ihr die Wagentür auf. Als sie den Hausflur betraten, kam Sven die Treppe herunter gerannt und nahm seine Mutter in die Arme.

„Mam, was haben sie mit dir gemacht? Warum haben sie dich festgehalten?", und er sah fragend zwischen Weiher und Manuela hin und her.

„Ich stand unter Verdacht. Der Kommissar sagt mir zwar nicht warum, aber ich denke, man hat wieder versucht, Bernd etwas anzutun."

Sven fragte: „Wieso wieder? Dann war der Unfall am Hellenbach also ein Mordversuch?"

Weiher zuckte mit den Schultern: „Unsere Ermittlungen sind noch nicht abgeschlossen, aber euer allwissendes Dorf hier geht doch sowieso schon längst von einem Mordversuch aus."

Sven zog sich bald darauf in sein Zimmer zurück.

Frau Wirts bot dem müden Beamten etwas zu Trinken an.

Er lächelte: „Ich bediene mich selbst. Ich kenne mich ja jetzt bei Ihnen aus. Soll ich etwas für Sie mitbringen?"

„Bitte schenken Sie mir einen Orangensaft aus dem Kühlschrank ein."

Weiher füllte in der Küche die Gläser. Er wollte diese gerade ins Wohnzimmer tragen, da fiel sein Blick auf eine Anrichte, auf der ein seltsames Instrument lag. Er stellte die Gläser auf den Küchentisch zurück und hob den Gegenstand hoch.

Es war ein Handgriff, an dessen schmaler Vorderseite zwei Elektroden im Abstand von 3 cm herausragten.

Der Kripobeamte murmelte leise vor sich hin: „Verdammt, das ist ein Elektroschocker."

Er schob die Sicherung zur Seite und betätigte einen Schalter. Sofort tanzte ein laut knisternder Blitz zwischen den Elektroden hin und her. Weiher ließ den Knopf wieder los und der Blitz verschwand.

„Scheiße! Das sind die extrem starken Modelle, die für den europäischen Markt nicht zugelassen sind."

Der Kommissar atmete tief ein und seine Miene verfinsterte sich. Er ging zu Frau Wirts in die Wohnstube und hielt den Schocker hoch.

Sie schaute ihn ratlos an: „Was ist das?"

Er betätigte den Schalter. Erneut bildete sich ein laut knisternder Blitz zwischen den Elektroden. Weiher ließ den Knopf wieder los, der Blitz verschwand.

Frau Wirts fragte noch einmal: „Was ist das denn? Wo haben Sie das her?"

Er setzte sich in einen Sessel und nahm die Batterie aus dem Gerät: „Das, meine liebe Frau Wirts, ist ein Elektroschocker. Mit solch einem Gerät kann man einen herzkranken Menschen im Extremfall töten. Anders gesagt, es ist eine Waffe, die in Ihrem Haus liegt. In Ihrer Küche. Nun kann ich es Ihnen ja sagen. Herr Hafka wurde aller Wahrscheinlichkeit nach mit dieser Waffe am Bach von hinten angegriffen. Zwischen seinen Schulterblättern sind entsprechende Nekrose-Male", er schaltete einen Gang höher, „und diese sind auf jeden Fall zum Teil Schuld daran, dass Herr Hafka wohl kaum überleben wird! Die

Ärzte haben keine Hoffnung mehr. Im Gegensatz dazu habe ich jetzt wohl die Tatwaffe und wer Hafkas Mörder ist, wird sich in Kürze herausstellen!"

Manuela schrie auf: „Nein, Bernd darf nicht sterben!", und sie schlug die Hände vor das Gesicht.

Sven kam die Treppe heruntergestürzt und versuchte, die Szene zu begreifen: „Was ist passiert? Mama, was hat er gesagt?"

Sie ließ die Hände sinken und schluchzte: „Es gibt keine Hoffnung mehr für Bernd!"

Noch bevor Sven betroffen reagieren konnte, hielt der Kommissar ihm den Elektroschocker hin und der junge Mann nahm ihn ganz selbstverständlich entgegen. Er sah Weiher an: „Das ist eine Elektrokeule. Damit treiben in Amerika die Cowboys die Rinder zusammen. Das ist ein tolles Ding. Wenn ich im Herbst beim Bauer Köhler helfe, die Kühe zusammenzutreiben, dann werde ich ihn ausprobieren", und er löste die Sicherung. „Wenn ich jetzt auf diesen Knopf drücke, könnt ihr gleich einen super Blitz sehen."

Der junge Mann betätigte den Knopf und es geschah nichts.

Weiher hielt die Blockbatterie hoch: „Also gehört der Schocker dir?"

„Ja, sicher", strahlte Sven, „den hat mir Jack zum Abschied geschenkt."

Weiher atmete tief durch und beobachtete jede kleinste Regung des Jungen. Er wirkte völlig entspannt und unschuldig.

Frau Wirts stemmte sich an ihren Krücken hoch: „Sven, was hast du getan? Hast du den Schocker mit zu Bernd genommen?"

Der junge Mann schüttelte nur den Kopf: „Ging doch gar nicht. Ich habe Bernd das letzte Mal am Freitag getroffen und Jack hat mir den Schocker erst am Samstag vor seiner Abreise gegeben."

Der Kommissar wies an, dass sich Mutter und Sohn auf die Couch setzen sollten. Er stand vor ihnen und schaute auf sie herab: „Sven, jetzt mal der Reihe nach. Wer ist Jack?”

Der Junge hob den Kopf und sah Weiher direkt in die Augen: „Jack ist Amerikaner. Ich denke so etwa 65 Jahre alt. Er hat im Hotel ‚Waldeule' einige Tage Urlaub gemacht. Ich habe für die Gäste dort Nordic-Walking-Kurse gegeben, um mir ein paar Euros zu verdienen. Das mache ich immer in den Semesterferien. Frau Brunner zahlt zwar beschissen, doch es ist besser als nichts. Jack war der älteste Teilnehmer und super freundlich. Er zahlte mir ein gutes Trinkgeld, damit ich ihm die Umgebung von Markstein zeigte. Er interessierte sich auch für Bernd Hafka. Ich weiß nicht warum. Vielleicht, weil Bernd ja auch halber Ami ist. Er kam auch mal auf einem Sparziergang vorbei, als Bernd und ich am Bach auf Forellen gingen.”

Weiher fragte: „Hat dieser ominöse Jack gesagt, wofür er diese Waffe bei sich trug?”

Sven erklärte: „Ja, er ging auch spät abends noch wandern und meinte, in Amerika wäre es üblich, im Dunkeln etwas zur Verteidigung bei sich zu tragen.”

„Wann hast du diesen Jack das letzte Mal gesehen?”

„Per Zufall. Ich kam am Samstagnachmittag mit meinem Mountainbike aus der Stadt. Ich sollte ja beim ‚Strolch' kellnern. Irgendwo auf der Hauptstraße zwischen der ‚Waldeule' und dort, wo es zur Hellenbachmühle hineingeht, ging Jack spazieren. Er hielt mich an, sagte dass er dringend abreisen müsse und schenkte mir den Schocker. Er sagte, ich wäre in Amerika ein guter Cowboy geworden”, dann grinste er stolz seine Mutter an.

Der Kripobeamte setzte sich und schaute nachdenklich auf seine gefalteten Hände. Ganz langsam fragte er: „Hat dieser ominöse Jack auch seinen Nachnamen genannt?”

Sven nickte: „Klar, ganz einfach. Er heißt Fox. So wie Fix und Foxi."
Der Kripobeamte sprang wie elektrisiert auf und rief: „Fox? Verdammt, das gibt es doch nicht. Der Mann hat vor mir gestanden", Weiher drehte sich im Türrahmen herum. „Sie beide verlassen nicht ohne meine Genehmigung das Haus. Habe ich mich klar ausgedrückt?"
Mutter und Sohn nickten mit fragenden Blicken.
Weiher eilte zu seinem Wagen. Er wählte im Handy die Nummer von Wachtmeister Beck: „Waldemar, wir treffen uns gleich in der ‚Waldeule'!"

Selbstjustiz

Als Weiher auf dem Parkplatz des Hotels ‚Waldeule' anhielt, klingelte sein Handy: „Horst, Babs hier. Wir haben die Ergebnisse. Die Fingerabdrücke von Anton Brunner waren auf den Geräten in Bernd Hafkas Behandlungsraum. Der alte Herr hat auch schon seinen Anwalt bestellt und sagt keinen Ton. Der Chefarzt stellt sich schützend vor seinen Privatpatienten Brunner und verbietet jedes Gespräch. Egal, die Beweise sprechen für sich", dann ergänzte sie, „ach ja, das Wichtigste, Bernd Hafka war kurz bei Bewusstsein. Die Ärzte sagen aber, dass er weiterhin ein Wackelkandidat ist. Der Zustand bleibt bedrohlich."
„Babs, du bist Spitze! Dann wäre der Anschlag im Krankenhaus schon mal geklärt. Nun habe ich Neuigkeiten für dich." Er berichtete seiner Kollegin von dem Fund des Elektroschockers und dem ominösen Mr. Jack Fox. „Babs, Ich bin mit Beck vor der ‚Waldeule' und versuche, Fox' Daten zu bekommen. Ich melde mich dann bei dir."
„Ja, schicke mir alles rüber. Ich gebe dann gleich eine Fahndung nach Jack Fox raus. Bis später, Horst!"

Beck begrüßte Weiher neben seinem Polizeiwagen und der Kommissar berichtete dem Wachtmeister, was sich ereignet hatte.

Beck erkundigte sich nach dem Gesundheitszustand von Hafka und Weiher schüttelte nur den Kopf.

„Er hat tatsächlich keine Überlebenschance mehr?", fragte Beck entsetzt.

Der Kommissar sah den Kollegen nur stumm an.

Beck nahm andächtig seine Dienstmütze vom Kopf, bekreuzigte sich und blickte zum Nachmittaghimmel auf, wo sich langsam dunkle Wolken bildeten.

Die Männer betraten das Foyer des Hotels und Weiher fragte die Dame an der Rezeption: „Können wir Herrn Brunner sprechen?"

„Tut mir leid. Der Chef musste dringend zu seinem Vater ins Krankenhaus. Der alte Herr Brunner hat hochgradig Krebs."

Weiher nickte: „Gut, dann schauen Sie bitte mal nach. Sie hatten letzte Woche bis Samstag einen amerikanischen Gast. Mr. Jack Fox. Wir benötigen dringend seine Personalien."

Die Hotelangestellte schaute in ihren Computer und druckte die Daten aus.

Die Männer verließen das Hotel und der Kommissar übermittelte die neu gewonnenen Daten seiner Kriminalabteilung.

Als die Polizeibeamten an der Straße standen, klapperten die Hufe einer zweispännigen Pferdekutsche auf sie zu. Musik mit Trinkliedern tönte aus den Lautsprechern. Im Schutz einer Plane kreischten fröhliche Gäste. Sie saßen sich jeweils zu acht Leuten gegenüber und grüßten die Polizeibeamten mit erhobenen Bierflaschen. Einer rief dem uniformierten Beck zu: „Bei watt für einer Trachtenkapelle spielst du denn?", und seine angeheiterten Kumpanen lachten schallend.

Ein anderer rief: „Heh, Kutscher, datt hier ist eine Verkehrskontrolle. Gib dem Grünen mal watt zu saufen!"
Auf dem Kutschbock saß Frank Ritter, einer aus der Gruppe der ‚Strolche'. Er machte ein muffeliges Gesicht und grüßte die Polizisten nur mit einem angedeuteten Kopfnicken.
Langsam rollte die angeheiterte Gruppe weiter und die Musik wurde wieder leiser.
Weiher grinste müde: „Gar nicht so schlecht der Gedanke, mal ein kühles Bier zu trinken."
Beck klopfte ihm lachend auf die Schulter: „Pech, Herr Kollege, Dienst ist Dienst und Schnaps ist Schnaps."
Weiher schaute auf die Uhr und fragte: „Beck, wie lange hast du noch Dienst?"
„Noch eine halbe Stunde, dann übernehmen die Kollegen aus der Stadt."
Weihers Miene hellte sich auf: „Ich habe mir mit diesem Fall das gesamte Wochenende um die Ohren geschlagen. Die Tat vom alten Brunner ist geklärt und die Fahndung nach Fox läuft. Also mache ich auch Feierabend. Zuhause wartet niemand. Meine Sachen sind noch im ‚Forellenhof'. Was sollte mich nun davon abhalten, gleich schön ein paar Bier zu trinken und erst morgen früh abzureisen?"
Beck lächelte seinen Kollegen erwartungsvoll an.
Weiher klopfte ihm auf die Schulter: „Waldemar, dann treffen wir uns um 18 Uhr in der Gaststube zum ‚Forellenhof'. Ich gebe einen aus, ok?"

Alle Tische in der Gaststube des ‚Forellenhofs' waren besetzt. Der kräftige Beck saß Horst gegenüber. Nun war der Wachtmeister in Zivil gekleidet und wirkte in seinem Karohemd noch wuchtiger. Die Männer hatten bereits drei Bier getrunken und ihr Appetit ließ sie immer wieder zu den Gästen schielen, die bereits vor ihren duftenden Speisen saßen.

„So, meine Herren", strahlte die junge Bedienung, „hier kommt für Sie die Spezialität des Hauses, Lachsforelle Spezial!"
Beck griff sogleich zu und murmelte mit vollem Mund: „Guten Hunger!"
Weiher fragte: „Weißt du, warum Knigge gestorben ist?"
Beck unterbrach sein Kauen und blickte Weiher fragend an: „Der WER?"
„Knigge, der die Tischregeln aufgestellt hat. Der zum Beispiel gesagt hat, dass man Kartoffeln nicht mit dem Messer schneidet. Auch Fisch soll nicht mit dem Messer geschnitten werden!"
Beck blickte auf sein Fischmesser: „Ich habe mich auch schon gewundert, warum das Dingen hier keine richtige Schneide hat. Das ist doch nur ein Schieber!"
„Das sogenannte Fischmesser hat keine Schneide, weil Knigge verboten hat, Fisch mit dem Messer zu schneiden. Das wurde ihm aber auch eines Tages zum Verhängnis."
Beck kaute weiter und seine treuen Augen schauten den Kollegen erwartungsvoll an.
Weiher erklärte: „Der alte Knigge wollte Tauchen lernen. Plötzlich schwamm ein riesiger Hai auf ihn zu. Sofort zog Knigge sein Tauchermesser. Da schüttelte der Hai den Kopf und meinte: ‚Aber Herr Knigge, Fisch schneidet man doch nicht mit dem Messer!' Ja, Beck, das war Knigges Ende", lachte Weiher.
„Horst, das ist ein Witz, nicht wahr?"
„Nein, Waldemar, so etwas ist todernst."

Annonce

„Station 3, Schwester Monika", meldete sich eine resolute Stimme am Telefon.

„Entschuldigen Sie, ich bin Frau Wirts. Ich hatte Herrn Bernd Hafka am letzten Sonntag besucht. Sie erinnern sich vielleicht an mich? Ich möchte nur wissen, wie es Herrn Hafka geht", war Manuela voller Erwartung.
„Das kann ich Ihnen nicht beantworten, Frau Wirts. Herr Hafka wurde in eine andere Klinik verlegt. Die Polizei hat uns auch angewiesen, keine weiteren Auskünfte mehr zu geben", schloss Schwester Monika das Gespräch.

Zwei Wochen später schlug Manuela Wirts ihre Zeitung auf. Auf der ersten Seite des Marksteiner Tageblatts wurde über politische Spannungen im Nahen Osten berichtet.
Frau Wirts blätterte weiter und hielt auf der Seite mit den Todesannoncen inne. Ihr zog sich plötzlich der Hals zu und die Schläfen pochten.
Im Nachruf einer Frankfurter Kanzlei stand zu lesen:
„Wir trauern um den Tod unseres Geschäftsfreundes Herrn Bernd Hafka, der nach einem tragischen Unfall plötzlich und unerwartet von uns gegangen ist."
Manuela schossen die Tränen in die Augen. Warum hatte man ihr nichts mitgeteilt? Die Kripo hätte etwas sagen können. Bernds Stiefmutter hätte etwas sagen können.
Sie griff zum Telefon, wählte die Nummer des ‚Forellenhofs' und ließ sich mit Frau Hafka verbinden.
„Warum haben Sie mir nicht mitgeteilt, dass Bernd gestorben ist. Verdammt, Frau Hafka, Sie können mir doch nicht erzählen, dass Sie nicht wussten, dass Bernd und ich…", blieben ihr die Worte im Hals stecken.
„Mein liebes Kind", setzte die ‚Forellenhof'-Wirtin einen strengen Ton auf, „selbst ich als Mutter habe gerade erst davon erfahren. Die Polizei hatte es wohl nicht nötig, mich als Mutter zu informieren. Ganz im Gegenteil. Die haben während der gesamten Zeit überhaupt keine Informationen mehr herausgegeben. Jetzt gerade war die Post hier und ich

bekam ein Schreiben von einer Frankfurter Kanzlei, in dem es um den Nachlass unseres lieben Bernd geht", und ein theatralisches Schluchzen folgte.
Manuela legte angewidert auf. Bald darauf hörte sie ein Klappern an ihrer Haustür. Sie nahm ihre Krücken und betrat den Flur. Unter dem Briefschlitz lag ein Umschlag. Sie hob ihn auf und las. Der Absender gehörte zu einer Frankfurter Anwaltskanzlei…

Horst Weiher saß in seinem Büro und griff zur Kaffeetasse. Er las gerade einen Aktenbericht über einen Mord aus Eifersucht, als sich die Tür öffnete.
Seine Kollegin Barbara Klein kam schmunzelnd auf ihn zu und setzte sich mit ihrem Po lässig auf die Kante seiner Schreibtischplatte: „Na, bei dieser Eifersuchtsgeschichte sind die Fakten wohl klar, nicht wahr?" Dann hielt sie ein Blatt hoch.
Weiher legte die Akte zur Seite und meinte gelangweilt: „Ich denke, der Ehemann wird in diesem übersichtlichen Fall ein volles Geständnis unterschreiben. Aber was hast du da mitgebracht?"
Ihr Gesicht wurde ernst: „Neues in der Sache Bernd Hafka", sie machte eine spannende Pause, „Unser Mr. Fox ist aufgetaucht."
Weiher strich über seinen Bart und schaute sie erwartungsvoll an: „Spann mich nicht auf die Folter und erzähl schon!"
„Man hat Jack Fox in einem Zugabteil gefunden. Tot! Er hat sich mit Tabletten voll gepumpt. In seiner Jackentasche fand man einen Abschiedsbrief. Ich habe hier die Kopie", und sie begann den Text von ihrem Blatt in perfekt ausgesprochenem Englisch vorzulesen.
Weiher kratzte sich am Kopf und murmelte: „Babs, also bitte! Du bist zwanzig Jahre jünger. Du hattest mehr Eng-

lisch in der Schule als ich. Geht das nicht auch in Deutsch?"
„Einen perfekt sprachbegabten Chef hätte ich auch nicht erwartet", meinte sie frech und fasste den Inhalt des Briefs sinngemäß zusammen: „Also, dieser Jack Fox war Witwer und lebte in New York. Er hat keine weiteren Angehörigen mehr. Wie in Amiland üblich, hatte er seine gesamte Altersvorsorge in Wertpapieren angelegt. Ich denke, in seinem Portfolio waren auch viele risikoreiche Aktien. Auf jeden Fall verlor unser Mr. Fox 2008 während der Bankenkrise bei dem Zusammenbruch von ‚Lehman Brothers' bis auf ein paar Dollar sein ganzes Vermögen. Und jetzt kommt's: Bernd Hafka war sein Bankberater. Fox nahm sich einen Anwalt, um Hafka zu verklagen und Schadensersatz zu fordern. Das Gericht entschied vor kurzem, dass Hafka keine Schuld träfe und ließ die Anklage fallen. Da beschloss Jack Fox, sein Recht selbst in die Hand zu nehmen. Für ihn gab es wohl nur noch einen Gedanken: Wenn sein eigenes Leben aufgrund seines finanziellen Desasters den Bach runter ging, so sollte auch Bernd Hafka sprichwörtlich den Bach runter gehen!"
Weiher kombinierte: „Dass Fox' Anschlag mit dem Elektroschocker am Hellenbach fehlgeschlagen war, hatte er sicherlich aus der Presse erfahren. Ich denke, Fox wartete auf eine neue Gelegenheit sich an Hafka zu rächen, doch der alte Anton Brunner kam ihm zuvor. Nun musste Fox nur noch abwarten, ob Bernd Hafka den zweiten Anschlag überleben würde. Dann konnte er im Nachruf dieser Frankfurter Anwaltskanzlei in mehreren deutschen und amerikanischen Zeitungen lesen, dass Bernd Hafka nach einem Unfall verstorben sei. Damit war Fox' Rachefeldzug wohl beendet."
Inspektorin Klein hielt die Kopie von Mr. Fox' Brief hoch und meinte: „Dieses Bekennerschreiben soll der Welt beweisen, dass er die Gerechtigkeit wiederhergestellt hat."

Weiher ergänzte: „Wie man an diesem Fall wieder sieht, hat eine subjektiv gefühlte Gerechtigkeit nur zu ungerechtem Handeln geführt. Die Selbstjustiz mag den Hunger von Rachegefühlen eine gewisse Sättigung geben, aber ich glaube nicht, das Jack Fox mit dieser Tat seinen Seelenfrieden gefunden hat."

Am dritten Samstag, nach dem spektakulären Ereignis an der Hellenbachmühle, war die Welt in Markstein wieder in Ordnung. Es öffnete sich die schwere Tür des Gasthofs ‚Zum Strolch' und einige Rauchschwaden flüchteten in die klare Abendluft.
Der korpulente Burghard Herbst tapste zum Tresen: „Hubsi, mach mal ein Bier und einen Klaren!"
Am Stammtisch der ‚Strolche' saß der Landrat Harry Weber, Lehrer Olaf Berger und, man staune, Hotelier Brunner. Hatte Brunner sich nicht gerade am Samstag um seine Hotelgäste zu kümmern?
Die ‚Strolche' waren offensichtlich nicht gut gelaunt. Man flüsterte, sah sich um und gestikulierte nervös.
Die Planwagengäste am Nachbartisch hatten Kutscher Frank Ritter in Beschlag genommen und bestellten ihre Runden immer schneller. Einige litten bereits unter dem Verlust der Muttersprache. Im Hintergrund stampften wieder die Ballermann-Hits.
Hubert Strass, der Wirt, sah Burghard streng an: „Zeige mir mal, ob du Geld dabei hast. Ich kriege von dir mittlerweile 120 Euro."
Der Dicke grinste: „Du kannst ruhig einen neuen Deckel für mich machen. Mutter hat Post bekommen. Der Anwalt von Bernd eröffnet bald das Testament. Bernd war schließlich mein Bruder", und er nickte nachdrücklich. „Danach zahle ich sofort alles zurück und lege noch was drauf!"

Hubsi verzog das Gesicht: „Bis jetzt hat ja noch nicht mal eine Beerdigung stattgefunden. Da willst du schon Bernds Fell versaufen?"
Burghard schüttelte den Kopf: „Nein, der Rechtsverdreher in Frankfurt hat gesagt, dass Bernd in Deutschland keine Trauerfeier haben wollte. Muss er wohl in sein Testament geschrieben haben. Seine Urne soll nach Amiland geschickt werden", und er machte mit der Hand eine abfliegende Geste.
Der Wirt schüttelte den Kopf und meinte ironisch: „Ist ja klasse für dich und deine Mutter. Da erbt ihr dick und spart das ganze Geld für die Beerdigung."
Der Dicke steckte sich eine Zigarette an und grinste breit.
Der Wirt wandte sich angewidert ab und murmelte: „Der Teufel scheißt immer auf den größten Haufen!", und er zapfte ein neues Bier.

Testament

Bernd Hafka hatte bei dem Notar Dr. Wolfgang Brauke in Frankfurt ein Testament hinterlegt. Der Jurist lud entsprechend dem Willen des Erblassers die eingesetzten Erben ein. So versammelten sich vier Wochen nach Bernd Hafkas Unglück dessen Stiefmutter, Frau Hafka, sein Stiefbruder, Burghard Herbst, Manuela Wirts und ihr Sohn Sven in der Kanzlei.
Das helle Büro lag im elften Stock eines der vielen Hochhäuser der Frankfurter Skyline. Die Sonne strahlte von einem blauen Himmel, an dem eine Passagiermaschine einen hellgrauen Streifen malte.
Die geladenen Personen saßen sich an einem großen Konferenztisch gegenüber. Dr. Brauke saß vor Kopf und ordnete mehrere Dokumente.

Frau Hafka hatte sich äußerst elegant gekleidet und teuren Schmuck angelegt. Selbstverständlich war sie einen Tag zuvor noch beim Frisör gewesen. Die Chefin des ‚Forellenhofs' wollte hier nicht so erscheinen, als hätte sie eine Erbschaft unbedingt nötig. In diesem Moment überschlugen sich ihre Gedanken. Nach ihrer Meinung wäre es sowieso richtiger gewesen, wenn ihr verstorbener Ehemann Wilhelm Hafka sie vor einem halben Jahr als Haupterbin eingesetzt hätte. Nun ja, jetzt würde diese falsche Entscheidung durch Bernds Schicksal wieder richtig gestellt. Zusätzlich kreisten ihre Gedanken um diese Manuela Wirts. Was hatte die denn überhaupt hier zu suchen. Bernd hatte mit einer halb gelähmten Frau mit Sicherheit kein Verhältnis angefangen. Nun gut, im Augenblick war Geduld gefragt. Frau Hafka schaute den Notar erwartungsvoll an und versuchte, ein sympathisches Lächeln aufzusetzen.
Neben ihr blickte Burghard Herbst missmutig drein. Der korpulente Mann hatte seinen besten Anzug angezogen, obgleich dieser seine besten Zeiten längst hinter sich hatte. Die Jacke spannte über dem prallen Bauch, die Krawatte war leicht aufgezogen und der oberste Hemdenknopf geöffnet. Kleine Schweißtröpfchen standen auf Burghards hohen Stirn und sein Atem roch nach Alkohol. Er konnte nicht auf das Erbe des ‚Forellenhofs' hoffen, aber vielleicht war da etwas Geld zu holen. Sein Stiefbruder Bernd war schließlich in Amerika bei einer Bank beschäftigt gewesen. Burghard blickte nervös zwischen dem Notar und Frau Wirts hin und her.
Frau Wirts hatte dunkle Ringe unter den Augen. Sie war kaum geschminkt. Trotzdem umrahmten ihre blonden Locken ein auffällig schönes Gesicht. Der dunkle Hosenanzug wirkte schlicht und figurbetont. Frau Wirts Wimpern schlugen nervös. Sie fühlte, dass sie nicht hierher gehörte. Sie gehörte nicht zur Familie. Unbewusst umklammerte sie

eine der Unterarmgehstützen, die an der Tischplatte neben ihr lehnten.
Manuela besah sich so unauffällig wie möglich den Juristen. Was sollte sie von diesem Mann halten? Durfte man ihm trauen? Konnte man Rechtsanwälten überhaupt trauen? Ihre Erfahrungen vor Gericht waren in ihrer Jugend nicht gut gewesen.
Dr. Brauke präsentierte sich als ein Herr in maßgeschneidertem Anzug, teurem Hemd und geschmackvoller Krawatte. Das graue Haar des 60-jährigen war voll und wellig. Die scharfen Augen funkelten durch eine Designerbrille und schienen Gedanken lesen zu können. Körperlich hielt er sich offensichtlich fit. Ein attraktiver Mann. Obwohl er ständig lächelte, war es unmöglich, in seine Gedanken einzudringen. Jede Bewegung war souverän und pedantisch.
„Meine Damen, meine Herren", begann er mit sicherer Stimme, „ich begrüße Sie zu dieser Testamentseröffnung und bitte Sie, mir als erstes Ihre Personalausweise vorzulegen."
Handtaschen und Brieftaschen öffneten sich und Dr. Brauke blickte kurz auf die Personalien.
„Gut", lächelte er und legte ein Dokument in exakt rechtem Winkel vor sich. „Der Erblasser, Herr Bernd Hafka...", es folgten die notwenigen juristischen Daten, „hat in seiner letzten Willenserklärung Folgendes festgelegt", Dr. Brauke blickte Frau Hafka an und zitierte: „Meine Stiefmutter soll den ‚Forellenhof' entsprechend der Grundbucheintragung erhalten."
Ilse Hafka konnte ein breites Grinsen kaum unterdrücken und nickte langsam mit dem Kopf. Ihre Finger krallten sich begeistert in das Leder ihrer Handtasche.
Dr. Brauke fuhr fort: „Herr Burghard Herbst erhält von dem Erblasser alle Schuldscheine, die Herr Bernd Hafka von Herrn Dirk Brunner aufgekauft hat."

Der Dicke hob verwundert die Brauen und es schoss aus ihm heraus: „Was denn, ich soll Schulden übernehmen?"
Der Notar erklärte mit ruhiger Stimme: „Herr Herbst, wenn Sie die Erbschaft annehmen sollten, dann haben Sie das Recht, die Schulden des Herrn Brunner umgehend einzufordern. Das geschuldete Geld gehört dann Ihnen."
Burghard Herbst zog seine Krawatte noch weiter auf und fragte: „Wie denn, ich kann also sofort vom Brunner Geld bekommen?"
Dr. Brauke nickte: „Im Grunde genommen könnte man das so ausdrücken. Aber bitte, lassen Sie uns jetzt fortfahren. Sollten Sie das Erbe annehmen, dann gebe ich Ihnen genaue, juristische Erklärungen."
Dr. Brauke blickte Frau Wirts an. Sie bekam rote Wangen.
Der Notar zog zum ersten Mal ein mildes Lächeln auf und erklärte: „An den Nachlass für Frau Wirts ist eine Bedingung geknüpft. Der Erblasser hat den Wunsch, dass Frau Wirts die Urne des Verstorbenen in die USA zu ihrem Bestimmungsort überführt. Sollte das erfüllt sein, dann erbt sie die in den USA befindlichen Immobilienwerte des Erblassers. Sollte dieses Erbe nicht angetreten werden, werden diese Werte einem vom Erblasser bestimmten wohltätigen Zweck zugeführt."
Manuela zog ein Taschentuch heraus und bemühte sich, nicht zu laut hineinzuschnaufen. Dann tupfte sie ihre feuchten Augen ab.
Brauke fragte: „Alles in Ordnung, Frau Wirts?"
Sie nickte und sagte mit dünner Stimme: „Ich werde Bernds Wunsch nachkommen, aber führen Sie diese Dinge da dem wohltätigen Zweck zu. Mir stehen sie nicht zu."
Der Notar nickte: „Gut, aber wir gehen erst einmal der Reihe nach vor", und er sah Sven Wirts an.
Frau Hafka räusperte sich und fragte dann: „Darf man denn

mal zuerst erfahren, was das für Immobilien von Bernd in Amerika sind?"
Dr. Brauke blickte sie streng an: „Darüber darf ich keine Auskunft geben. Erst wenn Frau Wirts die Urne überführt hat, wird bekannt gegeben, um welche Objekte es sich handelt."
Die ‚Forellenhof'-Wirtin fragte forsch weiter: „Und was ist, wenn ich das Testament anfechte?"
Dr. Brauke schmunzelte: „Dann wird auch der ‚Forellenhof' einem wohltätigen Zweck zugeführt. So ist die Willenserklärung des Erblassers."
Frau Hafka nickte zu Frau Wirts: „Die hat mit der Familie doch gar nichts zu tun!"
Der Jurist ignorierte die Bemerkung und wandte sich Sven Wirts zu. Der junge Mann trug eine schwarze Jeans und ein schwarzes Hemd. Er wirkte freundlich, aber verunsichert.
Dr. Brauke sagte: „Sven Wirts, Herr Hafka hat bestimmt, dass Sie seine Angelausrüstung erhalten."
Svens Gefühle fuhren Achterbahn. Er flüchtete seinen Blick aus dem Fenster, wo gerade wieder eine Passagiermaschine einen Streifen an den Himmel malte.
Burghard Herbst ließ sich noch einmal bestätigen, dass er Brunners Schuldscheine zu Geld machen konnte, und nahm unter dem Drängen der Mutter seinen Erbanteil an.
Dr. Brauke bat Frau Wirts und Sven, noch zu bleiben. Dann geleitete er Frau Hafka und ihren Sohn zur Tür und verabschiedete diese Herrschaften stilvoll.

Dr. Brauke kehrte in sein Büro zurück, schloss die Tür und klatschte gelöst in die Hände: „so, darf ich Ihnen Kaffee anbieten?"
Bald darauf servierte eine Mitarbeiterin der Kanzlei duftenden Kaffee und Gebäck.
Dr. Brauke rührte klingelnd in seiner Tasse und schaute

Frau Wirts in die Augen: „Meine Liebe, bitte haben Sie Vertrauen zu mir. Ich bin mit Bernd seit vielen Jahren befreundet und deshalb sind mir seine Gefühle für Sie nicht neu. Ich bitte Sie, seinem Wunsch zu entsprechen und auch das Erbe anzunehmen. Es war wirklich sein Herzenswunsch."

Frau Wirts fragte: „Was mich interessieren würde, warum hat Bernd überhaupt jetzt schon ein Testament gemacht? Es sieht ja fast so aus, als hätte er mit seinem frühzeitigen Tod gerechnet."

„Als Bernd alle Schuldscheine von Brunner aufgekauft hatte, stieg für ihn das Risiko, einem Attentat zum Opfer zu fallen. Auch die Bankenkrise, an der er keine Schuld getragen hat, stürzte viele Menschen ins Unglück. Leider drehten einige von ihnen durch. Bernd war immer ein Mensch, der weit vorausplante." Dr. Brauke beugte sich vor und legte seine Hand fast väterlich auf die ihre. „Manuela, überlegen Sie sich die Annahme des Erbes in Ruhe. Die beiden anderen", nickte er zur Tür, „hatten es mit dem Erbe sehr eilig. Sie haben nach deutschem Erbrecht sechs Wochen Zeit zu überlegen, wie Sie sich entscheiden."

Frau Wirts zeigte auf ihre Gehhilfen: „Ich muss gestehen, dass ich nicht besonders mobil bin auf langen Reisen. Das muss ich gut planen. Wann und wie geht die Überführung von Bernd in die USA vonstatten?"

Sven blickte seine Mutter an: „Mama, ich begleite dich. Ich kümmere mich um das Gepäck und so. Wir kriegen das schon hin."

Sie lächelte ihn an: „Sven, das ist lieb. Aber allein der Flug und die Hotelkosten sind teuer. Ich weiß nicht, ob mein Erspartes für zwei reicht."

Dr. Brauke wedelte mit der Hand: „Da kann ich Sie ganz beruhigen. Sie brauchen nur packen und ich kümmere mich um alles andere. Es wird mir eine Ehre sein, Sie in

die USA zu begleiten. Selbstverständlich fliegt auch Ihr Sohn mit. Bernd hat das genauso gewollt."
Mutter und Sohn tauschten Blicke und Manuelas Gesicht zeigte deutliche Erleichterung.
Der Notar lehnte sich zurück: „Frau Wirts, Sie haben eine schwere Zeit hinter sich, doch versuchen Sie jetzt zu entspannen." Er sah auf seine Rolex. „Leider drängt mein Terminkalender. Wie sind Sie hierher gekommen?"
Sie schmunzelte etwas verlegen: „Mit dem Zug."
Dr. Brauke erhob sich und öffnete die Tür zu seinem Vorzimmer. Dann sagte er zu seiner Sekretärin: „Bitte rufen Sie einen Wagen für Frau Wirts und ihren Sohn. Die Rechnung geht an mich."
Manuela und Sven gingen ihm entgegen.
Dr. Brauke nahm ihre Hand: „Bereiten Sie sich bitte darauf vor, dass ich Sie in zwei Tagen abhole. Richten Sie sich auch auf einen etwas längeren Aufenthalt in den USA ein." Dann klopfte er Sven väterlich auf die Schulter und begleitete seine Mandanten hinaus.

Amerika

In der Redaktion der Lokalpresse läutete das Telefon und der Journalist nahm den Hörer ab: „Ziegler, Marksteiner Tageblatt. Was kann ich für Sie tun?"
Eine freundliche Frauenstimme antwortete: „Hier ist die Rechtsanwalts- und Notariatskanzlei Dr. Brauke in Frankfurt. Stein mein Name. Dr. Brauke möchte Sie sprechen."
„Gerne, stellen Sie durch."
Es klickte in der Leitung und eine souveräne Stimme meldete sich: „Brauke!"
„Hans Ziegler, Sie wollten mich sprechen, Herr Doktor?"

„Haben Sie Interesse an einer spektakulären Story?"
Ziegler lachte: „Gerade daran haben wir immer Interesse."
„Auch wenn bekannte Persönlichkeiten dabei denunziert werden?"
„Wenn die Angaben den Tatsachen entsprechen, hat die Öffentlichkeit ein Recht darauf, die Wahrheit zu erfahren."
„Gut, ich melde mich wieder bei Ihnen. Meine Sekretärin mailt Ihnen die Geschichte in wenigen Tagen zu."

Dr. Brauke hatte Frau Wirts geraten, während der Reise keinen Trauerflor zu tragen, sondern sich etwas Bequemes anzuziehen. Als er sie und ihren Sohn Sven am Tag der Abreise abholte, trug Manuela einen hellblauen Hosenanzug und die blonden Haare fielen in Locken über ihre Schultern. Die dunklen Ringe unter ihren Augen waren verschwunden und das leicht geschminkte Gesicht wirkte anziehend. Manuela nahm auf dem Rücksitz des Autos Platz und Brauke schloss hinter ihr die Wagentür. Sven verstaute das Gepäck im Kofferraum und schimpfte darüber, dass seine Mutter viel zu viel eingepackt hätte.
„Du hast doch einen Führerschein, junger Mann?", fragte der Jurist.
„Ja sicher , warum?"
Brauke ging zur Beifahrertür und lachte: „Dann zeig mal, was du kannst", und er setzte sich auf den Beifahrersitz.
Sven konnte es kaum fassen, dass er diesen edlen Wagen fahren sollte. Ehrfürchtig setzte er sich hinter das Lenkrad und startete den Motor. Vorsichtig lenkte er den BMW auf die Hauptstraße.
„Du fährst bitte ganz vorsichtig", kam die mütterliche Sorge von hinten.
Brauke lachte: „Lassen Sie ihn mal. Ich denke, so oft hatte er noch nicht die Gelegenheit, einen solchen Wagen zu fahren. Der hat eine hohe Sicherheitstechnik."

Sven vermochte sein breites Grinsen nicht mehr zurückzuhalten und genoss die Fahrt.
Zwei Stunden später betraten sie das Flugzeug.
Frau Wirts konnte es kaum fassen. Sie wurde von der Flugbegleitung in die erste Klasse geleitet.
Sie flüsterte Brauke zu: „Aber das ist doch unglaublich teuer hier. Das kann doch kein Mensch bezahlen!"
Er legte einen Finger auf den Mund und flüsterte zurück: „Das verraten wir aber niemandem", dann schnallten sich alle an.
Sven konnte seine Begeisterung kaum zurückhalten. Der Schub des Steigflugs drückte sie in die bequemen Polster und die riesige Stadt unter ihnen wurde rasch kleiner und kleiner. Als sie den Atlantik zum größten Teil überquert hatten, schlief Manuela ein.
„Mama, werde mal wach", hörte sie von Ferne die Stimme ihres Sohnes, „da ist die Skyline von Frankfurt", lachte Sven.
Manuela rieb sich die Augen, richtete sich auf, schaute aus dem Fenster und strahlte: „New York, das ist New York."
Nachdem sie auf dem Flughafen den Zoll und die Personenkontrolle passiert hatten, warteten sie neben dem Förderband auf ihr Gepäck.
Dr. Brauke zog einen Rollstuhl heran, damit Frau Wirts sich beim Laufen nicht so anstrengen musste. Nach einiger Zeit kamen ihre drei Koffer, Manuelas Beautycase und Svens Fototasche.
Manuela wurde nervös: „Wo ist die Tasche mit der Urne?", und sie sah Dr. Brauke hilfesuchend an.
Er zuckte ernst mit den Schultern: „Ja, da wollen wir mal hoffen, dass die nicht verloren gegangen ist. Wenn der verstorbene Bernd Hafka nicht in New York angekommen ist, dann sind die Bedingungen für den Antritt des Erbes nicht erfüllt."
Manuela nahm ihre Stützen, stemmte sich aus ihrem Roll-

stuhl hoch und ging mit kleinen Schritten nervös neben dem Förderband hin und her.
Die letzten Passagiere ihres Fluges aus Deutschland griffen zu ihren Gepäckstücken, dann war das Band leer. Die Tasche mit der Urne kam nicht mehr.
Manuela blickte Dr. Brauke fragend an: „Ja, raten Sie mir doch mal, an wen ich mich jetzt wenden soll, um Bernd wieder zu finden?"
Der Anwalt lachte seltsam: „Gut, dann rate ich ihnen, wenden Sie sich doch einfach mal zur Halle um."
Sie schüttete verständnislos den Kopf, drehte sich aber herum. Direkt vor ihr stand ein 1,85 m großer Mann mit typisch amerikanischer Schirmmütze und Sonnenbrille. Langsam nahm er die Brille ab und ein breites Lächeln zog über sein Gesicht: „You´re looking for Mr. Bernd Hafka?"
„Du völlig verrückter Kerl!", rief Manuela, ließ ihre Stöcke fallen und hängte sich an Bernds Hals.
Er hob sie auf seine Arme und drehte sich mit ihr im Kreis.
Dr. Brauke trat hinzu: „Genug, mein Freund" hatte er einen strengen Ton aufgesetzt, „der Herr ist bereits wieder übermütig. Dr. Johnson zieht dir die Ohren lang, wenn du nicht endlich auf dein Herz Rücksicht nimmst!"
Bernd setzte sie in ihren Stuhl und japste nach Luft: „Du hast Recht", und er atmete noch einmal kräftig durch.
Dann klopfte er Dr. Brauke auf die Schulter und sagte zu Manuela und Sven. „Darf ich euch meinen besten Freund Wolfgang vorstellen?"
Der Sechzigjährige blickte Sven an und zeigte auf Bernd: „Ich darf dir dann im Gegenzug deinen leiblichen Vater vorstellen."
Der junge Mann schaute zweifelnd seine Mutter an und die nickte schmunzelnd: „Ja, Sven, Bernd ist wirklich dein richtiger Vater. Ich erkläre dir zu passender Zeit, warum du das erst heute erfahren solltest."

Dr. Brauke klatschte in die Hände: „So, alle Augen wieder trocknen und weiter. Unser nächster Flieger startet gleich."

Ein langer Reisetag ging zu Ende.
Manuela schaute lange nachdenklich zu den Gipfeln der Rocky Mountains auf, die im Abendrot leuchteten. Die Terrasse des Bungalows endete an einem blaugefliesten Pool, unter dessen Wasseroberfläche bunte Lampen strahlten. Bernd reichte ihr einen Cocktail. Sven und Brauke tranken Budweiser.
Hafka sah Manuela an und hielt ihr sein Glas entgegen: „Well, ich frage dich vor diesen Zeugen, möchtest du meine Frau werden und mit mir hier leben? Hier, fern von Markstein und all den bösen Erinnerungen?"
Sie stand auf und umarmte ihn. Dann tauschten sie einen kurzen Kuss.
Bernd sah Sven an: „Kannst du dir vorstellen, ebenfalls hierzubleiben? Es ist das Land der unbegrenzten Möglichkeiten. Engagierte Leute finden hier immer Aufgaben? Andererseits ist Europa nur 20 Reisestunden entfernt."
Sven stimmte begeistert zu.
Manuela schaute Bernd auffordernd an: „Erzählst du uns, was geschehen ist, nachdem Anton Brunner in der Klinik die Vitalgeräte abgeschaltet hat?"
Er erzählte: „Man konnte mich stabilisieren und wie durch ein Wunder kam ich zu Bewusstsein. Wolfgang", zeigte er auf Dr. Brauke, „veranlasste, dass ich unter anderem Namen in eine andere Klinik nach Frankfurt verlegt wurde. Als ich flugtauglich war, schaffte er mich in die USA. Ich bin schließlich amerikanischer Staatsbürger. Gleichzeitig setzte er die Todesannonce in mehrere Zeitungen, um weitere Anschläge zu verhindern."
Sven fragte: „Und die Polizei hat dabei mitgespielt?"
Dr. Brauke antwortete: „Die Verantwortung für die An-

nonce mit der falschen Meldung lag bei mir. Wo kein Kläger, da kein Richter. Weiher und der Staatsanwalt haben großzügig stillgehalten. Das Ergebnis führte dazu, dass Jack Fox glaubte, sein Ziel erreicht zu haben und für Bernd keine weitere Gefahr mehr darstellte", er trank von seinem Bier. „Wesentlich heikler war die Geschichte mit dem Nachlass. Aber da Bernds Stiefmutter und der Stiefbruder nun Dinge zugesprochen bekamen, die sie auch erbrechtlich nie hätten einklagen können, schauten sie nicht genau auf die Dokumente, sondern nur auf das Geld."

Manuela blickte Bernd an: „Fiel es dir nicht schwer, das Erbe deines Vaters abzugeben?"

„Auch wenn Ilse mich nie wie einen Sohn behandelt hat, so ist der gute Zustand des ‚Forellenhofs' auch ihr Verdienst", und er ergänzte, „und ich tauge nicht für die Leitung eines Gastbetriebs."

Sie schwiegen einige Zeit, dann meinte Bernd: „Burghard ist ein armes Schwein. Der Alkohol hat sein Leben verändert. Ich fühlte mich verpflichtet, ihm die Möglichkeit zu geben, einen finanziellen Neustart zu machen. Burghard kommt auch nicht so ohne weiteres an das Geld heran. Er muss sich schon bemühen. Er wird mit Brunner wegen der Schuldscheine noch Spaß bekommen. Warten wir es mal ab."

Epilog

Zwei Wochen später setzte sich Manuela am Vormittag völlig geschafft auf ihren Liegestuhl und trocknete sich ab. Sie hatte wieder eine halbe Stunde im Pool ihre Beine trainiert. Die Sonne schien von einem hellblauen Himmel.

Bernd kam mit der Post vom Briefkasten. Sein Rechtsanwalt und Freund Dr. Brauke hatte ihm aus Frankfurt einen prall gefüllten Umschlag gesendet, in dem sich mehrere Tageszei-

tungen aus der Heimatregion befanden.
Er überflog die Schlagzeilen, die Brauke markiert hatte, und grinste.
„Darling, es gibt Neuigkeiten aus Markstein. Willst du mal lesen?"
Manu nickte ihm zu, nahm die Zeitung entgegen und zitierte: „Der Landtagsabgeordnete Harald W. wurde mit den Vorwürfen konfrontiert, vor 25 Jahren zusammen mit zwei weiteren jungen Männern eine Frau vergewaltigt zu haben. Weber kündigte bereits seinen Rücktritt an."
Sie setzte sich auf und las weiter: „Der betrunkene Burghard H. verletzte den Besitzer des Hotels ‚Waldeule' durch Faustschläge so heftig, dass Herr Dirk B. stationär behandelt werden musste. Es wurde Anzeige wegen Körperverletzung gestellt. Burghard H. gab als Begründung an, dass Dirk B. nicht bereit gewesen wäre, seine immensen Schulden bei ihm zu bezahlen."
Manuela grinste Bernd an: „Ja klar, der wollte seinen Erbschaftsanteil ausgezahlt haben."
Bernd reichte ihr eine andere Zeitung und sie las weiter: „Der ehemalige Besitzer des Hotels ‚Waldeule', Anton B., erlag nach langem Leiden einer Krebserkrankung. Das gegen ihn erhobene Ermittlungsverfahren wurde eingestellt. Sein Sohn Dirk B. erklärte der Presse, dass sein Vater im verwirrten Zustand aus Versehen ein medizinisches Gerät eines Mitpatienten ausgeschaltet hatte."
Manuela murmelte: „Dann ist die Ehre der lieben Familie Brunner ja kaum angekratzt worden."
Bernds Rechtsanwalt hatte in einer anderen Ausgabe eine Meldung dick unterstrichen. Darin stand: „Selbstmord in der Deutschen Bahn. Ein amerikanischer Fahrgast…"

Manuela nahm Bernds Hand und sagte schmunzelnd: „Ich bin froh, dass die Welt hier offensichtlich friedlicher ist."

Bernd hob sie aus dem Liegestuhl und lachte: „Oh, no, Attentäter und Bösewichte gibt es hier auch!" Er ließ sich mit ihr vornüber in den Pool fallen. Sie tauchten lachend wieder auf und hielten sich umschlungen.

Manuela gab ihm einen Kuss und meinte: „Ich hatte ganz andere Menschen als Attentäter in Verdacht, die dir etwas angetan haben konnten."

„Ja, und an wen hattest du gedacht?"

„Deine Stiefmutter, Burghard und sogar Ulrike Kern, die alte Kräuterhexe, hatte ich in Verdacht."

„Kräuterhexe Ulrike? Oh, da warst du auf dem ganz falschen Dampfer. Als ich die Klinik verließ, traf ich den Ermittler Weiher. Er gestand mir hinter vorgehaltener Hand, dass Ulrike den wesentlichen Hinweis auf Anton Brunner gegeben und mich dadurch vor ihm geschützt hat", er machte eine nachdenkliche Pause. „Vielleicht hat sie das getan, weil ich kurz vor dem Anschlag noch bei ihr war. Ich habe mich dafür entschuldigt, dass ich ihr als Junge nach dem Tod von Tom nicht kondoliert habe. Sie war äußerst verständnisvoll. Sie ist ein weitsichtiger, weiser und hilfsbereiter Mensch", dann sah er Manuela ernst an: „Ich bat sie auch um Rat, ob es nicht ein Mittel geben würde, das gegen deine Erkrankung hilft. Ein Mittel, das die Schulmedizin nicht bietet."

Manuela strich sich ihre nassen, blonden Locken hinter die Ohren. Auch ihr Gesichtsausdruck wurde ernst: „Ich habe mich nie getraut, Ulrike danach zu fragen. Vielleicht wegen der alten Geschichte mit Thomas. Weil ich die dämliche Idee mit der Röhre hatte." Sie senkte verlegen die Augen und fragte: „Was hat Ulrike dir geantwortet? Hat sie dir ein Mittel genannt?"

Bernd nahm ihr Gesicht in seine Hände und blickte ihr tief in die Augen. Dann nickte er: „Ja, es gibt angeblich ein Mittel, das jedes Leid lindern kann. Es heißt Liebe. Hast du schon mal davon gehört?"

DRITTES BUCH

DER UNBEKANNTE

Der Unbekannte

Die Sommersonne stand brennend am Mittaghimmel. Auf dem Bahnsteig befanden sich nur wenige Fahrgäste und die Luft war aufgrund der absoluten Windstille stickig geworden.

Einige Fahrgäste liefen nervös hin und her und schauten immer wieder auf ihre Uhr. Auf einer Wartebank saß ein Mann in einem weißen, kurzärmligen Hemd und heller Jeans. Er schien um die 40 Jahre alt zu sein.

Als zwei Bänke weiter ein lauter Techno-Sound stampfte, ließ er seine Zeitung sinken und betrachtete die Jugendlichen, die sich nun aus Langeweile gegenseitig herumstießen.

„Soll das Deutschlands Zukunft sein?", brummte ein alter Herr und nickte mit dem Kinn zu den jungen Männern.

Der 40-jährige besah sich den betagten Mann mit den ausgetretenen Schuhen, dem fleckigen Anzug und Hut und antwortete: „Die haben noch überschüssige Energie. Waren wir denn anders? Und aus uns ist doch auch etwas geworden."

Der Rentner schüttelte den Kopf: „So ein Benehmen konnten wir uns früher nicht erlauben. Da hätte es gleich etwas gesetzt!", dann blickte er auf den 40-Jährigen herab. „Außerdem sind Sie doch viel jünger als ich und können da gar nicht mitreden. Was machen Sie denn beruflich?"

„Ich denke, jede Generation hat so ihre Probleme und wird trotzdem ihrer Aufgabe gerecht. Was ich beruflich mache? Ich bin..." Seine Worte verhallten unter der schallenden Ansage des Bahnlautsprechers, der den einfahrenden Zug ankündigte.

Ein gewaltiger Windzug zerriss die stickige Sommerluft und die Fahrgäste griffen zu ihren Gepäckstücken.

Nur wenige Leute stiegen aus. Der alte Herr eroberte als

Erster ein leeres Abteil und drehte sich arrogant zu dem 40-Jährigen in der Tür herum: „Ich sitze dort rechts am Fenster in Fahrtrichtung. Wenn Sie wollen, dann dürfen Sie sich mir gegenüber setzen."
„Nein, danke, ich möchte nicht stören", lächelte der Jüngere und ging ein Abteil weiter. Dort waren alle Sitzplätze frei. Er hob seinen Koffer hoch und legte ihn in die Gepäckablage.
Langsam setzte sich der Zug in Bewegung und gewann an Fahrt. Er blickte in einen kleinen Spiegel an der Wand. Seine blauen Augen zeigten Ausgeglichenheit. Er strich sein welliges Haar glatt. „Du wirst grau, alter Junge", flüsterte er und drehte sich zum Fenster herum.
Schon war der Bahnhof außer Sicht, die Häuser der Stadt wurden weniger und eine grüne Landschaft schloss sich an. Plötzlich vernahm der Mann ein Geräusch hinter sich. Im Augenwinkel sah er, wie sein Trolli aus der Gepäckablage gezogen wurde. Er wollte sich empören, doch ein heftiger Schmerz fuhr durch seinen Schädel. Dann wurde es um ihn herum Nacht.

Amnesie

Oberarzt Dr. Schreiner blickte auf den Monitor, der die Herzfrequenz des Patienten anzeigte und veränderte den Durchfluss der Infusion. Das Piepsignal wurde etwas langsamer. Der Patient trug einen Kopfverband und seine Augen waren geschlossen. Die Gesichtszüge waren entspannt und sein Mund schien sogar ein bisschen zu lächeln.
„Er hat ein sympathisches Gesicht", bemerkte die 41-jährige Hauptkommissarin Jeanette Koch. „Wie alt schätzen Sie ihn?"
Der Arzt sah die Frau mit dem kinnlangen, dunkelblonden Haar etwas verwundert an, räusperte sich und meinte:

„Ich denke, er wird etwa 40 sein." Seine Finger stellten den Zulauf der Infusion noch etwas nach. „Und Sie haben keine Papiere oder andere Hinweise auf seine Person gefunden?"
„Die Bahnpolizei hat uns gerufen. Der Mann lag bewusstlos in einem Abteil auf dem Boden. Er war nur mit Hemd, Hose und Schuhen bekleidet. Wir gehen mal davon aus, dass er eine Jacke und Gepäck bei sich gehabt hatte. Leider fehlen Zeugen. Es wird sich um einen Raubüberfall handeln. Die Ermittlungen laufen, aber bis jetzt haben wir fast nichts in der Hand. Also müssen wir uns auf seine Angaben stützen. Was meinen Sie, wann er aufwacht?"
Im gleichen Moment beschleunigte sich der Puls des Patienten und er öffnete die Augen. Er hatte einen schmerzverzerrten Gesichtsausdruck und kniff die Augen zusammen. Seine Hand wollte den Kopf erreichen, doch der Oberarzt hielt sie besorgt fest.
„Der Strom ist wieder da", schmunzelte Dr. Schreiner und drückte die Hand des Patienten. „Keine Angst, Sie sind in Sicherheit. Sie befinden sich im Krankenhaus und werden medizinisch versorgt. Können Sie mich verstehen?"
Der Mann nickte.
„Können Sie uns Ihren Namen nennen?", mischte sich die Kommissarin ein.
Zögerlich öffnete der Patient die Augen einen Spalt und blinzelte die Frau verwundert an: „Wer sind Sie?"
Jeanette lächelte: „Ich bin Hauptkommissarin Koch und ermittle in Ihrer Angelegenheit. Sie wurden niedergeschlagen. Können Sie sich an irgendetwas erinnern?"
Der Mann wandte seinen Blick dem Arzt zu und verzog wieder unter Schmerzen das Gesicht: „Ich kann mich an nichts erinnern."
Frau Koch versuchte es anders: „An was erinnern Sie sich überhaupt. Versuchen Sie einfach einen Gedanken aufzu-

greifen. Zum Beispiel könnten Sie mir Ihren Namen nennen oder Ihren Wohnort oder was Sie beruflich machen."
Der Patient schloss seine Augen und schien nachzudenken. Ganz langsam schüttelte er den Kopf und hauchte: „Nichts, da ist absolut nichts in meinem Kopf. Ich kann Ihnen nicht einmal meinen Namen sagen." Dann bekam er einen Zitteranfall.
Der Arzt veränderte den Durchfluss des Medikaments und sein Patient fiel in einen tiefen Schlaf.
„Das reicht für heute." Er sah die Ermittlerin streng an. „Sollte er tatsächlich seinen Namen nennen oder andere Angaben machen, dann werden wir Sie informieren."
„Sie haben doch sicherlich mit einem MRT seinen Kopf untersucht. Hat er neben der äußeren Kopfverletzung auch Verletzungen an seinem Gehirn?"
„Ein Schädelhirntrauma war nicht direkt erkennbar. Aber der äußeren Verletzung nach zu urteilen hat er zumindest eine Gehirnerschütterung. Die kann für eine vorübergehende Amnesie sorgen. Das würde den momentanen Verlust seiner Erinnerungen erklären."
„Ok, wie lange wird die Amnesie dauern?"
„Das ist individuell unterschiedlich. Manchmal dauert es ein bis zwei Tage. Aber es hat auch schon Fälle gegeben, da kam das Gedächtnis erst nach Jahren oder gar nicht wieder zurück."

Alles neu

Der namenlose Patient konnte nach vier Tagen aus der Klinik entlassen werden. Eine Polizeistreife brachte den Mann ins Präsidium.
„Ich bin Kommissar Horst Erhard", stellte sich der 38-Jährige dem Namenlosen vor. „Ich ermittele genau wie Frau Koch

in Ihrer Sache", und er führte den Mann mit dem Verbandspflaster auf dem Hinterhaupt in ein leeres Büro.
Beide setzten sich an einem Schreibtisch gegenüber. Erhard massierte nachdenklich sein Kinn und begann: „Es ist umständlich, mit einer Person zu kommunizieren, die keinen Namen hat. Wie wäre es, wenn Sie sich bis zum Abklingen der Amnesie einen Namen Ihrer Wahl geben würden?"
Der Unbekannte hob die Brauen: „Nennen Sie mich einfach Theo. Ich habe keinen Bezug zu diesem Namen, aber er ist der erste, der mir spontan einfällt."
Der Kommissar grinste: „Ok, dann werde ich Sie mit Theo ansprechen." Er sog nachdenklich an seiner Unterlippe und fuhr fort: „Sie haben sicherlich bereits versucht, sich an irgendetwas zu erinnern. Ich meine zum Beispiel Bilder, Szenen, Stimmen von nahestehenden Personen, usw. Was fällt Ihnen dazu ein? Die kleinsten Details können manchmal zu Lösungen führen."
Theo blickte kurz zur Zimmerdecke, wo das kalte Licht einer Leuchtstoffröhre unangenehm in seine Augen stach. Dann sagte er etwas zögernd: „Ich muss immer wieder an das Gesicht einer Frau denken. Ich kann mich aber nicht an ihren Namen erinnern. Mein Gefühl sagt mir, dass diese Frau mir viel bedeutet haben muss."
„Schießen Sie los. Keine Hemmungen, bitte. Ich bin ganz Ohr."
Theo schloss die Augen, um sich besser konzentrieren zu können und begann mit seiner Beschreibung: „Sie hat hohe Wangenknochen, ein schmales Gesicht, schön geschwungene Brauen. Die Augen sind grau oder blau." Er dachte weiter nach: „Sie hat eine Stupsnase. Die Haare sind kinnlang und dunkelblond. Ich würde sagen, sie hat einen Pagenschnitt."
Erhard blickte an Theo vorbei zur Bürotür. Der drehte sich daraufhin herum. Dort stand Jeanette Koch mit vor der Brust verschränkten Armen.

Völlig überrascht sagte Theo: „Das ist ja die Frau", und er stand sichtlich irritiert von seinem Stuhl auf.
„Darf ich der attraktiven Dame mit der Stupsnase Herrn Theo vorstellen?", meinte der Ermittler mit ironischem Unterton. Und zu Theo gewandt: „Darf ich Ihnen Frau Hauptkommissarin Koch vorstellen? Sie wird mit der Befragung fortfahren."
Frau Koch nahm Platz und erklärte: „Mit der Identifizierung Ihrer Person und der Klärung, wer Sie überfallen hat, müssen wir uns noch etwas gedulden. Eine ganz andere Frage stellt sich nun. Wo bringen wir Sie vorläufig unter? Von welchen Mitteln werden Sie in den nächsten Tagen leben?"
Theo zuckte mit den Schultern und Horst blickte zwischen beiden hin und her.
„Da wir Sie nicht einfach Ihrem Schicksal überlassen können, werde ich mit dem Sozialamt Kontakt aufnehmen und nach Lösungen suchen. Bis das geklärt ist, bleiben Sie bitte hier im Präsidium."
Erhard grinste seine Kollegin an: „Das ist eine prima Idee. Wir haben hier ganz einladende Übernachtungszellen."
Theos Mund verzog sich: „Dann bin ich jetzt hier in Haft?"
Frau Koch winkte ab und lächelte ihn an: „Quatsch, mein Kollege beliebt wieder mal zu scherzen. Sie sind ein freier Mann. Doch da Sie aufgrund Ihrer Amnesie keine Orientierung haben, rate ich Ihnen, sich vorläufig hier im oder am Präsidium aufzuhalten. Ich sagte ja, ich kümmere mich um alles Weitere."

Ritter Hagen

„Verdammt, was ist das denn wieder für ein blödsinniger

Bürokratismus!" Die Hauptkommissarin knallte den Hörer auf die Gabel des Diensttelefons.
Kollege Erhard sah sie fragend an und Jeanette fuhr fort: „Das Sozialamt weiß nichts mit diesem Fall anzufangen. Sie könnten Theo in ein Obdachlosenheim stecken. Kurzfristig gibt es auch keine Sozialwohnung. Da ich hoffe, dass Theo in den nächsten Tagen sein Gedächtnis zurückerhält, wäre dieser Aufwand mit einer Wohnung auch maßlos übertrieben. Stecken wir ihn in ein Hotel, dann reist uns die Chefetage wegen der Kosten den Kopf ab. Horst, komm und denke nach. Wir müssen eine Lösung finden. Eine Nacht kann Theo hier im Präsidium schlafen. Das wird ihm keinen Zacken aus der Krone brechen. Tagelang kann er aber nicht hier in einer Arrestzelle sitzen und ins Obdachlosenheim können wir ihn auf keinen Fall schicken. Was machen wir mit ihm?"
Horst grinste verschmitzt: „Du magst diesen Theo, nicht wahr?"
Sie hob die Brauen und winkte energisch ab: „Rede doch keinen Mist. Es geht hier um eine Frage der Menschlichkeit und sonst nichts!" Dann blickte sie zum Fenster. „Wo rennt der jetzt eigentlich herum?"
„Zu Frage 1: Wenn du unbedingt die barmherzige Samariterin spielen willst, dann überlasse ihm doch für ein paar Tage deinen Wohnwagen am See. Zu Frage 2: Er wollte nach draußen an die Luft."
Jeanette fuhr herum: „Ich soll einem Wildfremden meinen Wohnwagen überlassen? Tickst du nicht ganz sauber?"
Horst hob die Arme: „Du hast mich nach einer Lösung gefragt und ich habe dir geantwortet."

Theo stand neben der Treppe des Haupteingangs und sah dem städtischen Gärtner bei der Arbeit zu. Der alte Herr hatte eine wettergegerbte Haut, trug einen großen Hut

gegen die heiße Sommersonne und einen Arbeitsanzug. Theo befragte den Mann sehr interessiert zu den einzelnen Pflanzen und der Gärtner nahm das Gespräch dankbar auf. Hauptkommissarin Koch lief die Stufen hinab, stellte sich neben den Mann mit dem großen Pflaster auf dem Hinterkopf und steckte sich eine Zigarette an.
Theo lächelte und schaute ihr fest in die Augen: „Es ist schade, dass mir meine Geldbörse geklaut worden ist, sonst hätte ich Sie für heute Abend zum Essen eingeladen." Er überlegte: „Oder bestände die Möglichkeit, dass Sie mir einen Vorschuss geben, bis mein Gehirn meine Bankdaten wieder freigibt?"
Jeanette sog den Rauch der Zigarette tief ein und blies ihn durch die gespitzten Lippen wieder aus. Sie schaute nachdenklich auf ihre Uhr. Dann sah sie, dass der Gärtner und Theo sie immer noch erwartungsvoll anblickten. Sie räusperte sich und meinte: „Ich muss Privates und Dienstliches ganz klar trennen, Herr Theo. Ich weiß nicht, ob Sie das verstehen?"
Der Unbekannte nickte: „Klar, jetzt sind Sie im Dienst. Aber heute Abend haben Sie doch bestimmt dienstfrei und dann möchte ich Sie privat einladen." Er blickte über die vielen Fenster des Präsidiums und dann wieder in ihre Augen. „In diesem Kasten laufen zwar viele Menschen herum, aber trotzdem fühle ich mich dort fremd und einsam."
Die Hauptkommissarin drückte ihre Zigarette bereits nach dem dritten Zug in einem sandgefüllten Aschenbecher neben der Treppe des Haupteingangs aus.
Der alte Gärtner grinste: „An der Kippe war doch noch mindestens die Hälfte dran. Warum werfen Sie die weg? Die kosten doch mittlerweile ein Schweinegeld."
Etwas gereizt antwortete die Frau: „Weil ich mit dem Rauchen längst aufgehört habe!" Dann sah sie Theo an:

„Und wir beide fahren jetzt zum Sozialamt, damit Ihre Versorgung erst einmal geklärt wird."

Theo saß während der Fahrt in die Innenstadt auf dem Beifahrersitz und betrachtete interessiert die hübschen Fachwerkhäuser und die hügelige Landschaft. „Wie heißt die Stadt eigentlich, in die wir nun fahren?"
„Hagen ist der Name dieser Stadt. Sagt Ihnen das etwas?"
Theo dachte nach und zuckte mit den Schultern: „Nein, aber ein lustiger Name. Ist das nicht sogar ein alter Männername. Gab es da nicht einen Ritter, der so genannt wurde?"
„Interessant, an den Ritter Hagen in der Nibelungensage erinnern Sie sich, aber an Ihren eigenen Namen nicht?"
Theo blickte weiter aus dem Fenster: „Wie heißen die größeren Städte in dieser Gegend?"
Jeanette Koch fluchte über einen Verkehrsrowdy und antwortete: „Als Sie gefunden wurden, saßen Sie im Zug von Dortmund nach Frankfurt. Hinter Hagen folgen Lüdenscheid, Meinerzhagen, Olpe, Gießen, usw. Sagen Ihnen diese Namen etwas?"
Der Unbekannte überlegte wieder. „Gießen kommt mir bekannt vor, aber ich könnte nicht sagen, warum." Dann wechselte er überraschend das Thema und fragte: „Sind Sie verheiratet?", und er betrachtete ihr schönes Profil.
„Das sind äußerst private Fragen, Herr Theo", sie drückte wegen eines rücksichtslosen Fahrers auf die Hupe und fluchte: „So ein dämlicher Angeber!"
Kurz bevor sie ihren Wagen auf dem Parkplatz eines Bürogebäudes einparkte, meinte Frau Koch: „Ich habe einen 9-jährigen Sohn. Ist Ihre Frage damit beantwortet?"
„Das ist der hübsche Junge auf dem Foto in Ihrem Büro, nicht wahr?"
Die Hauptkommissarin lächelte: „Sie haben eine gute Beob-

achtungsgabe. Vielleicht waren Sie in Ihrem vergessenen Leben ja auch ein Polizist?"

Wohnwagen

„Darf ich den Herrschaften noch etwas bringen?", fragte der freundliche Kellner mit griechischem Akzent.
Die Terrasse des Restaurants war bis auf den letzten Platz besetzt. Die Außenlautsprecher spielten Folkloremusik und die untergehende Sonne gab den wenigen Wattewolken eine rosa Färbung. Der Geruch der Speisen vermischte sich mit seltsamem Kaffeeduft. Das Personal hatte auf jedem Tisch Tellerchen mit Kaffeepulver entzündet, dessen Rauchfahnen senkrecht aufstiegen und die hungrigen Wespen verscheuchten.
Die Hauptkommissarin betrachtete ihr Gegenüber mit kriminalistischen Augen. Theo hatte einige frische Kleidungsstücke über die Vermittlung des Sozialamts bekommen und trug zu einer Blue Jeans ein kurzärmliges Hemd. Seine Hände und Fingernägel wirkten gepflegt und hätten auf einen Schreibtischjob hinweisen können. Die Unterarmmuskeln waren jedoch sehr ausgeprägt und schienen Belastungen gewohnt zu sein. Der Mann machte überhaupt einen sehr durchtrainierten Eindruck. Sein Tischbenehmen war stilvoll und seine Ausdrucksweise klang gebildet. Welchen Beruf übte er wohl aus?
Theo riss sie aus ihren Gedanken: „Ich bin Ihnen wirklich sehr dankbar, dass Sie mir heute Abend Gesellschaft leisten. Haben Sie auch bitte nicht den Eindruck, dass ich mich aufdrängen will." Er stockte. „Ich kann mir nicht erklären, warum mir Ihr Gesicht bei dem Verhör Ihres Kollegen als Erstes eingefallen ist."
Sie blickte auf ihre Armbanduhr und sagte: „Oh, mein

Gott, ich muss nach Hause. Meine Mutter passt heute Abend auf meinen Jungen auf und da kann ich nicht so spät heimkommen."
„Dafür habe ich Verständnis. Ich liebe Kinder. Aber das war nicht meine Frage", und er sah sie erwartungsvoll an.
Frau Koch lehnte sich zurück, neigte den Kopf zur Seite und meinte: „Ich habe an Ihrem Krankenbett gestanden, als Sie nach dem Gedächtnisverlust zum ersten Mal die Augen geöffnet haben. Ich stelle mir das vor, wie bei der ersten Bespielung einer leeren Computerfestplatte. Ich gehörte wohl zu den ersten Eindrücken in Ihrem neuen Leben", sagte sie und gab dem Kellner ein Zeichen zum Bezahlen.
Als die Bedienung kam, wollte Theo die Rechnung von seinem mageren Sozialgeld begleichen, doch Frau Koch winkte ab: „Heute bin ich dran. Ich hoffe, dass Ihr Gedächtnis bald zurückkehrt, und dann können Sie sich eventuell revanchieren."
Beide verließen das Restaurant. Die Hauptkommissarin setzte Theo vor dem Präsidium ab und lächelte verschmitzt: „Dann wünsche ich Ihnen eine gute Nacht in der Arrestzelle."

Am nächsten Morgen traf Frau Koch die Psychiaterin des Kriminalamtes im Flur: „Hi, Doc, haben Sie mit unserem Unbekannten schon gesprochen?"
Die 56-jährige Ärztin schob ihre Brille höher und nickte: „Ein äußerst interessanter Fall. Viele praktische Tätigkeiten sind ihm geläufig. Ich habe ihn an den Computer gesetzt und er hatte keine Probleme, damit umzugehen. Ich denke, er könnte auch Tätigkeiten wie Radfahren, Autofahren, usw. ausführen, da diese Dinge vom Gehirn nach dem Erlernen automatisiert ablaufen." Sie legte die Stirn in Falten. „Es gibt bei ihm einiges Wissen über Literatur und Ge-

schichte. Auch einiges Wissen über höhere Mathematik. Man stellt fest, dass dieses Wissen abreißt, je mehr er sich darauf konzentriert. Ich habe versucht, über sein Geschichtswissen die Brücke in die Gegenwart zu bauen, aber das hat noch nicht funktioniert."
Die Hauptkommissarin massierte nachdenklich ihr Kinn: „Ist es ganz sicher, dass er uns das nicht vorspielt?"
Die Psychiaterin schmunzelte: „Es hat schon immer Menschen gegeben, die über einen gewissen Zeitraum ihr Umfeld perfekt täuschen konnten. Bei unserem Kandidaten bin ich mir aber relativ sicher, dass der Ärmste unter einer Teilamnesie leidet. Ich möchte nicht mit ihm tauschen. Er fühlt sich furchtbar verlassen und einsam. Verlassen von einer vergessenen Welt."
„Wir können diesen Mann nicht tagelang wie einen Inhaftierten behandeln. Ich habe am Stausee einen Wohnwagen stehen. Was würden Sie davon halten, wenn ich ihm den für einige Tage zur Verfügung stelle, bis wir eine bessere Lösung gefunden haben?"
Die Ärztin blickte Frau Koch prüfend an: „Das geht aber weit über Ihre Aufgaben hinaus, nicht wahr?"
Die Hauptkommissarin nickte. „Sicher ist das nicht meine Aufgabe. Aber sollen wir den Mann noch länger in der Arrestzelle wohnen lassen oder in ein Obdachlosenheim stecken?"
Die Psychiaterin blickte ernst: „Ich gebe zu, ich habe auch keine Lösung parat. Diese Fälle sind so selten, dass wir darauf nicht vorbereitet sind. Wir müssen improvisieren." Dann zog sie ein Lächeln auf. „Jeanette, Sie sind ein Engel. Wenn Sie diesem Mann helfen wollen, haben Sie meine volle Unterstützung. Trotzdem sollten wir die Augen gut aufhalten."
Als zwei Stunden später die Kommissarin und Herr Theo am Campingplatz aus dem Wagen stiegen, reckten sich

hinter den bunten Stoffwänden der Vorzelte und Windabweisern die Hälse.
„Hi, Jenny", kam eine bildschöne Blondine im knappen Bikini auf sie zu, „wen hast du denn da mitgebracht?", und die Mittdreißigerin betrachtete Theo ungeniert von Kopf bis Fuß.
Jeanette schmunzelte: „Hi, Jutta, das hier ist Theo Müller, ein Bekannter von mir", und zu dem Unbekannten gewandt: „Das ist Frau Amberg vom Nachbargrundstück."
Theo reichte der sonnengebräunten Frau die Hand und erblickte in der Tür des Nachbarwohnwagens einen muskelbepackten Mann, der ihn mürrisch ansah.
Jeanette grüßte den Muskelprotz nur mit einem angedeuteten Nicken. Der ging auf Theo zu und reichte ihm die Hand. Sein Händedruck zog sich wie ein Schraubstock zu, doch der Unbekannte hielt dem Druck stand und verzog keine Miene.
Jeanette öffnete ihr Vorzelt und schob Theo hinein. Mit gedämpfter Stimme sagte sie zu dem Unbekannten: „Die beiden sind nicht ganz echt. Seien Sie also auf der Hut."
Theo grinste: „Danke, dass ich jetzt auch einen Nachnamen habe. ‚Müller'. Wie phantasievoll. Was soll ich übrigens antworten, wenn ich gefragt werde, wie nah wir uns kennen?"
Die Hauptkommissarin rollte mit den Augen: „Etwas Besseres als Müller ist mir auf die Schnelle eben nicht eingefallen. Und Sie haben Recht, wir sollten uns hier auf dem Campingplatz besser duzen." Sie hielt ihm ihre Hand entgegen: „Ich bin Jeanette. Die meisten rufen mich aber Jenny."
Theo ergriff ihre Hand und lachte. „Tut mir leid, aber meinen Namen kenne ich noch nicht. Wenn ich behaupten würde, dass ich Theo heiße, dann wäre das gegenüber einer Hauptkommissarin eine Falschaussage."

Jeanette erklärte die verschiedenen Funktionen des Gasofens, des Fernsehers und der kleinen Musikanlage. Der Wohnwagen wurde nur zum Schlafen genutzt. Das Kochen fand im großen Vorzelt statt. Die gemeinschaftlichen Toiletten und Waschräume waren nur 100 m entfernt.
„Am Haupteingang ist ein Kiosk und ein Imbissraum. Ich denke, damit bist du fürs Erste versorgt." Jenny machte einen letzten Rundumblick. Dann traten beide vor das Zelt.
„Kommt ihr heute Abend zum Grillen?", fragte Jutta und kam mit übertriebenem Hüftschwung auf sie zu.
Jenny schüttelte den Kopf: „Nein, Dennis ist alleine zu Hause. Ich muss jetzt los."
Jutta lächelte: „Und was ist mit deinem attraktiven Gast? Wie wäre es bei Ihnen mit einem heißen Würstchen?"
Theo blickte zu dem Bodybuilder, der mit freiem Oberkörper in der prallen Sonne saß und wieder zu Jutta: „Irgendwie habe ich das Gefühl, dass Ihr Mann mit dieser Idee nicht so ganz glücklich ist. Ich denke, dass ich mich heute selbst versorge. Aber vielleicht ein anderes Mal", und er folgte Jeanette zu ihrem Auto.
Die Hauptkommissarin setzte sich hinter ihr Lenkrad und sah zu Theo auf: „René Amberg ist nicht nur sehr stark, sondern äußerst eifersüchtig und cholerisch. Spiele also nicht mit dem Feuer, Herr Müller." Dann zog sie die Tür des Autos zu und startete den Motor.

Das Bild des Unbekannten

Theo wurde von einem seltsamen Geräusch geweckt. Draußen war es bereits hell und er blickte auf seine Armbanduhr. Sie zeigte 8.30 Uhr.
Das Geräusch klingelte rhythmisch weiter und er erinnerte sich, dass Jeanette ihm ein Handy dagelassen hatte.

„Campingplatz am See, wir bieten Freizeitsport, Jogging, Tischtennis, Schwimmen, Rudern und Wettgrillen an. Was kann ich für Sie tun?"
Jeanette lachte: „Guten Morgen, Herr Müller, haben Sie gut genächtigt oder ist Ihnen Juttas heißes Würstchen nicht bekommen?"
Mit ernster Stimme sagte Theo: „Gut, Frau Kommissarin, ich lege ein volles Geständnis ab. Ihre Nachbarin ist ein ganz heißer Feger. Sie hat mich bis in die Morgenstunden vernascht."
Die Kommissarin lachte wieder. „Ich denke, das ist eine Falschaussage, denn wenn das wahr wäre, dann würden Sie heute Morgen aus der Schnabeltasse frühstücken müssen. Ich sagte ja, René versteht nicht den kleinsten Spaß." Dann wechselte sie das Thema: „Übrigens steht heute Ihr Bild in der Zeitung. Man hat anscheinend das ungünstigste Foto von Ihnen genommen. Es ist das mit dem roten Polo-Shirt, das Sie von unserem großzügigen Sozialamt bekommen haben. Darunter steht die Frage: ‚Wer kennt diesen Mann?' und dann folgt eine sehr theatralische Geschichte. Ich bringe Ihnen die Zeitung nachher mit. Wundern Sie sich also nicht über die Reaktionen auf dem Campingplatz."

Gegen Mittag blieb Theo völlig außer Atem stehen. Der Schweiß rann ihm über die Stirn. Hatte er in seinem früheren Leben auch schon gejoggt? Sein Blick schweifte über den See. Der Campingplatz lag nun genau gegenüber am anderen Ufer. Dahinter erhob sich ein bewaldeter Hügel bis auf etwa 200 m. Kinder planschten im Wasser und der Wind wehte ihre vergnügten Stimmen herüber. Zwei bunte Segeljollen zogen lautlos ihre Bahnen. Weiße Wolken wanderten langsam am Firmament und die Sonne stieg ihrem höchsten Stand entgegen.

„Theo, hallo Theo!“, rief eine weibliche Stimme aus der Ferne. „Moment, ich bin gleich da!“

Der Jogger hielt sich die Hand über die Augen und murmelte leise vor sich hin: „Ich glaube es nicht. Das ist Jutta. Das gibt Ärger!“

Eine Minute später stand sie neben ihm und hielt sich mit schmerzverzerrtem Gesicht die Seite. Ihr Gesicht wurde blass und ihr schien übel zu werden. Jutta lief der Schweiß über die Wangen. Die langen, blonden Haare waren zu einem Pferdeschwanz zusammengebunden. Das gelbe T-Shirt umspannte ihren Busen und an den Achseln bildeten sich dunkle Flecken. Die kurze, weiße Hose betonte auffällig ihre Figur.

Theo zog sie am Ellenbogen langsam mit sich und erklärte: „Seitenstiche entstehen durch krampfhaftes Zusammenziehen der Milz. Ein Zeichen von Konditionsschwäche. Kommen Sie, schön weiter bewegen, dann lässt das nach.“

Unter Keuchen meinte sie: „Ich muss schrecklich aussehen“, und sie versuchte, ein entschuldigendes Lächeln aufzusetzen.

Im Wohnwagen hatte René Amberg einen verbissenen Gesichtsausdruck. Grob stieß er im Campingschrank den Inhalt hin und her, bis er seinen Feldstecher fand. Er trat aus seinem Vorzelt und blickte über den nahen See. Das Fernglas suchte das gegenüberliegende Ufer ab und endlich fand er zwei Personen, die auf einer schattigen Parkbank saßen. Mit dem Zoom wuchs das Bild auf das 12-Fache und dann erkannte er seine Frau. Der Unbekannte reichte ihr gerade eine Trinkflasche.

In René stieg Wut auf: „Die Schlampe sitzt mit dem Lackaffen aus der Zeitung zusammen. Der hat schon lange nicht mehr aus dem Gips gegrinst!“

Als er erneut hinüber schaute, liefen Jutta und Theo in verschiedene Richtungen weiter.

Zur gleichen Zeit betrat im Dorf am See ein Mann die Sparkasse, der mit Jeans und einem roten Polo-Shirt bekleidet war. Er trug Hut und Sonnenbrille. Der Schalterraum war angenehm klimatisiert. Außer einer Bankangestellten hielt sich zurzeit niemand in diesem Bereich auf. Blitzschnell zog der Kunde eine Pistole. Er legte wortlos ein Blatt Papier und einen Stoffsack auf den Schaltertresen.
Mit hochrotem Kopf und zitternden Fingern nahm die Angestellte das Blatt auf und las, was dort geschrieben stand: ‚Legen Sie alles Bargeld in den Sack. Ich zögere nicht und schieße nach drei Sekunden!'
Dann tippte er mit dem Fingerknöchel demonstrativ zweimal auf den Schaltertresen und nickte auffordernd mit dem Kinn.
Die Angestellte öffnete eine Schublade und zog einige Geldscheine heraus: „Mehr haben wir nicht. Den Tresor kann nur der Chef öffnen. Der kommt aber erst in fünfzehn Minuten zurück. Solange müssten Sie schon warten."
Der Fremde biss sich auf die Unterlippe, blickte unschlüssig zum Eingang der Bank und gab der jungen Frau mit einem Handzeichen zu verstehen, dass sie das Geld in den Sack stopfen solle. Kurz darauf rannte er mit seiner Beute hinaus.
Zehn Minuten später stürmte die Polizei mit gezogenen Waffen in die Bank.

Unter Verdacht

Kommissar Horst Erhard blickte auf den Monitor mit dem Täterbild, das die Kamera der Sparkasse aufgezeichnet hatte, und grinste seine Kollegin geheimnisvoll an: „Ja, liebe Jeanette, jetzt bist du platt? Wenn das nicht unser Unbekannter ist?"
Jeanette massierte nachdenklich ihr Kinn und lief in dem Büro im Präsidium auf und ab. Dann schüttelte sie den

Kopf: „Das Bild der Bankkamera ist völlig unscharf. Es sieht Theo vielleicht ähnlich, aber ich glaube nicht, dass er das ist."
Horst tippte auf den Bildschirm: „Rotes Polo-Shirt, wie auf dem Foto in der Zeitung heute Morgen. Die Kinnpartie ist ebenfalls sehr ähnlich. Ich bin gespannt, was dein Wohnwagenuntermieter dazu zu sagen hat."
Im gleichen Augenblick brachte ein uniformierter Polizist Theo in das Büro.
Die Hauptkommissarin hob die Hand: „Sparen wir uns alles unnütze Gerede. Theo Müller, wo sind Sie gegen 13 Uhr gewesen?"
Er zuckte mit den Schultern: „Ich war joggen. Erst um den See und dann durch die Landschaft. Aber fragen Sie mich nicht, wie die Straßennamen alle hießen. Ich bin hier ja völlig fremd."
Frau Koch blickte auf sein rotes, verschwitztes Polo-Shirt: „Bei Ihrem Joggen sind Sie nicht zufällig an der Sparkasse des Dorfes vorbeigekommen?"
Müller schüttelte den Kopf: „Nein, ich jogge nie auf Asphalt. Ich bevorzuge grundsätzlich Waldboden."
Die Beamtin verschränkte die Arme vor der Brust: „Das ist ja hochinteressant. Plötzlich kann der Herr sich erinnern, dass er früher nur auf Waldwegen gejoggt ist? Kann er uns dann vielleicht auch jetzt mal seinen richtigen Namen angeben?"
Theo machte ein verstörtes Gesicht und antwortete mit dünner Stimme: „Das stimmt, Jeanette, du hast völlig Recht. Plötzlich erinnere ich mich, dass ich früher viel gejoggt bin", und sein verwunderter Gesichtsausdruck wirkte ehrlich.
Kommissar Erhard mischte sich ein: „Ist Ihnen beim Laufen jemand begegnet?"
Theos Augen leuchteten auf: „Ja, Jutta Amberg ist mir auf

der anderen Seite des Sees begegnet. Das müsste sie bezeugen können."
Jeanette Koch stieß die Luft verächtlich durch die Nase aus. „Jutta! Habe ich es mir doch gedacht!", und mit grimmigem Gesichtsausdruck sagte sie monoton: „Wir werden die Aussage überprüfen." Sie gab dem uniformierten Polizeibeamten ein Zeichen, Herrn Müller hinauszuführen.
Nachdem der Unbekannte das Büro verlassen hatte, meinte Horst: „Jenny, als Theo diese Jutta erwähnte, habe ich da bei dir etwa Eifersucht herausgehört? Seit wann duzt Theo dich eigentlich?"
Jeanette stieß die Luft durch die Nase aus und meinte: „Theo Müller, ich werde herausbekommen, wer du wirklich bist." Sie wählte die Handynummer von Frau Amberg und wartete. „Hi, Jutta? Jenny am Telefon. Ich rufe dienstlich an. Hast du heute Theo Müller gesehen?"
Frau Amberg antwortete: „Ja, ich habe ihn beim Joggen getroffen. Der Junge ist verdammt fit für sein Alter."
Die Hauptkommissarin merkte auf: „Ach, das ist ja interessant. Jetzt kann er sich an sein Alter erinnern? Wie alt ist er denn?"
Jutta machte einen verwunderten Eindruck: „Die Frage verstehe ich nicht. Du musst doch wissen, wie alt er ist. Es ist doch dein Bekannter. Ich habe ihn einfach mal auf Ende Dreißig geschätzt."
„Gut, lassen wir das. Jutta, wann hast du Theo gesehen? Ich meine um wie viel Uhr. Es ist sehr, sehr wichtig."
„Da ich um 12.30 Uhr wieder am Wohnwagen war, muss das gegen 12 Uhr gewesen sein."
Jeanette bedankte sich und legte auf. Dann blickte sie Horst an: „Dieser Theo hätte Zeit genug gehabt, um zur Tatzeit an der Sparkasse zu sein. Ist die Bankangestellte zur Gegenüberstellung schon eingetroffen?"
Kommissar Erhard nickte und beide verließen das Büro.
Die Hauptkommissarin Koch, Ihr Kollege Erhard und die

nervöse Bankangestellte blickten durch eine verspiegelte Glasscheibe in den Nebenraum, in dem vier Männer in einer Reihe standen. Sie drehten sich auf Anweisung mal nach links, mal nach rechts und wieder geradeaus.
Jeanette blickte die Bankangestellte erwartungsvoll an: „Na, was meinen Sie? Könnte es jemand von den vier Männern gewesen sein?"
Die junge Frau zuckte nervös mit den Schultern: „Ich bin mir nicht sicher. Der Räuber trug ja eine Sonnenbrille und einen Hut. Der zweite von rechts könnte es gewesen sein, aber ich möchte keinen Unschuldigen belasten. Ich bin mir wirklich nicht sicher."
Frau Koch legte der Zeugin ihre Hand verständnisvoll auf den Unterarm: „Danke, machen Sie sich keine Sorgen. Wir setzen dieses Puzzle schon zusammen. Wiederholen Sie bitte noch einmal, mit welchen Worten der Räuber Sie aufgefordert hat, das Geld herauszugeben. Die Männer dort", zeigte sie zur Glasscheibe, „werden Ihre Worte genau wiederholen. Vielleicht erkennen Sie den Bankräuber an seiner Stimme."
Die Angestellte zupfte nervös an ihrer weißen Bluse und meinte dann: „Er hat mich aufgefordert, das Geld in seinen mitgebrachten Stoffsack zu packen. Ich habe ihm erklärt, dass der Chef den Schlüssel zum Tresor habe und erst in einigen Minuten zurückkehren würde. Also gab ich ihm nur einige Scheine aus der Geldschublade, schob diese in den Sack und reichte ihn dem Mann. Dann ist er hinausgelaufen."
„Wie war der genaue Wortlaut des Räubers? Wir wollen uns nun mal die Stimmen anhören."
„Er hat gar nicht gesprochen, sondern hat mir nur ein Blatt Papier mit seiner Forderung vorgelegt."
Die Hauptkommissarin hob überrascht die Brauen und blickte auch ihren Kollegen an: „Ja, und wo ist dieses Blatt?"

Die junge Frau zuckte mit den Schultern: „Es hatte mich niemand danach gefragt und in der Aufregung habe ich auch nicht daran gedacht. Es muss noch in der Bank liegen."
Die Ermittlerin atmete tief durch: „Danke, mein Kollege Erhard bringt Sie zur Bank zurück. Geben Sie ihm dort bitte das Blatt", und sie gab Horst ein Zeichen.

Zwanzig Minuten später saß Theo Müller im Verhörraum auf einem Stuhl. Die Hauptkommissarin Koch stand ihm gegenüber und blickte auf den Verdächtigen herab. Sie versuchte einen Bluff: „Herr Müller, oder wie immer Sie heißen mögen, die Bankangestellte hat Sie als Bankräuber wiedererkannt. Für den Zeitraum des Überfalls haben Sie kein Alibi. Frau Amberg hat zwar bestätigt, dass sie Sie am See getroffen hat, doch danach war genügend Zeit, um die Bank zu Fuß zu erreichen. Da Sie, Herr Müller, fast mittellos sind, wäre damit auch das Tatmotiv gegeben. Also reden Sie nicht groß drum herum und legen Sie ein volles Geständnis ab."
Theo blickte zu dem breitschultrigen, uniformierten Beamten an der Tür und dann wieder direkt in die Augen der Ermittlerin: „Jeanette, du irrst dich. Ich war nicht in der Bank. Die Angestellte muss mich verwechselt haben. Ich benötige auch kein weiteres Geld. Dank deiner Hilfe habe ich doch ein paar Euro vom Sozialamt erhalten und für die Unterkunft in deinem Wohnwagen musste ich bis jetzt noch nichts ausgeben. Du musst mir glauben!"
Ihr geschulter Blick fand in der Mimik und Gestik des Verdächtigen nicht die geringsten Hinweise auf eine Unsicherheit, wie sie bei Lügnern oft leicht zu analysieren waren. Seine treuen, blauen Augen wirkten ehrlich und vor allem so verdammt charismatisch. Er hatte wieder diesen Blick, der ihr Herz ansprach und ihre Gefühle jedes Mal durcheinander brachte.

Ruckartig drehte sie sich zum Fenster herum, schaute auf die belebte Straße und ließ etliche stumme Sekunden vergehen. „Sie streiten also die Tat ab?", wendete sie sich wieder dem Verdächtigen zu und sah ihn mit festem Blick in die Augen. „Dann mache ich Sie darauf aufmerksam, dass eine Falschaussage Ihre Strafe noch erhöhen könnte."
Theo zuckte mit den Schultern: „Okay, dann verhaften Sie mich, Frau Koch. Aber ich bleibe dabei, dass ich nichts mit dem Bankraub zu tun habe."

Der böse Mann

Mangels Beweisen wurde Theo entlassen. Er setzte sich in den Bus, fuhr aus der Stadt und traf nach einer Dreiviertelstunde auf dem Campingplatz am See ein.
Platzwart Hans-Willi Esser stellte sich dem suspekten Neuling, der in Jennys Wohnwagen untergebracht war, in den Weg.
„Freundchen, wir haben hier alle die Zeitung gelesen und dein Bild gesehen. Keiner weiß, wer du bist, und so etwas mögen wir hier nicht. Hier muss jeder dem anderen vertrauen können", und er machte eine weite Armbewegung über den Platz. „Dann ist das Gerücht aufgekommen, dass du vielleicht etwas mit dem Bankraub heute Mittag zu tun haben könntest. Was sagst du dazu?"
Theo blickte den fetten Koloss von Kopf bis Fuß an und schmunzelte: „Ich war es nicht. Frau Amberg hat mich heute Mittag dort drüben am See getroffen." Er zeigte zum anderen Ufer hinüber. „Fragen Sie die Dame doch selbst."
Der Dicke strich über seinen Seehundbart und seine tiefe Stimme brachte ein spöttisches Lachen hervor: „Jutta soll für dich aussagen? Ich kann dich nur warnen. René hat ein Auge auf dich geworfen. Wenn du nicht größten Abstand

von seiner Frau hältst, dann wirst du nicht alt. Pack am besten deine Klamotten und verschwinde noch heute von hier."
Theo schaute dem Koloss in die Augen und sah dann die vielen Blicke der anderen Camper, die neugierig auf ihm ruhten.
Er kratzte sich am Kopf und meinte: „Ich kann Ihnen versichern, dass ich nur so lange bleibe, wie es unbedingt nötig ist. Außerdem ist jeder Verdacht gegen mich völlig unberechtigt."
Der Platzwart schürzte die Lippen und brummte: „Darum geht es nicht. Wir mögen dich nicht. Also, sei auf der Hut!", und er stampfte zu René Amberg, der gerade demonstrativ unzählige Liegestütze vor seinem Wohnwagenzelt vorführte.

Jeanette hatte die Handynummer ihres 9-jährigen Sohnes gewählt und fragte: „Dennis, wo steckst du gerade?"
Der Junge antwortete: „Ich bin noch bei Kevin. Mama, darf ich bis 19 Uhr hier bleiben? Wir gucken gerade einen Film."
„Nein, ich habe 18 Uhr gesagt und diskutiere auch nicht mehr darüber. Du musst schließlich was essen. Wenn du später isst, dann kannst du mit vollem Bauch nicht schlafen. Also, Schatz, bis später!" Sie drückte das Gespräch weg und murmelte vor sich hin: „Sieben Sonnen stehen am Himmel und die Blagen sitzen vor dem Fernseher..."

Der 9-jährige Dennis trat verärgert seinen Heimweg an, obwohl der spannende Film, den er bei seinem Freund Kevin geguckt hatte, noch nicht zu Ende gewesen war. Eigentlich hatten die Jungen sich zu einem Rennen mit ihren ferngesteuerten Autos verabredet, doch der Fernseher hatte heute wieder die Wahl der Beschäftigung gewonnen.
Auf dem Weg zu ihrer Wohnung nahm er die Abkürzung

durch einen Park. Der Hauptweg bestand aus festem Lehmboden und war eine ideale Rennstrecke für ein ferngesteuertes Auto. Mit leisem Surren sauste der kleine Geländewagen im Zickzackkurs durch den Schatten der riesigen, alten Bäume. Die Amseln zwitscherten in den hohen Ästen und es roch nach Pflanzen und Erde. Dennis vergaß völlig die Zeit und die blauen Augen des blonden Jungen strahlten vor Glück.

„Das ist ja ein toller Flitzer", riss eine Männerstimme Dennis aus den Gedanken.

Irritiert blickte er den fremden Mann an. Der hatte eine Art Wanderkleidung an und wirkte sehr seltsam. Das Grinsen des Grauhaarigen hatte etwas Bedrohliches und der kleine Junge wich zurück. Der fremde Mann hob das Spielzeugauto auf und betrachtete es interessiert.

„Das ist mein Auto!", empörte sich Dennis. „Geben Sie mir das bitte zurück."

Der Fremde grinste wieder seltsam und meinte: „Ich habe auch ein ferngesteuertes Auto in meinem Wagen. Das hat sogar einen kleinen Benzinmotor. Möchtest du das mal steuern?"

Dennis schüttelte misstrauisch den Kopf.

„Wir könnten ein Rennen fahren. Mein Wagen steht am anderen Ende des Parks. Du bist doch kein Angsthase, oder?"

Dennis streckte erneut seine Hand aus: „Geben Sie mir mein Auto. Meine Mutter wartet auf mich. Ich muss nach Hause."

„Komm, ich zeige dir erst noch meinen Flitzer. Ich fahre dich danach auch nach Hause. Dann brauchst du nicht zu laufen."

Der Junge schüttelte widerwillig den Kopf: „Nein, meine Mutter hat mir verboten, mit fremden Männern mitzugehen. Ich möchte nur mein Auto zurückhaben, bitte!"

Das Gesicht des Mannes wurde streng und er griff nach der

Hand des Kleinen: „Du tust jetzt genau das, was ich dir sage!", und er zog das sich wehrende Kind mit sich.
Dennis wollte gerade schreien, da sauste eine geballte Faust über seinen Kopf und traf den Grauhaarigen mitten ins Gesicht. Blut schoss aus der Nase des fremden Mannes. Er hielt seine Hände vor das schmerzverzerrte Gesicht und ergriff die Flucht.
Vor Dennis saß nun ein anderer fremder Mann in der Hocke und strich ihm liebevoll über die Haare. Mit keuchender Stimme fragte er: „Alles ok?"
Der Kleine nickte stumm.
Der Fremde reichte Dennis das Auto, das dem Angreifer aus der Hand gefallen war und erklärte: „Ich bin Theo. Du kennst mich nicht. Aber ich kenne deine Mama. Sie hat auf dem Schreibtisch in ihrem Polizeibüro ein schönes Foto von dir stehen. Möchtest du, dass ich dich zu eurer Wohnung begleite?"
Dennis nickte und fragte: „Bist du auch Polizist wie Mama?"
Theo nahm den Jungen an die Hand: „Nein, ich mache hier ein bisschen Urlaub und versuche mit Joggen meinen Kopf frei zu bekommen."
Eine halbe Stunde später schellte die Haustürklingel und Mutter Koch blickte auf ihre Uhr. Sie riss die Wohnungstür auf und fragte in den schallenden Hausflur: „Dennis?"
Mit stolpernden Schritten kam der Junge die Treppe hinauf: „Mama, Mama, ich bin überfallen worden."
Jeanette zog ihren Sohn in die Wohnung und schloss die Tür. Eigentlich wollte sie ihm eine Standpauke halten, da er viel zu spät nach Hause gekommen war. Doch ihr Ärger schlug in Sorge um: „Wie, du bist überfallen worden? Von wem? Wo war das denn?"
Dennis berichtete aufgeregt: „Als ich durch den Park gelaufen bin, versperrte mir plötzlich ein Mann den Weg. Er

hat mir mein Auto weggenommen und dann sollte ich mit ihm gehen."

Jeanette stieg das Blut in die Wangen und sie drückte ihren Sohn schützend an sich: „Was ist dann passiert? Wie bist du ihm entkommen?"

„Er ist fluchtartig weggelaufen, weil noch ein anderer Mann aufgetaucht ist."

Sie küsste ihn und mahnte: „Du darfst nie mehr abends alleine durch den Park laufen. Wenn du vor den Häusern hergehst, dann sind dort immer Menschen, die dir notfalls helfen können. Ich werde meine Kollegen informieren, damit sie diesen Mann suchen."

Dennis wollte weiter erzählen, doch er kam mit seiner abenteuerlichen Geschichte nicht weiter, da das Diensthandy läutete und Jeanette genervt danach griff. Sie gab ihrem Sohn ein Zeichen, dass er mal still sein solle. Da Dennis wusste, dass er bei Dienstgesprächen abgemeldet war, setzte er sich im Wohnzimmer vor den Fernseher und nahm sich vor, in der nächsten Zeit gar nichts mehr zu erzählen.

Gefährliches Missverständnis

Kommissar Erhard sagte am Telefon: „Jenny, setze dich am besten gleich hin. Der Bankraub ist geklärt."

„Lass mich raten. Theo Müller ist überführt und wir wissen jetzt, wer er wirklich ist?"

Horst lachte: „Nein, falsch. Er ist völlig unschuldig. Wir haben den echten Bankräuber und auch bereits sein Geständnis."

Jeanette setzte sich auf einen Küchenstuhl: „Schieß los. Ich bin ganz Ohr!"

Erhard berichtete: „Der Name des Bankräubers ist Colin

Pfeifer, 30 Jahre alt und arbeitslos. Er hat das Bild von Theo in der Zeitung gesehen und sich gedacht, dass er selbst als dieser Unbekannte auftreten könnte. Er hat sich eine Spielzeugpistole genommen, ein rotes Polo-Shirt angezogen, eine Sonnenbrille und Hut aufgesetzt und ist einfach in die Bank rein", Horst machte eine Pause und begann zu lachen. „Jetzt kommt's, halt dich fest! Der Blödmann hat als Papier, auf das er seine Anweisungen für die Bankangestellte geschrieben hat, eine Mahnung aus seiner eigenen Post benutzt. Auf der Rückseite stand seine komplette Anschrift."

„Du nimmst mich auf die Schippe, nicht wahr?"

Der Kommissar verneinte und berichtete detailliert über die Festnahme.

Frau Koch bedankte sich und erklärte: „Ich fahre noch mal zu Theo Müller zum Campingplatz. Er hat eine schnelle Aufklärung verdient. Ich werde mich bei ihm entschuldigen müssen." Und sie beendete das Gespräch.

Jeanette wollte ihren Sohn nicht alleine zu Hause lassen und eine Aufsichtsperson war spontan nicht greifbar. Also saß Dennis nun während der Fahrt vorschriftsmäßig angeschnallt auf dem Rücksitz in Mutters Wagen. Jetzt hatte die Mama scheinbar Zeit ihm zuzuhören und sie fragte: „Schatz, ich habe dich vorhin unterbrochen. Onkel Horst war am Telefon. Er hat einen Bankräuber gefasst", sie blickte in den Rückspiegel und sah den beleidigten Gesichtsausdruck ihres Sohnes. „Dennis, du hast gesagt, dass der böse Mann im Park plötzlich weggelaufen ist. Erzähle mal weiter."

Doch nun wollte der Sohn demonstrativ nicht mehr mit ihr reden und blickte nur stur aus dem Fenster.

Jeanette seufzte: „Gut, dann reden wir zu Hause darüber."

Nach einigen Minuten hatten sie den Campingplatz erreicht und stiegen aus.

Platzwart Esser kam ihnen entgegen: „Oh, Frau Hauptkommissarin, wollen Sie Ihren seltsamen Bankräuber besuchen?"
Sie schüttelte energisch den Kopf: „Das ist völliger Quatsch, Hans-Willi. Du kannst es morgen schwarz auf weiß in der Zeitung lesen."
Im gleichen Moment schrie Dennis laut auf: „Da, Mama, da in unserem Wohnwagen, das ist der Mann aus dem Park!", und er zeigte auf Theo, der 100 m weiter gerade aus dem Vorzelt trat.
Jeanette sah ihren Sohn überrascht an: „Du bist dir ganz sicher, dass dieser Mann dich im Park angesprochen hat?"
Dennis' Stimme überschlug sich vor Aufregung: „Du hörst mir ja nicht zu. Das ist der Mann aus dem Park! Aber das ist der zweite. Der, der geboxt hat."
Jeanette ließ Dennis auf dem Rücksitz, stieg hastig aus dem Wagen und schloss die Tür. Wenn der Unbekannte, über den man absolut nichts wusste, ihren Sohn im Park in Angst und Schrecken versetzt hatte, dann wollte sie das Kind heute nicht noch einmal damit belasten.
Hans-Willi fragte: „Was für ein Mann im Park?" und er blickte neugierig zwischen der nervösen Jeanette und ihrem entfernt stehenden Wohnwagen hin und her. Theo Müller war bereits wieder im Vorzelt verschwunden.
„Dennis wurde vorhin im Park von einem Fremden angegriffen, der ihn wohl in die Büsche zerren wollte. Jetzt hält er Theo für den Mann." Sie atmete tief durch. „Ich bringe den Jungen erst einmal zu meiner Mutter und komme gleich zurück. Dann werde ich Theo nach dem Vorfall befragen."
Hans-Willi rieb sich die Hände: „Der Kerl ist vor einiger Zeit aus eurer Richtung gekommen. Der joggt wie bekloppt herum. Im Fernseher gab es vor zwei Wochen einen Kriminalreport. Da wurde im Bereich Sauerland ein Kinder-

schänder gesucht. Vielleicht ist das ja der Knabe. Einen besseren Unterschlupft als bei einer Kommissarin kann ein solcher Typ doch gar nicht finden!" Der massige Mann blickte voller Tatendrang zum Wohnwagen, hinter dessen Fensterscheibe Theos Gesicht kurz zu sehen war. „Wenn das dieser Kinderschänder ist, vor dem im Fernseher gewarnt wurde, dann ist der jetzt reif!"

„Ihr unternehmt hier gar nichts", wedelte Jeanette mit der Hand. „Von mir aus könnt ihr ihn im Auge behalten, aber mehr nicht. So, bis gleich", und sie sprang in ihren Wagen.

Der Kies spritzte unter den Rädern auf, als Jeanette wendete.

„Du brauchst keine Angst mehr zu haben. Hans-Willi passt auf den Mann auf und ich bringe dich nun zur Oma. Bitte erzähle mir noch einmal, was im Park geschehen ist."

Dennis stellte nur monoton fest: „Mir hört ja sowieso niemand zu. Jetzt sage ich auch nichts mehr!" und er schob die Unterlippe vor.

Jeanettes Gedanken rasten im Kreis. Alles in ihr, auch ihr kriminalistischer Spürsinn, sagte ihr, dass Theo niemals ein Kinderschänder sein könnte. Doch Dennis war ein sehr aufmerksamer Junge und hatte die Beobachtungsgabe seiner Mutter. Und er hatte den gleichen sturen Kopf.

Kurz bevor sie bei der Oma eintrafen, brach Dennis das Schweigen: „Nimmst du mich morgen mit zum Wohnwagen? Ich möchte Theo gerne noch mehr kennen lernen. Er ist mein Freund."

Jeanette hielt ihren Wagen augenblicklich am Straßenrand an und drehte sich zu ihrem Sohn herum: „Was…?", sie schluckte. „Was hast du gerade gesagt? Du kennst Theo. Vorhin am Campingplatz hast du gesagt, das ist der Fremde aus dem Park!"

Die Augen des Kleinen strahlten: „Ja, vorher kannte ich Theo nicht. Als dieser böse Mann mit den grauen Haaren mich an der Hand wegziehen wollte, da kam plötzlich Theo

wie aus dem Nichts. Er hat dem Mann auf die Nase geboxt. Das hat geknackt und dann ist Blut herausgelaufen."
Jeanette traute ihren Ohren kaum und fragte weiter: „Ja, und dann? Erzähl doch!"
Der Kleine begeisterte sich, als hätte er nur ein spannendes Abenteuer erlebt: „Der böse Mann ist geflüchtet und Theo hat mich nach Hause begleitet. Er hat gewartet, bis du mir die Tür aufgemacht hast."
Jeanette schnappte nach Luft: „Ja, warum hat sich Theo denn nicht bei mir gemeldet? Warum ist er denn nicht mit nach oben in die Wohnung gekommen?"
Dennis lachte: „Er hat gesagt, dass er vom Joggen stinke und dass du außerdem sauer auf ihn wärst. Warum bist du sauer auf Theo?"
„Das ist doch völliger Quatsch. Ich bin nicht sauer auf ihn. Woher kannte Theo dich eigentlich? Er hat dich doch noch nie gesehen."
„Doch, Theo hat gesagt, dass du ein Bild von mir im Büro auf deinem Schreibtisch stehen hast."
Sie drehte sich herum, startete den Wagen und brachte Dennis zu seiner Oma.
Die alte Dame hatte viele Fragen und als Jeanettes Handy läutete, war das fast eine Erlösung.
„Koch!" Sie hielt sich das Handy ans Ohr.
„Jutta hier!", rief Frau Amberg mit völlig aufgebrachter Stimme. „Jeanette, du musst unbedingt mit deinen Polizisten zum Campingplatz kommen. Die Kerle hier behaupten, dass Theo ein Kinderschänder sei und wollen ihn lynchen. Er hat sich im Waschraum eingeschlossen, aber ich weiß nicht, wie lange die Tür noch hält."
Jeanette stürzte aus dem Haus ihrer Mutter und riss die Wagentür auf. Während der Fahrt telefonierte sie mit der Polizeizentrale und gab ihre Anweisungen.
Eine Viertelstunde später wirbelte der Kies der Zufahrt zum

Campingplatz unter den bremsenden Reifen auf und die Hauptkommissarin brachte ihren Wagen nur soeben vor der geschlossenen Schranke zum Stehen. Sie ließ die Tür offen stehen und spurtete auf das Gebäude zu, in dem die Toiletten und Waschräume lagen. Vor der Tür standen viele Frauen und gestikulierten. Laute Männerstimmen schallten nach draußen.
„Sie haben das Schwein gefasst!", rief eine korpulente, braungebrannte, ältere Frau und zeigte zum Eingang.
Die Hauptkommissarin quetschte sich durch die neugierigen Frauen und schrie in das Gebäude hinein: „Polizei, sofort aufhören! Ihr hört sofort auf damit!"
Mindestens zwölf Männer standen wie eine Traube zusammen und versperrten ihr so den Weg. Als sie sich bis nach vorne durchgedrängt hatte, sah sie, dass die Tür zum Duschraum zerschlagen worden war. Hans-Willi, der dicke Platzwart, hatte Theo die Arme nach hinten gebogen und René Amberg, der Bodybuilder, boxte dem Wehrlosen in den Bauch. Dann fiel ein Warnschuss.
Jeanette schrie: „Lasst sofort den Mann los oder ich mache von meiner Waffe Gebrauch!"

Die Rehabilitation

Mehrere Polizeifahrzeuge und ein Sanitätswagen standen auf dem Campingplatz und die Blaulichter kreisten. Der Muskelprotz René Amberg setzte sich nur widerwillig in den Polizeibus und Platzwart Esser ließ sich neben ihm schwer in den Sitz fallen.
„So ein Schwein!", fluchte Hans-Willi und hielt sich sein geschwollenes Auge.
„Ich sehe die Herrschaften gleich zum Verhör im Präsidium", winkte Kommissar Erhard in den Wagen und ging auf seine Kollegin Koch zu. „Wie geht es Theo?"

Jeanette blickte mit leerem Gesichtsausdruck über den See: „Wir sind noch rechtzeitig gekommen. Theo hat sich bei der Rangelei an einer scharfen Türkante leicht am Unterarm verletzt. Vielleicht hat er von den Boxschlägen, die René ihm verpasst hat, ein paar blaue Flecken. Der Sanitäter meinte, dass Theo dank seiner Fitness kaum etwas abbekommen hätte."
Horst lachte: „Im Gegensatz zum dicken Platzwart. Der hat morgen ein wunderbares Veilchen am rechten Auge. Unser Unbekannter versetzt mich immer mehr ins Staunen. Mich würde es nicht wundern, wenn der in seinem früheren Leben Kampfsport betrieben hat."
Jetzt fielen Jeanette die Worte ihres Sohnes ein: ‚Theo hat dem bösen Mann auf die Nase geboxt. Es hat ‚Knack' gemacht und dann floss Blut.'
„Horst, Theo hat Dennis vor einem Kinderschänder beschützt. Er hat diesem Typen wahrscheinlich die Nase gebrochen. Wir müssen sämtliche Kliniken im Umkreis befragen, ob sie heute einen solchen Patienten behandelt haben. Notfalls befragen wir auch die chirurgischen Praxen" und sie blickte zu dem Krankenwagen, in den der Sanitäter mit Theo gestiegen war.
„Hast du sonst noch etwas für heute zu bieten? Raub, Lynchjustiz, Kinderschänder, vielleicht noch eine Leiche zum Abschluss?" Er sah ihr besorgtes Gesicht. „Mädel, du machst für heute Feierabend. Der gute Horst wird den Typen schon finden. Hat Dennis eine Beschreibung abgegeben?"
Sie nickte mit dem Kinn zum Krankenwagen: „Wir fragen Theo. Er hat ihn schließlich gesehen."

Theo trat mit einem kleinen Verband am Unterarm aus dem Krankenwagen und ging auf die Kommissare zu. Mit deutlich ironischem Unterton meinte er: „Guten Abend zu-

sammen. Ich bin in dieser Abteilung fertig, jetzt können Sie mich wieder verhaften. Was liegt nun Neues gegen mich vor?" und seine vor Ärger funkelnden Augen durchbohrten Frau Koch.
Sie wich seinem Blick aus und Kommissar Erhard nahm das Gespräch vermittelnd auf: „Wir haben Ihnen Unrecht getan und möchten uns dafür entschuldigen. Aber die Zeit drängt. Sie haben heute Dennis Koch vielleicht das Leben gerettet und dem Kinderschänder eventuell die Nase gebrochen. Wenn der Mann stark verletzt sein sollte, dann finden wir ihn unter Umständen in einer Klinik. Können Sie uns eine Beschreibung des Mannes geben?"
Theo blickte nachdenklich über den See und meinte dann: „Ich schätze den Mistkerl auf fünfzig bis Mitte fünfzig. Er hat volles, graues Haar. Die Brauen sind auffällig buschig. Die Augenfarbe konnte ich auf die Schnelle nicht sehen. Er ist leicht untersetzt und etwa 1,75 m groß. Er spricht keinen Akzent, mitteleuropäischer Typ." Er kniff die Augen zusammen und überlegte weiter: „Ja, er hat an der rechten Wange eine auffällige Warze."
Kommissar Erhard reichte Theo die Hand: „Das war ganz große Klasse. Sobald ich etwas erfahre, informiere ich Sie, Herr Müller. Alles Weitere bespricht Frau Koch mit Ihnen", und er ging zu seinem Wagen.
Jeanette legte ihre Hand auf Theos Unterarm: „Mir tut das alles so leid und ich bin dir unendlich dankbar, dass du Dennis beschützt hast. Ich will..." Sie brach den Satz ab, da Theo sich von ihr abwandte und zum Wohnwagen ging.
Sie lief ihm nach und betrat das Vorzelt: „Packe bitte deine Tasche."
Er hob die Brauen: „Oh, darf ich wieder in deinem Knast nächtigen?"
Sie versuchte ein leichtes Lächeln aufzusetzen: „Ja, ich verhafte dich nun, weil du ohne Papiere und festen Wohnsitz bist."

Nachdem sie das Vorzelt geschlossen hatten, stiegen sie in Jeanettes Wagen und fuhren zu ihrer Wohnung. Theo schwieg während der gesamten Fahrt. Als Jeanette anhielt, meinte er ironisch: „Du hast dich verfahren. Das ist nicht der Knast."
Sie machte den Motor aus und sah ihm direkt in die Augen: „Heute Abend hast du dich mit Dennis zusammen nicht in meine Wohnung getraut. Traust du dich jetzt, wo mein Sohn bei der Oma übernachtet?", und sie stieg aus.
Theos Augen wanderten über die vielen geschmackvollen Dinge im Wohnzimmer. Im Hintergrund lief leise Musik.
Jeanette hatte sich etwas frisch gemacht und schenkte Wein in zwei Gläser. Eines reichte sie Theo und hielt das ihre zum Anstoßen hin.
„Warum hast du mich nicht im Wohnwagen gelassen?"
„Du meinst zwischen diesen ganzen Idioten dort? Ich werde den Wagen bei nächster Gelegenheit wegziehen lassen. Vorläufig bleibst du hier."
Er grinste: „Als dein Gefangener?"
Sie trank, ließ den Wein genüsslich durch den Mund laufen und stellte ihr Glas langsam auf den Tisch. Ihre Lippen kamen seinen ganz nahe und sie hauchte: „Möchtest du denn nicht mein Gefangener sein?"
Theo schloss sie sanft in seine Arme und ihre Lippen verschmolzen zu einem innigen Kuss.

Szenen der Erinnerung

Jeanette wurde von einem seltsamen Geräusch geweckt, das außerhalb ihres Schlafzimmers erklang. Das zerwühlte Bett neben ihr war leer. Sie schaute auf die Uhr. 6.45 Uhr. Sie schlug ihre Bettdecke zur Seite und trat in das helle Licht des Wohnzimmers. Der Tisch war gedeckt und es duftete aus der Küche nach Kaffee.

Im gleichen Moment kam Theo mit einer Kaffeekanne herein: „Oh, du bist auf? Ich hätte dich gleich geweckt, weil du ja so früh zum Dienst wolltest."
Sie nahm ihm die Kanne ab, stellte sie auf den Tisch und nahm ihn in ihre Arme.
Er küsste sie auf die Stirn: „Ich hoffe, ich habe dich heute Nacht nicht enttäuscht?"
Sie hob fragend die Brauen: „Wie kommst du darauf?"
Er grinste: „Nun, es war das erste Mal für mich, dass ich mit einer Frau geschlafen habe. Ich kann mich wenigstens nicht erinnern, dass ich das zuvor schon mal getan hätte."
Sie kniff ihm in die Nase: „Da kann man mal sehen, wozu eine Amnesie gut ist."
Lachend setzten sie sich an den Tisch und genossen das Frühstück.
„Was hast du heute vor?" Sie schaute ihn erwartungsvoll an.
Er nickte mit dem Kinn zu einem Sideboard, auf dem das ferngesteuerte Auto von Dennis stand: „Ich will mal versuchen, ob ich das lädierte Ding wieder zum Laufen kriege. Danach werde ich wohl wieder etwas joggen. Andere sinnvolle Dinge bleiben mir ja zurzeit nicht zu tun oder weißt du etwas Besseres?"

Lautes Geschrei schallte über den Campingplatz. Die Urlauber blickten neugierig zum Wohnwagen der Eheleute Amberg und lauschten den Wortfetzen.
„Du bist ein Choleriker!", schnauzte Jutta ihren Mann an. „Du hast nur dicke Arme und nichts im Kopf! Die Anzeige wegen Körperverletzung geschieht dir ganz recht. Was glauben Hans-Willi und du eigentlich, wer ihr seid, dass ihr das Recht selbst in die Hand nehmen könnt? Dieser Theo hat niemandem etwas getan."
René schnauzte zurück: „Meinst du, mir wäre nicht aufgefallen, dass du diesem Lackaffen schöne Augen machst? Ich

habe euch dort drüben beobachtet!", nickte er mit dem Kinn zum anderen Seeufer.
„Du hast doch einen Knall!", entgegnete sie. „Was willst du denn dort beobachtet haben? Wir haben uns zufällig beim Joggen getroffen und ein paar Worte gewechselt. Du siehst doch in jedem Mann, der mich freundlich behandelt, eine Konkurrenz. Woran liegt das eigentlich? Hat das damit zu tun, dass du in letzter Zeit kaum noch einen hoch kriegst?"
Ein klatschendes Geräusch schallte aus dem Vorzelt. Jutta kam herausgestürzt, hielt sich die brennende Wange und schrie: „Das war das letzte Mal, dass du mich geschlagen hast! Ich werde mich von dir trennen, du ekelhafter Schlappschwanz!", und sie lief zum Ausgang des Campingplatzes. Die übrigen Camper steckten die Köpfe zusammen und tuschelten. Nur Hans-Willi ging auf René zu, der mit wütender Grimasse in der Tür seines Vorzeltes stand und die Fäuste ballte.
„Ich werde es diesem Theo heimzahlen", brummte Amberg, zog den Platzwart ins Zelt und drückte ihm eine kalte Bierflasche in die Hand.

Theo hatte das Spielzeugauto tatsächlich wieder reparieren können, zog sich nun die Joggingschuhe an und verließ Jeanettes Wohnung Richtung See. Zum Campingplatz wollte er auf keinen Fall, doch das Teilstück der bewaldeten Seerückseite war traumhaft schön.
Nach einer halben Stunde setzte sich Theo verschwitzt auf die schattige Bank gegenüber dem Campingplatz. In der Ferne hörte er die Kinder der Feriengäste im Wasser vor Freude kreischen.
Plötzlich veränderte sich das Bild. Vor seinem geistigen Auge sah er ein riesiges Schwimmerbecken. Immer noch kreischten die Kinder. Sie feuerten die jungen Wettkämpfer an, die kraulend ihre Bahnen durch das Wasser zogen. Auch er, Theo, war in dieser Szene zu sehen und gab den

Wettkämpfern Anweisungen, dass sie ihren Schwimmstil beibehalten oder korrigieren sollten.
„Theo? Hallo… Hallo, Theo?" Er wurde aus seinen Gedanken gerissen.
Mit einem Mal stand Jutta Amberg vor ihm: „Träumst du? Darf ich Platz nehmen?" Sie setzte sich neben Theo auf die Bank.
Immer noch irritiert meinte er: „Mein Gedächtnis kehrt zurück. Ich hatte gerade einen Schwimmwettkampf vor Augen gehabt. Der kam mir völlig bekannt vor. Auch die Kinder und Jugendlichen kannte ich. Trotzdem fallen mir die Namen noch nicht ein und ich weiß nicht, welche Rolle ich in dieser Szene spiele."
Jutta war immer noch etwas außer Atem und meinte: „Ich werde René verlassen. Er hat mich geschlagen. Wie brutal er sein kann, hast du ja gestern Abend selbst am eigenen Leib erfahren."
Theo nahm sie in den Arm: „Keine vorschnellen Entscheidungen, ok? Redet erst noch einmal miteinander. Menschen können sich ändern. Wenn er weiß, dass dir das mit der Trennung ernst ist, dann bessert er sich vielleicht."
Jutta zwang sich ein Lächeln ab, drückte Theo einen Kuss auf die Wange und meinte: „Du denkst viel zu gut von den Menschen. Es sind nicht alle so."

Hinter dem Wohnwagenfenster reichte René Hans-Willi seinen Feldstecher: „Sieh selbst. Der Drecksack hat sie in den Arm genommen. Die werden nicht mehr lange über mich lachen."
Der Platzwart nahm das Fernglas, fand die schattige Bank auf der anderen Seeseite und sah, wie Jutta Theo gerade einen Kuss auf die Wange drückte.
„Von einer schönen Blume naschen viele gerne. Trotzdem wäre ich an deiner Stelle vorsichtig. Die Sache von gestern

Abend ist ja wohl voll in die Hose gegangen. Dieser aufgeblasene Kommissar Erhard hat etwas von Schmerzensgeld gefaselt, das wir beide bezahlen sollen. Ich bin mal gespannt, wie teuer dieser Mist für uns wird.”

Zwischen den Gefühlen

Die Hauptkommissarin schloss gegen Abend ihre Wohnungstür auf und Dennis spurtete gleich ins Wohnzimmer. Ein herrlicher Duft kam ihr entgegen und sie ging direkt zur Küche. Theo stand vor einer brutzelnden Pfanne und war völlig in Gedanken.

Jeanette hielt ihm den Finger zwischen die Schulterblätter und rief: „Polizei, Hände hoch!”

Erschrocken drehte sich Theo herum, lachte und legte die Arme um ihren Hals. Als er ihr gerade einen Kuss geben wollte, stand Dennis in der Tür und rief: „Es fährt wieder! Das Auto fährt wieder!”

Während des Abendessens berichtete Dennis Theo ganz stolz, dass der böse Mann verhaftet worden wäre. Er hatte ihn durch eine Spiegelglasscheibe in einem Raum des Präsidiums gesehen und wiedererkannt.

„Er hatte eine weiße Kappe auf der Nase und sah wie ein Clown aus”, lachte der Neunjährige.

Die Hauptkommissarin sah Theo ernst an: „Wir wollten dich heute auch als Zeugen vorladen, doch du warst nirgendwo zu finden. Wo warst du?”

Theo kaute zu Ende und meinte: „Ich bin wieder ein Stück am See gejoggt und habe per Zufall Jutta Amberg getroffen. Ihr Mann hat sie…” Er wurde unterbrochen.

„Aha, die schöne Jutta. Und welch ein Zufall, dass sie dich wieder beim Joggen getroffen hat.” Jeanettes Stimme klang spöttisch.

Theo ignorierte es und wechselte das Thema: „Ich habe scheinbar am See einen kleinen Teil meiner Erinnerung zurückbekommen."
Jeanette hob die Brauen und fragte: „Und du weißt jetzt, wer du bist?"
Er schüttelte den Kopf: „Nein, soweit war ich noch nicht. Ich habe ein Sportschwimmbecken und viele Kinder beim Wettkampf gesehen. Irgendwie war ich dort als Trainer oder Schwimmlehrer tätig. Vielleicht kommen ja nun täglich neue Bilder meiner Erinnerungen hinzu." Er steckte sich die nächste volle Gabel in den Mund.
„Würdest du mit mir schwimmen gehen?", fragte Dennis und sah Theo mit flehenden Dackelaugen an.
„Wenn deine Mama nichts dagegen hat, dann schon morgen", sagte er und strich dem Jungen über den Kopf.
Mutter Koch sah ihren Sohn ernst an: „Wenn du morgen mit Theo zum Schwimmen gehst, dann geht es heute Abend aber auch bei Zeiten ins Bett, ok?"
Dennis zog eine Schnute: „Oh, Mann, wir haben Ferien. Die anderen dürfen auch lange aufbleiben!"
Sie bot an, dass er bis 21 Uhr aufbleiben dürfe. Der Sohnemann forderte 22 Uhr. Also einigte man sich auf 21.30 Uhr.
Theo und Jeanette saßen alleine im Wohnzimmer. „Gott sei Dank habe ich in wenigen Tagen Urlaub. In den Ferien muss ich den Jungen während meiner Arbeitszeit meistens von der Oma beaufsichtigen lassen. Aber meine Mutter hat nicht mehr die Nerven, die überschüssige Energie eines gesunden Neunjährigen zu bändigen." Sie winkte ab.
Theo stand auf, umarmte sie und drückte ihr einen Kuss auf den Mund: „Heh, ich habe mich zum Beispiel für morgen bereits angeboten. Wenn Dennis mag, dann unternehme ich auch weiterhin spannende Sachen mit ihm" und er küsste Jeanette auf die Stirn.
Sie strich ihm zögernd über das Haar und machte ein

ernstes Gesicht: „Ja, ich weiß, dass du das auch so meinst. Doch wie lange soll das gut gehen? Du sagtest vorhin, dass dein Gedächtnis langsam zurückkehrt. Damit kehrt auch dein altes Leben zurück. Dann kehren auch alte Verbindungen und Verpflichtungen zurück. Ich kann mir nicht vorstellen, dass ein Mann wie du keine Familie hat". Jeanette senkte ihren Blick, „und ich habe nicht vor, in diese Familie einzudringen und mir zu nehmen, was mir nicht gehört."

Theo setzte sich wieder in seinen Sessel, legte die Fingerspitzen zusammen und grübelte. Plötzlich nickte Theo stumm, erhob sich und ging in den Flur.

Jeanette sah ihn überrascht an: „Was tust du?"

Mit einer Jacke über dem Arm trat er wieder ins Wohnzimmer, griff zu seiner Reisetasche, die er vom Sozialamt bekommen hatte und sagte: „Wenn es dir Recht ist, dann ziehe ich wieder in deinen Wohnwagen. Dennis hole ich morgen zum Schwimmen ab."

Jeanette sprang auf: „So war das doch überhaupt nicht gemeint. Aber ich kann doch keine Beziehung anfangen, wenn ich nicht weiß, wer du bist oder wem du gehörst, verdammt! Verstehst du das denn nicht?"

Theo zuckte mit den Schultern: „Und letzte Nacht? War das nicht der Anfang einer Beziehung? Da wusstest du genauso wenig über mich." Dann drückte er die Türklinke herunter und verließ die Wohnung.

„Warte, ich fahre dich wenigstens zum Campingplatz!", rief Jeanette ins Treppenhaus, griff zu ihrem Wagenschlüssel, zog die Tür ins Schloss und eilte die Stufen hinab.

Während der Fahrt sprachen beide eine geraume Zeit lang kein Wort. Endlich sagte Theo: „Du hast ja Recht. Ich muss unbedingt wissen, wer ich bin, was ich bin und wer zu meiner Vergangenheit gehört." Er winkte ab. „Verdammt,

wie komme ich an meine Erinnerungen heran? So kann es nicht weitergehen. Ich will wieder leben. Ich möchte auch wieder dazugehören. Ohne eine Identität bin ich ein Nichts!"
Jeanette hielt vor der Schranke zum Campingplatz und machte den Motor aus. Sie blickte mit ernstem Gesicht über den See: „Ich hoffe auch, dass dein Gedächtnis bald wiederkommt. Und ich hoffe…"
Sie schluckte ihre letzten Worte herunter.
Theo öffnete die Tür: „Ich hole Dennis morgen zum Schwimmen ab. Das Schwimmen hat etwas mit meiner Vergangenheit zu tun. Vielleicht weiß ich morgen Abend mehr. Gute Nacht."
„Theo, ich…", rief sie, startete dann doch den Motor, wendete und raste davon.

Die Nacht brach gerade herein, als Theo das Licht im Vorzelt einschaltete. Er stellte seine Tasche ab, nahm die Joggingschuhe heraus und zog sie an.
Hans-Willi, der Platzwart, kam aus dem Vorzelt von Amberg geschwankt und ging auf den Wohnwagen der Hauptkommissarin zu.
„Wer ist denn da?", fragte er mit schwerer Zunge.
Theo winkte ihm zu: „Ich bin zurück. Ich bleibe doch noch ein paar Tage, bis sich alles geklärt hat. Muss ich mich noch anmelden, ein paar Formulare ausfüllen oder einen Ausweis hinterlegen, den ich nicht habe?"
Hans-Willi kratzte sich an seiner Halbglatze und lallte: „Wenn du deine Anzeige zurücknimmst und die Scheiße mit dem verdammten Schmerzensgeld fallen lässt, dann kannst du hier bis an dein Lebensende wohnen."
Theo zuckte mit den Schultern: „Ich will von dir und dem Typen da drüben", und er nickte zu Ambergs Wohnwagen rüber, „kein Geld. Was die Anzeige betrifft, die hat der

Kommissar Erhard gestellt. Darüber müsst ihr mit ihm verhandeln."
Hans-Willi setzte ein übertriebenes Grinsen auf: „Ok, wenn du auf die Kohle verzichtest, dann trinken wir jetzt noch einen zusammen. Komm mit in das Zelt von René. Der Ärmste ist völlig frustriert, weil seine Alte sich von ihm trennen will. Die beiden haben Stress. Jutta ist bis jetzt noch gar nicht wiedergekommen. Die sitzt mit einigen Weibern irgendwo in einem anderen Wagen. Komm, du Unbekannter."
„Lass mal sein. Ich will nicht trinken und mit dem Riesenbaby René schon gar nicht. Ich werde noch ein Stück spazieren gehen."
Theo löschte im Vorzelt das Licht, durchquerte die mächtige Alkoholfahne von Esser und trabte auf das Seeufer zu. Der Platzwart zuckte mit den Schultern, drehte sich herum und wankte in das Zelt von Amberg zurück. „René, der Lackaffe ist zurück." Hans-Willi zeigte mit dem Daumen über seine Schulter, ließ sich in einen Campingstuhl fallen, der sofort unter ihm zusammenbrach. Esser schrie auf. „Scheiße, vedammte!" und aus der Wunde seines geklemmten Fingers spritzte Blut.

Das Wasser des Sees platschte leise ans Ufer. Die Sommerluft frischte zur Nacht hin etwas auf. Der Duft der Pflanzen, des Wassers und der Geruch der Erde umströmten Theos Nase. Der Weg war kaum zu erkennen. Nur die Lichter des gegenüberliegenden Campingplatzes schienen deutlich herüber. Ganz leise hörte man Stimmen, deren Worte aber nicht zu verstehen waren. Musik von Tonträgern und Gesabbel aus den Fernsehern klangen dezent übers Wasser.
Theo lehnte sich auf der Parkbank zurück. Er blickte zum Firmament, wo unzählige Sterne funkelten. Dort, wo über

ihm keine Sterne zu sehen waren, musste das gewaltige Blätterdach der alten Bäume sein, die dieses Seeufer zum größten Teil säumten.
„Wer bin ich? Was habe ich beruflich gemacht? Habe ich Familie?" Theo blickte auf den schwarzgrauen Wasserspiegel und wünschte sich, dass sich nun vor seinem geistigen Auge die Szenen des Schwimmwettkampfs wiederholen würden. Auch andere Bilder wären ihm recht gewesen. Hauptsache, es würden Bilder seiner wahren Vergangenheit sein.

In der Stille der Nacht

Aus der Ferne näherten sich Schritte. Hin und wieder leuchtete eine Taschenlampe auf. Von Mal zu Mal wurde ihr Licht heller. Plötzlich blickte Theo genau in den Lichtkegel und kniff die Augen zusammen.
„Du bist es tatsächlich!", rief Juttas Stimme und ein schlanker Körper glitt neben Theo auf die Bank." Ich wollte es gar nicht glauben, dass du in den Campingwagen zurückgekehrt bist. Ich war gerade bei einer Freundin und die hatte dich gesehen."
Theo atmete tief durch und meinte leicht angespannt: „Ich halte das für keine gute Idee von dir, dass du mir gefolgt bist. Wenn dein Mann davon erfährt, dann spielt seine Fantasie verrückt und er selbst auch. Mir geht es dabei nicht um mich, Jutta. Ich weiß nicht, ob er seine Eifersucht letztlich an dir auslassen wird. Vielleicht wird er sogar handgreiflich."
Sie kuschelte sich auffällig an ihn: „Das hat er längst getan. Er hat mir ins Gesicht geschlagen und ich habe ihm gesagt, dass ich ihn verlassen werde."
Theo legte seine Hand auf ihre: „Das tut mir leid für dich.

Aber wenn er dich in meiner Nähe sieht, wird er noch gereizter sein. Was hältst du davon, mit Jeanette zu reden. Ich denke, als Kommissarin könnte sie René zur Vernunft bringen."

Jutta kam mit ihren Lippen nah an sein Ohr und hauchte: „Wie steht es zwischen Jeanette und dir?"

Theo nahm seine Hand wieder zurück und stützte sich mit verschränkten Armen auf die Knie.

„Es ist kompliziert", begann er zögerlich. „Ich mag Jeanette sehr und sie mich scheinbar auch. Doch meine unklare Vergangenheit steht zwischen uns. Sie hat ja auch völlig Recht. Wenn plötzlich morgen meine Erinnerungen wieder da sein sollten und eine komplette Familie zum Vorschein kommt, was dann?"

Jutta stand auf und begann langsam hin und her zu laufen: „Und wenn diese Erinnerungen nie mehr zurückkehren? Willst du dein restliches Leben allen Menschen ausweichen, die sich dir nähern wollen?"

Theo hob einen kleinen Stein auf und warf ihn ins Wasser. Das Plumpsen war erstaunlich laut.

Ziemlich schnell wurde ein Licht größer und eilte auf sie zu. Ein Radfahrer hielt vor Jutta und sein Atem ging sehr schnell: „Hallo Jutta, was machst du denn hier allein im…"

Er unterbrach seinen Satz, da er eine Gestalt im Dunkeln auf der Bank sitzen sah. „Sind Sie nicht dieser Theo?"

Theo stand auf: „Genau dieser bin ich."

Der Radler überlegte kurz, trat wieder in die Pedalen und rief: „Ja, dann möchte ich nicht weiter stören!", und schon bald verschwand das immer kleiner werdende rote Rücklicht in der dunklen Nacht.

„Ist ja Klasse", pustete Theo vor sich hin, „wenn der Typ auf dem Campingplatz herumerzählt, dass wir uns hier getroffen haben, dann tickt dein René im Dreieck", und er nahm Juttas Ellenbogen. „Komm, wir gehen zurück. Am besten rede ich gleich mit deinem Mann, damit er den Ball flach hält."

Nach einer guten halben Stunde knirschte der Kies der Zufahrt zum Campingplatz unter ihren Schritten. Fast alle Lichter in den Vorzelten und Wohnwagen waren bereits gelöscht. Eine ferne Turmuhr schlug halb eins.

Jutta flüsterte: „Ich denke, das René sich betrunken hat. Ich rede morgen mit ihm. Also schlafe gut, Theo."

Er hielt sie am Arm und sagte leise: „Wenn dein Mann handgreiflich werden sollte, dann schreie. Ich komme sofort rüber, ok?"

Sie drückte Theo einen leichten Kuss auf die Wange und ging zum Eingang ihres Vorzeltes. Leise war das Surren eines Reißverschlusses zu hören.

Theos Gedanken kreisten und kreisten. Dieser Spaziergang sollte ihm Erinnerungen zurückbringen und so müde machen, dass er endlich schlafen könnte. Das Gegenteil war eingetroffen. Aufgedreht war er. Das grelle Licht des Kühlschrankinnenraums stach ihm in die Augen. Schnell zog er eine Dose Bier heraus, schloss die Tür und ließ den Verschluss knallend aufplatzen. Plötzlich vibrierte das alte Handy, das Jeanette ihm vorübergehend überlassen hatte. Eine SMS wurde gemeldet.

‚Wenn du noch wach bist, dann ruf mich bitte an. Ich hätte dich nicht gehen lassen dürfen", schrieb Jeanette.

Theo saß in der Dunkelheit im Vorzelt. Durch ein Seitenfenster blickte er über den See. Am anderen Ufer wirkten die Baumreihen wie eine schwarze, unregelmäßige Mauer, über der sich das funkelnde Universum auftat. Diese schwarze Wand aus Bäumen wirkte mit einem Mal unheimlich und bedrohlich. Er musste an Jutta denken. Hoffentlich ließ dieser Typ sie in Ruhe.

„Und Jeanette?" Er stürzte den Rest seiner Bierdose hinunter. „Ja, da ist mehr. Da ist sogar sehr viel. Aber noch sind zu

viele Fragen offen und was sollte ich ihr antworten?"
Theo öffnete eine neue Dose Bier und schob das Handy weit von sich. Die Turmuhr schlug eins.
Je länger er im Dunkeln hockte, um so mehr gewöhnten sich seine Augen an das wenige Licht der Nacht. Immer mehr Konturen wurden sichtbar. Mit einem Mal veränderte sich die graue Wasserfläche des Sees. Heller und heller wurden die Wellen. Sie nahmen Farben an. Der See bekam gerade Wände und auf dem Wasser schwammen Ketten aus rotweißen Kunststoffbällen, die Wettkampfbahnen begrenzten. Mehrere durchtrainierte, junge Männer kraulten um die Wette.
„Leo, Leo, Leo!", rief die Zuschauermenge und sprang jubelnd auf, als der erste Schwimmer mit der Hand am Ziel anschlug.
Leo legte beide Hände auf den Beckenrand, spannte seine Muskeln an und katapultierte sich mit Leichtigkeit aus dem Wasser. Er straffte sich und hob einen Arm zum Zeichen seines Sieges. Dann drehte er sich herum und sah genau in Theos verwundertes Gesicht…
„Das bin ja ich!", rief Theo und stürzte den Rest seines Biers herunter. Er sah wieder zum Fenster. Die Wettkampfszenerie war verschwunden. Nur der dunkelgraue Wasserspiegel gähnte in die Nacht und die Turmuhr schlug zwei.

Die Tat

Als Theo die Augen öffnete, schmerzten sein Rücken und die Halswirbelsäule. Er musste auf dem Campingstuhl eingeschlafen sein. Draußen war es bereits hell. Viele Stimmen sprachen oder riefen unverständlich durcheinander.
„Herr Müller, oder wie immer Sie heißen mögen, stehen Sie endlich auf und folgen Sie mir!" Kommissar Erhard hatte

einen deutlichen Befehlston aufgesetzt.
Der Unbekannte zuckte mit den Schultern, erhob sich müde und folgte dem Kriminalbeamten in einen Polizeibus. Erhard schloss die Schiebetür hinter sich und gleich war das Stimmengewirr leiser.
„Sie halten uns ganz schön auf Trapp", grinste Erhard und blickte Theo fest in die Augen. „Dieses Mal geht es nicht um Bankraub."
„Um was geht es nun?"
„Wann haben Sie Frau Amberg das letzte Mal gesehen?"
„Jutta Amberg?" Er nickte mit dem Kinn zum See, „Ich habe kurz vor Mitternacht da drüben auf der Bank gesessen und versucht meine Vergangenheit aus meinem Kopf heraus zu quetschen. Plötzlich kam Frau Amberg und wir haben uns ein paar Minuten lang unterhalten. Dann sind wir gemeinsam hierher zurückgelaufen. Sie ist zu ihrem Mann und ich bin in Jeanettes Wohnwagen, wo Sie mich gerade angetroffen haben."

Hauptkommissarin Koch stand in Ambergs Vorzelt, beobachtete jede kleinste Regung in Renes Gesicht und fuhr mit ihren Ermittlungen fort: „Ich weiß nicht, ob ich dir vorhin bei der Identifizierung von Juttas Leiche mein Mitgefühl ausgedrückt habe. Wenn nicht, dann möchte ich das hiermit nachholen. Leider konnten wir dir diesen grausamen Weg nicht ersparen."
Amberg rieb sich die Augen, doch echte Tränen konnte die Hauptkommissarin bei dem Ehemann nicht erkennen. Er wirkte eher gefasst als schockiert. Eine gewisse Nervosität ging von ihm aus, die mehr auf Angst als auf Sorge hinzuweisen schien.
Jeanette fragte: „Du hast also Jutta das letzte Mal gegen Abend gesehen. Danach ist sie zu einer anderen Frau hier auf dem Campingplatz gegangen. Zu wem?"

René zuckte mit den Schultern: „Weiß ich nicht. Jutta braucht sich bei mir doch nicht abzumelden."
„Und dass Jutta mitten in der Nacht nicht heimgekommen ist, hat dich nicht beunruhigt?"
„Ich habe mit Hans-Willi kräftig einen genommen. Kannst ihn ja fragen. Ich wollte noch auf Jutta warten, doch ich bin wohl eingeschlafen."
„Was weißt du über unseren Theo, den Unbekannten?"
Amberg schob sein Kinn vor: „Hah, da hättest du besser Jutta gefragt. Die ist ein paar Mal mit ihm gejoggt. Seltsame Sachen hat sie aus seinen Gesprächen herausgehört", und er machte eine auffällige Pause.
„Erzähle weiter. Ich bin ganz Ohr."
„Jutta hatte mir ganz erstaunt erzählt, dass dieser Typ gar keine Anämie hat. Der würde das nur allen vorspielen. Tatsächlich ist Theo nämlich ein Schlitzohr, das sich aus dem Staub gemacht hat. Viele Gläubiger sollen hinter ihm her sein." René fasste sich an den Kopf, als müsse er angestrengt nachdenken. „Ja, und Jutta meinte, sie hätte den dringenden Verdacht, dass dieser Unbekannte sogar ein Heiratsschwindler sei. Also war es für ihn besser, unterzutauchen und sein Gedächtnis zu verlieren. Ja, und ich habe Jutta gewarnt, sie solle sich von so einem fernhalten. Wer weiß, wie gefährlich der ist."
Die Hauptkommissarin ging zum Fenster, kehrte dabei Amberg den Rücken zu und blickte über den See. Sie schwieg.
René atmete tief durch und setzte seine Erklärungen fort: „Wenn dieser Theo sich nun Sorgen gemacht hat, dass Jutta irgendwo ausplaudern könnte, dass er tatsächlich Dreck am Stecken hat, ja, wenn er sich durch Jutta sogar bedroht gefühlt hat, dann hatte er doch ein Motiv, um sie zu beseitigen, oder nicht?"
Die Kriminalbeamtin drehte sich herum, ließ ihren Blick

durch das Vorzelt gleiten und meinte beiläufig: „Eine Anämie hat Theo tatsächlich nicht", machte auch sie eine spannende Pause und freute sich über Renes verblüfften Gesichtsausdruck. „Eine Anämie ist nämlich eine Blutarmut. Du meinst, dass Theo keine Amnesie hat und lieferst eine sehr interessante Theorie dazu." Ihre Augen wanderten durch den offenen Eingang des Zeltes zum Polizeibus. „Du willst also sagen, dass Theo Jutta getötet hat?"
René schlug mit seiner Faust in die offene Hand: „Wenn der das war, dann breche ich ihm alle Knochen. Verlasst euch darauf!"
Jeanette winkte ab: „Das Verfahren wegen deiner Selbstjustiz mit körperlichen Angriff gegen Theo läuft noch. Ich würde den Staatsanwalt an deiner Stelle nicht noch mehr reizen. Selbstjustiz mag er aus Konkurrenzgründen schon überhaupt nicht."
Die Kriminalbeamtin bückte sich und betrachtete etwas auf dem Fußboden. Dann rief sie aus der Eingangstür: „Hier muss die Spurensicherung gleich mal rein", und zu Amberg gewandt: „Wo stammt das Blut dort her?"
René schaute auf die Bluttropfen am Boden und bekam rote Wangen. Dann hellte sich sein besorgtes Gesicht blitzschnell auf: „Das…ääh, das ist das Blut von Hans-Willi Esser. Der hat sich mit seinem dicken Arsch auf meinen Campingstuhl gesetzt, der dann zusammenbrach. Dabei hat er sich hier gestern den Finger verletzt."
Sie schaute ihn immer noch prüfend an und meinte: „Das lässt sich leicht überprüfen." Dann machte sie der Spurensicherung Platz.

Verhör

Jeanette schob die Tür des Polizeibusses auf, schloss sie

wieder und setzte sich neben ihren Kollegen Erhard auf eine Bank. Theo saß an der gegenüberliegenden Tischseite. Sein Gesicht sah übermüdet aus. Das Haar war noch ungekämmt und er fühlte sich so ungewaschen dem Blick dieser gepflegten Frau unangenehm ausgeliefert. Er atmete tief ein, presste die Lippen aufeinander und drehte seinen Kopf zum Fenster. Die ersten neugierigen Kinder umkreisten den Polizeiwagen und klopften frech an die Scheibe. Ein uniformierter Beamter jagte sie fort. Die Sonne stand bereits hoch über dem See und die Schleierwolken versprachen einen herrlichen Sommertag. Die Wellen spiegelten die Sonnenstrahlen in alle Richtungen und lockten auch die müden Urlauber ins Freie. Die Vögel kreisten über dem Wasser oder sangen zwitschernd ihre Lieder. Alle diese Wesen waren frei und genossen nun den neuen Morgen.

Und er, der Unbekannte?

„Guten Morgen, Theo", riss die Hauptkommissarin den Fremden aus seinen Gedanken, „du siehst müde aus. Hattest du eine schwere Nacht?"

Der Befragte blickte ihr in die Augen. Er nahm Jeanettes angenehmes Parfum war. Ihr Gesicht verriet nicht einen ihrer Gedanken.

Also fragte Theo: „Was wird mir dieses Mal vorgeworfen? Wieder ein Bankraub? Oder vielleicht eine Entführung? Da der gute Herr Erhard mich gerade gefragt hat, ob ich Frau Amberg gesehen habe, scheint sie ja wohl verschwunden zu sein. Ist es das?"

Die Kommissarin machte ein peinlich berührtes Gesicht.

„Theo, ich verdächtige dich nicht und beschuldige dich auch nicht. Wir befinden uns leider in einem erneuten Ermittlungsverfahren. Dazu gehören die Befragung aller möglichen Zeugen und eine gründliche Spurensuche."

Theo machte immer noch ein beleidigtes Gesicht und blickte stumm aus dem Fenster.

Kommissar Erhard brach das Schweigen: „Herr Theo hat mir gesagt, dass er Jutta Amberg gestern drüben am Seeufer getroffen hat und er danach mit ihr hierher zum Campingplatz gelaufen ist, wo jeder dann in seinen Wohnwagen ging, richtig?", blickte er sein Gegenüber an.
Theo nickte zustimmend.
„Worüber habt ihr euch unterhalten?", fragte die Ermittlerin.
„Normalerweise rede ich nicht über vertrauliche Gespräche, aber da Jutta ja scheinbar verschwunden ist, bleibt mir nichts anderes übrig", und er blickte zum Vorzelt von Amberg, wo sich die Spurensicherung an ihre Arbeit gemacht hatte. „Jutta hat mich vor zwei Tagen schon einmal dort drüben am anderen Ufer zufällig beim Joggen getroffen. Wie Sie hier selbst sehen können, kann das jeder vom Campingplatz aus beobachtet haben. Auf jeden Fall hat René Amberg eifersüchtig darauf reagiert und seiner Frau gestern ins Gesicht geschlagen."
Theo machte eine kleine Pause und fuhr dann fort: „Ich bin gestern Abend sehr spät wieder dort drüben auf der Bank gesessen. Ich wollte den Kopf freibekommen und mich endlich an meine Vergangenheit erinnern. Ich hoffte, dass die Einsamkeit und Dunkelheit mir dabei vielleicht helfen könnten."
Er blickte wieder Jeanette an und seine Augen versuchten in ihr Innerstes zu sehen. „Andererseits hatte ich noch ganz andere Probleme und Gefühle zu ordnen, nicht wahr, Frau Hauptkommissarin?"
Er nickte mit dem Kinn zu den Segeljollen hinüber. „Doch wie ich feststelle, bin ich hier ständig der Sündenbock."
„Jutta Amberg ist tot", ließ die Kriminalbeamtin endlich die Bombe platzen und beide Kommissare versuchten in dem Gesicht des Verdächtigen zu lesen.
Theo wirkte sichtlich überrascht. Er hob die Brauen: „Jutta ist WAS?" Seine Augen wanderten zwischen den

Kommissaren hin und her. „Das...", stockte Theo, „das kann nicht sein. Ich selbst habe Jutta heute Nacht bis zum Eingang ihres Wohnwagens begleitet. Ich sagte, dass sie nach mir rufen solle, wenn René ihr etwas anhaben wolle."

„Zwei Angler haben Frau Ambergs Leiche ganz in der Nähe eures Treffpunktes dort drüben gefunden. Ihr Genick ist gebrochen. Weitere Erkenntnisse wird die gerichtsmedizinische Untersuchung ergeben."

Theo strich sich mit der flachen Hand über das müde Gesicht und er schüttelte den Kopf: „Wir haben dort auch noch einen Radfahrer getroffen. Der müsste bezeugen können, dass Jutta gelebt hat, als ich dort drüben war. Dann habe ich sie nach Hause begleitet. Ihr Mann muss doch bemerkt haben, dass sie in den Wohnwagen gekommen ist. Dieser René ist so verdammt eifersüchtig, dass der doch auf die Uhr schaut, wenn Jutta zu spät heimkommt", und er nickte mit dem Kinn zu Jeanette. „Verdammt, das hier ist dein Campingplatz. Du kennst diesen Kraftprotz doch viel länger als ich."

Die Hauptkommissarin lehnte sich zurück: „Theo, du bist der Letzte, der Jutta lebend gesehen hat. Ihre Leiche wurde genau dort gefunden, wo der letzte Zeuge euch getroffen hat. Der Radfahrer hat sich bereits gemeldet und einen Verdacht gegen dich geäußert."

Theo schlug schallend mit der Faust auf den Tisch und ein Uniformierter blickte alarmiert ins Wageninnere.

„Das ist doch alles nicht wahr! Welches Motiv sollte ich denn gehabt haben?"

„Rene hat eine ganz einfache Erklärung dazu abgegeben. Frau Amberg hätte mehrere Gespräche mit dir geführt. Dabei wäre ihr aufgefallen, dass du dich bezüglich deiner Vergangenheit verraten hast. Du hättest nämlich keine Amnesie, sondern du würdest dich hier bei uns vor einer Ver-

gangenheit verstecken, in der du polizeilich gesucht wirst. Gesucht von Schuldnern und wegen Heiratsschwindel."
Kommissar Erhard hob überrascht die Brauen, setzte aber sogleich wieder eine Pokermiene auf.
Theo sah irritiert zwischen den Kommissaren hin und her. Zuerst war sein Gesichtsausdruck wütend, doch dann zog ein bitteres Lachen über seinen Mund.
Er verschränkte die Arme vor der Brust und meinte spöttisch: „Jeanette, ist das hier ein Idiotentest?"
Die Kommissarin schwieg. In diesem Moment verfluchte sie ihren Beruf. Theo war mit Sicherheit völlig unschuldig. Aber er war wahrscheinlich auch der Letzte, der Jutta Amberg lebend gesehen hatte. Diese Zeugenbefragung war wichtig.
Kommissar Erhard übernahm die Befragung: „Wie ist es zu dem Genickbruch von Frau Amberg gekommen? Mein Gott, bei heftigen Diskussionen wird vielleicht im Affekt plötzlich jemand gestoßen und fällt. Er fällt so unglücklich, dass er sich an einer Bank das Genick bricht. Panik bricht aus. Was soll man tun? Instinktiv schreit alles in einem nach Flucht. Man rennt heim, betrinkt sich und vergisst am besten alles. Auf das Vergessen haben Sie sich doch spezialisiert, nicht wahr, Herr Theo?"
Mit beiden Händen stemmte sich der Verdächtige zurück und murmelte monoton: „Ich sage nun gar nichts mehr. Wenn Sie von meiner Tat überzeugt sind, dann verhaften Sie mich. Wenn die Anklage nicht reicht, dann möchte ich jetzt gehen. Ich habe noch viel zu tun."
Erhard hob die Brauen: „Und was wäre das?"
Theo öffnete unaufgefordert die Schiebetür und niemand hielt ihn davon ab. Als er draußen stand, blickte er zu Jeanette: „Ich räume deinen Wagen noch heute. Ich werde mit Genehmigung des Sozialamtes bis zur Klärung dieser Geschichte in ein Obdachlosenheim gehen. Danach bezahle

ich die Wohnwagennutzungskosten an dich und dann siehst du mich nie wieder!"
Theo ging zu seinem Vorzelt zurück.
Frau Koch fluchte: „Scheiße! Horst, musste das sein?"
Erhard legte ihr seine Hand auf den Unterarm: „Er musste damit konfrontiert werden, damit wir ihn absolut als Täter ausschließen können. Ich glaube auch nicht, dass Theo Frau Amberg umgebracht hat.
So, als Nächstes benötigen wir unbedingt den Bericht der Rechtsmedizin."

Gerichtsmedizin

Dr. Vera Ullrich blickte die Hauptkommissarin an: „Die Todesursache war ein Genickbruch. Das Opfer muss zuvor mit dem Hinterkopf auf einen harten Untergrund aufgeschlagen sein. Ich denke, diese Frau wurde heftig gestoßen und fiel dann hinten rüber." Sie zeigte auf dunkle Linien auf der Haut des Oberkörpers der Leiche. „Ich bin davon überzeugt, dass dieser Körper nach dem Eintritt des Todes nicht nur auf dem Waldboden gelegen hat. Sehen Sie sich diese auffälligen Druckstellen an." Ihr Zeigefinger verfolgte einen deutlichen, dunklen Streifen. „Die erste, zwanzig Zentimeter lange Druckstelle bildet eine exakte, gerade Linie, die darauf hinweist, dass die Leiche auf einer Kante gelegen hat. Die beiden anderen Druckstellen gleichen sich in ihrer runden Form."
Jeanette hob fragend die Brauen: „Ich verstehe nicht ganz."
Die Medizinerin lächelte wissend: „Wenn ich an Ihrer Stelle wäre, dann würde ich davon ausgehen, dass die Leiche in einem Wagen transportiert wurde. Dort bilden sich durch umgeklappte Sitzlehnen erhabene Kanten. Die beiden runden Flecken könnten von Gurthalterungen stammen,

wie sie auf der Sitzfläche der Rückbänke im Wagen zu finden sind. Wenn der lebende Körper Druckstellen bekommt, dann verschwinden diese aufgrund der aktiven Durchblutung nach einiger Zeit. Druckstellen an leblosen Körper bleiben grundsätzlich erhalten und werden schwarz." Sie fuhr wieder mit dem Finger über die Spuren. „Stellen Sie sich vor, die Tote wäre zusammengerollt auf der Seite liegend in einem Kombi transportiert worden, dann passt diese Linie vielleicht zu einer Kante einer umgeklappten Sitzbank und diese beiden Flecken zu Gurtverschlüssen. Finden Sie diesen Wagen und Sie haben so etwas wie einen Fingerabdruck."

Jeanette stieg in ihren Wagen und wählte die Nummer von Kommissar Erhard: „Horst, er war es nicht. Ich habe den Beweis. Er war es nicht!"
Erhard stellte sich dumm: „Wen meinst du denn?"
Sie atmete tief durch: „Ich komme gerade aus der Gerichtsmedizin. Frau Amberg wurde ganz klar nicht am Fundort getötet. Es gibt Spuren, wonach die Leiche für längere Zeit auf einem anderen Untergrund gelegen haben muss. Die Strukturen der Druckstellen finden sich nicht in der Natur. Es sieht eher danach aus, als wäre die Leiche in einem Wagen transportiert worden." Und sie setzte hinzu: „Also kann Theo das nicht gewesen sein."
Horst lachte: „Wieso, er hat nie behauptet, dass er nicht Auto fahren kann."
Sie stieß die Luft durch die Nase aus: „Willst du ihm nun noch einen Autodiebstahl anhängen?"
Der Kollege schmunzelte und machte belustigt weiter: „Du verteidigst ihn, wie eine Löwin ihr Junges. Aber Spaß bei Seite. Ich habe auch etwas für dich. Die Forensiker haben herausgefunden, dass an der Kleidung der Leiche Blutspuren waren. Und nun rate mal, von wem die stammen."

Jeanette überlegte nur kurz, dann schoss es aus ihr heraus: „Sind das die Blutspuren aus Renes Vorzelt, die ich dort am Boden entdeckt hatte?"
Der Kollege grinste: „Bingo. Also nehmen wir uns diesen Amberg nun vor."
Jeanette schüttelte heftig den Kopf: „Nein, das ist nicht das Blut von René. Er hat mir erzählt, dass Hans-Willi Esser, der Platzwart, sich dort am Finger verletzt hat. Wenn das stimmt, dann müsst ihr den zuerst befragen. Ich kümmere mich um René. Wir treffen uns am Campingplatz."
Sie legte auf und wählte die Handynummer von Theo. Es meldete sich ihre eigene Mailbox. Dann fädelte sie sich in den hupenden Verkehr ein.
Auf dem Campingplatz führten Kommissar Erhard und zwei uniformierte Polizisten Platzwart Esser zu einem Polizeiwagen. René Amberg war nicht an seinem Wohnwagen. Ein Camper wollte gehört haben, dass der Kraftprotz zum Angeln gefahren sei und gab mehrere örtliche Möglichkeiten dazu an.
„Ich werde Amberg schon finden", winkte Jeanette ihrem Kollegen Erhard zu. „Quetsche du diesen Esser in der Zwischenzeit aus."
Horst machte ein ernstes Gesicht und rief: „Du aktivierst bitte im Fall des Falles dein GPS, damit wir dich jederzeit finden können, ok?"
Jeanette nickte und winkte lässig ab. Dann fuhr sie los und suchte die versteckten Angelplätze auf, die ihr der Mann genannt hatte. Nach zwei Stunden fand sie Ambergs Geländewagen in der Nähe eines dicht bewaldeten Seeufers. Der Angler selbst war nicht zu sehen. Vorsichtig drückte die Kommissarin auf das Schloss der Hecktür. Mit leichtem Quietschen schwenkte die Klappe nach oben. Jeanette beugte sich hinein. Sie fuhr mit der Hand über die harte Kante der umgeklappten Rücksitzbank. Zwei ovale Gurt-

schlösser zeigten sich in der Mitte der Ladefläche. Die Kriminalistin erinnerte sich an die Flecken an der Leiche und augenblicklich war ihr klar, dass die Frau mit hoher Wahrscheinlichkeit hier im Wagen gelegen hatte.
„Erwischt!", rief eine tiefe Männerstimme und bog Jeanettes Arme nach hinten.
Mit pochenden Schläfen machte sie sich frei und schoss herum: „Bist du wahnsinnig?", blitzte sie Amberg an.
„Ach, du bist es", versuchte René zu scherzen. „Ich dachte, da wollte jemand meinen Wagen klauen", sein Gesicht wurde ernst. „Na, habt ihr den Mörder meiner Frau schon gefasst?"
Sie hob eine Hand: „Wir sind ihm auf der Spur. Theo war es auf jeden Fall nicht. Auch wenn dir das vielleicht gut gefallen hätte. Nein, ich denke, da wollte jemand Theo den Mord in die Schuhe schieben. Unser Hauptverdächtiger ist nun Esser. Das Blut von ihm, das wir in deinem Vorzelt gefunden haben, befand sich auch an Juttas Kleidung."
Amberg schlug seine geballte Faust in die offene Hand: „Hans-Willi, das Schwein! Dem breche ich das Genick!", und sein Gesicht wirkte grimmig.
Die Hauptkommissarin meinte ironisch: „Ja, und so etwas nennt sich dein Freund. Was hast du nicht alles für ihn getan. Oft genug hast du ihn zu euch eingeladen und frei saufen lassen. Selbst deinen teuren Geländewagen hier hast du ihm ausgeliehen.
Ich würde einen solchen tollen Wagen nie verleihen. Der hat doch bestimmt ein Vermögen gekostet, nicht wahr?"
René strich fast zärtlich über das Blech: „Dieser Wagen hier? Der kostet über 40.000 Euro. Den hat außer mir noch nie jemand gefahren."
Die Kriminalbeamtin blickte in Ambergs Gesicht: „Wir haben an Juttas Leiche Druckspuren gefunden, die zu der

Kante dieses Rücksitzes passen könnten." Sie zeigte in das Wageninnere. „Wenn auch die Gurtschlösser zu den Druckstellen passen, dann hat dieser Wagen einen perfekten Fingerabdruck hinterlassen. Ich werde unsere Forensiker darauf ansetzen. Mit deiner Aussage, dass niemand außer dir diesen Wagen gefahren hat, hast du dich gerade selbst belastet."
Die Hauptkommissarin ertastete mit ihren Fingern etwas, das unter ihrer Bluse zu sein schien, und drückte darauf.
Der Muskelmann riss Jeanette blitzschnell die Bluse auf und schrie: „Du Schlampe bist mit einem Sender verkabelt! Aber das nutzt dir nichts. Nachdem dieser Elektronikscheiß unter Wasser gelegen hat, taugt er nichts mehr."
Er gab der Polizistin einen Kinnhaken und Jeanette taumelte benommen zurück. Dann schliff Amberg sie zum Ufer und tauchte ihren zappelnden Körper immer wieder unter Wasser.

Leonardo

Jeanette wusste, dass sie keine Chance gegen dieses wütende Muskelpaket hatte. Warum hatte sie sich alleine so weit vorgewagt? Auch wenn die Kollegen über den Sender mitgehört hatten und ihr jetzt zu Hilfe eilten, war es für ihre Rettung viel zu spät.
Sie schluckte immer wieder Wasser. Die Luftröhre versuchte sich mit schmerzhaften Hustenattacken zu schützen. Die Atemmuskulatur krampfte. Panik ergriff ihren gesamten Körper. Die Arme und Beine wehrten sich instinktiv und ruderten hin und her. Doch nach drei Minuten war ihre gesamte Energie verbraucht und der Überlebenswille gebrochen. Sie hörte auf, sich zu wehren.
Plötzlich wurde ihr Körper grob auf das Ufer gezogen. Ihre

Lunge brannte und sie spuckte sich die Eingeweide aus dem Leib. Die nassen Haare klebten ihr im Gesicht. Ganz langsam bekam sie wieder Luft und aus der schwarzen Umnachtung entstanden Bilder. Unweit von ihr schlugen sich zwei Männer. Der wesentlich schmalere drängte den Muskelprotz immer weiter ins tiefere Wasser hinein. Die Wellen schwappten über das Ufer. Weit entfernt waren Martinshörner zu hören. Das mussten ihre Kollegen sein. Die Hauptkommissarin suchte nach ihrer Waffe, doch die schien irgendwo unter Wasser zu liegen. Ihre Bluse war zerrissen. Alles ging zu schnell und doch zu langsam.

Ein Schauer lief ihr über den Rücken. Erst jetzt erkannte sie den Mann, der mit Amberg kämpfte. Es war Theo. Ihr wurde klar, was der Unbekannte vorhatte. An Land war der Bodybuilder ihm kräftemäßig überlegen gewesen. Aber das Wasser schien Theos Element zu sein. Nun erkannte wohl auch Amberg, dass er gegen diesen flinken, wendigen Mann im tiefen Wasser keine Chance hatte und versuchte Richtung Land auszuweichen. Doch Theo zog ihn immer wieder erfolgreich zurück und tauchte Renes Kopf unter.

Lautes Rufen näherte sich und dann standen mehrere Polizeibeamte keuchend am Ufer. Sie zielten mit Pistolen auf den Unbekannten, der einen leblosen Körper langsam ins seichte Wasser schleppte. Einer bellte im Befehlston: „Lassen Sie sofort den Mann los und ergeben Sie sich!"

Jeanette nickte mit dem Kinn zu Amberg, der mit dem Rücken halb auf dem Ufer und mit den Beinen halb im Wasser lag: „Der ist nur bewusstlos. Nehmt das Dreckstück mit. Er hat versucht mich umzubringen. Ohne Theos Hilfe hätte ich es nicht geschafft."

Erhard schaute Theo an und fragte: „Wo sind Sie denn schon wieder hergekommen?"

Jeanette drehte sich zu ihrem Kollegen herum: „Habt ihr das Gespräch von Amberg und mir über den Sender mitgehört?"

Der Kommissar nickte: „Jedes Wort wurde aufgezeichnet, bis es plötzlich ‚platsch' machte."
„Was ist mit dem Platzwart?", fragte sie.
„Nachdem wir ihm erklärt haben, dass sein Blut an Jutta Ambergs Kleidung gefunden wurde, wurde er sehr schnell geständig. Er wollte schließlich nicht als Mörder dastehen. Er hat uns erzählt, dass René Amberg mitten in der Nacht aufgeregt zu ihm gekommen sei und behauptet hätte, Jutta wäre im Vorzelt verunglückt. René hätte seine Frau nur zur Rede stellen wollen und dabei sei sie mit dem Hinterkopf auf die Kühlschrankkante geschlagen." Horst schaute zu Theo und sprach nur noch leise zu seiner Kollegin: „Da die beiden Jutta und Theo am anderen Seeufer gesehen hatten, wollten sie Theo die Sache in die Schuhe schieben und brachten die Leiche in Renes Wagen zum Fundort."
Theo beobachtete die beiden Kommissare misstrauisch und machte ein verärgertes Gesicht.
Jeanette lächelte ihren Kollegen an: „Horst, tut mir bitte den Gefallen und lasst mich mit Theo alleine. Ich muss mit ihm reden, ok?"
Horst schaute auf ihre zerrissene Bluse: „So, in diesem Aufzug willst du ihn vernehmen?"
Sie schüttelte den Kopf: „Du Blödmann, ich habe noch ein T-Shirt für den Sport im Wagen. Das ziehe ich mir gleich an. Nun schafft diesen Muskelprotz ins Präsidium", nickte sie zu René Amberg.
Nach einer Viertelstunde waren alle Beamten fort und hatten auch Ambergs Wagen mitgenommen. Jeanette warf ihre Bluse auf den Rücksitz des Autos und zog das Sport-Shirt über. Dann lief sie zurück zum See.
Theo saß am Ufer, hatte die Beine angezogen, einen Arm über die Knie gelegt und warf kleine Kieselsteine ins Wasser. Sie betrachtete den wohlgeformten nackten Rücken des Unbekannten. Er hatte die Figur eines Leistungsschwimmers.

Jeanette setzte sich neben ihn und suchte seinen Blick. Doch er sah sie nur kurz aus dem Augenwinkel an und schaute dann in die Ferne.
„Ich möchte mich bei dir entschuldigen, dass du wieder zu Unrecht verdächtigt worden bist, doch noch wichtiger ist mein Dank. Du hast mich gerettet. Dieser Kerl wollte mich tatsächlich umbringen. Und warum? Meine Kollegen hätten ihn sowieso bald überführt. Ich wäre fast ein Opfer meiner Eitelkeit geworden. Ich, Jeanette Koch, ich wollte diesen Kraftprotz alleine stellen", auch sie warf nachdenklich einen Kiesel ins Wasser. „Es war völlig dilettantisch und idiotisch von mir. Theo, bitte, rede doch…" Plötzlich wurde sie unterbrochen.
„Leo heiße ich. Leonardo Rems. Ich weiß nun, wer ich bin", und er warf einen weiteren Stein in die gekräuselten Wellen.
Jeanette blickte ihn mit großen Augen an: „Seit wann weißt du das?"
„Als ich in der letzten Nacht über den See schaute, da tauchten aus dem Wasser alte Bilder auf. Ich sah einem Schwimmwettkampf zu und die Leute riefen meinen Namen. Da erinnerte ich mich, woher mir die Szene bekannt war. Es war mein erster Sieg bei einer Landesmeisterschaft." Er machte eine kleine Pause. „Der Rest fiel mir bei der Prügelei mit Amberg hier im Wasser ein. Mein alter Lateinlehrer sagte früher öfter: ‚Kleine Schläge auf den Hinterkopf erhöhen das Erinnerungsvermögen.' In diesem Fall hatte er mal Recht."
Die Gedanken von Jeanette überschlugen sich. Was würde er nun offenbaren? Jeden Moment musste die Antwort kommen, die ihr seit Tagen quer im Bauch lag, und so schoss es ungeduldig aus ihr heraus: „Und nun weißt du, was du beruflich gemacht hast und ob es eine Frau Rems gibt?"

Leo nickte: „Ja, ich habe Sport studiert. Auch Geschichte und Literatur. Ich bin Lehrer." Er grinste. „Deshalb meine Liebe zu Kindern."
Jeanette atmete tief durch: „Damit wäre nur der erste Teil meiner Frage beantwortet."
Leo hob die Brauen: „Ok, du fragtest nach Frau Rems. Ich hoffe, dass es ihr gut geht. Die Gute wird sich bestimmt wegen mir wieder völlig verrückt gemacht haben."
Jeanette ließ ihren Kopf sinken und meinte mit dünner Stimme: „Das wäre wohl auch zu verstehen."
Leo grinste sie an: „Ja, Mütter sind nun mal so. Deine ist doch nicht anders, oder?"
Jeanette sprang auf: „Theo oder Leo! Was spielst du hier mit mir? Du weißt genau, worum es mir geht. Stell dich also nicht blöd und sag mir, ob es eine Frau in deinem Leben gibt!"
Auch Leo stand auf. Er stellte sich genau vor sie und erklärte: „Neben meinem Beruf war der Sport immer meine Leidenschaft. Doch mein Ehrgeiz und Engagement im Sportverein ließen mir kaum Zeit für einen anderen Menschen. Meine Beziehungen scheiterten also an mir selbst. Wenn man nur im Job und für andere Aufgaben lebt, bietet sich auch kaum eine Gelegenheit, einen Partner kennenzulernen. Der Single-Party-Typ bin ich ebenfalls nicht." Er machte eine nachdenkliche Pause und fuhr fort: „Als ich mich in den Zug nach Frankfurt gesetzt habe, in dem man mich niederschlug, war ich auf dem Weg nach Gießen. Ich hatte über eine Partnerschaftsbörse im Internet Kontakt zu einer sehr netten Frau aufgenommen. Wir wollten uns an dem besagten Tag zum ersten Mal treffen. Die wird äußerst enttäuscht sein und wohl kaum noch auf mich warten."
Jeanette legte ihre Arme um Leos Hals und hauchte: „Die nette Dame schlägst du dir am besten aus dem Kopf. Sie wird ganz sicher enttäuscht sein, dass du sie versetzt hast.

Und sie würde dir die Geschichte von deiner Amnesie und deiner Verhaftung auch bestimmt nicht glauben."
Nach einem langen Kuss fragte Jeanette: „Was meinst du, wie geht es nun weiter?"
Er blickte über den See, grinste breit und meinte: „Wollte Dennis heute nicht schwimmen gehen? Er hat doch Ferien… Und Leonardo Rems als Lehrer schließlich auch."

Weitere Bücher von Dieter Kleffner:

Der Stalker von nebenan
Kriminalroman
ISBN: 978-3-945725-68-9

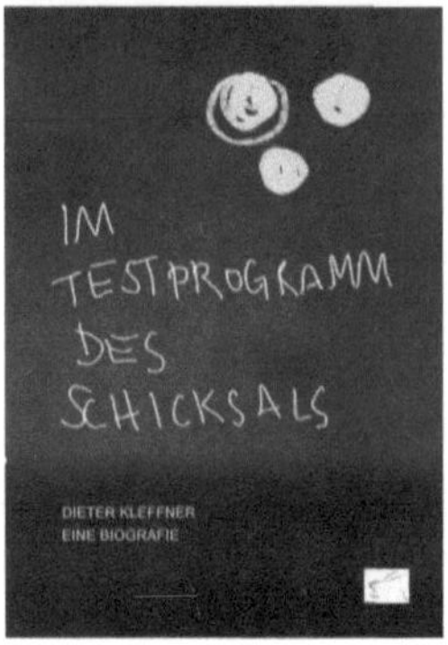

Im Testprogramm des Schicksals
Biografie
ISBN: 978-3-945725-90-0

Ein Tag für Blinde,
Lahme und Verrückte
Gesellschaftsroman
ISBN: 978-3-945725-91-7

Weitere Infos finden Sie auf www.dieterkleffner.de